Public Management and Local Governance Series

公共管理与地方治理丛书

网络行政研究

田进 著

WUHAN UNIVERSITY PRESS
武汉大学出版社

图书在版编目(CIP)数据

网络行政研究/田进著. —武汉：武汉大学出版社,2012.12
公共管理与地方治理丛书
ISBN 978-7-307-10163-0

Ⅰ.网… Ⅱ.田… Ⅲ.电子政务—研究 Ⅳ.D035.1－39

中国版本图书馆 CIP 数据核字(2012)第 236190 号

责任编辑:刘 阳　　责任校对:黄添生　　版式设计:马 佳

出版发行：武汉大学出版社　(430072 武昌 珞珈山)
(电子邮件：cbs22@whu.edu.cn 网址：www.wdp.com.cn)
印刷:湖北民政印刷厂
开本：720×1000 1/16　印张:17.75　字数:252 千字　插页:1
版次:2012 年 12 月第 1 版　2012 年 12 月第 1 次印刷
ISBN 978-7-307-10163-0/D·1192　定价:30.00 元

总 序

组织编写出版一套学术著作，以展示中南财经政法大学公共管理学院公共管理研究所研究人员近年的研究成果，以促进研究所成员的学术研究，弘扬研究所的学术特色，是近年来我们致力实现的工作。现在奉献在各位读者面前的《公共管理与地方治理丛书》就是这样的一套丛书。

中南财经政法大学公共管理学院是一个年轻的学院，但也是一个快速成长的学院。2002 年学院新成立时专业教师不过 20 位，公共管理类的硕士点也只有行政管理和社会保障两个。但是短短几年间，学院的师资和学科状况整体向前跨越了一大步。现在学院已经有 40 位专业教师，其中有博士（含在读博士生）学位的就有 32 位，占 80%。在学科建设方面，经国务院学位办批准，学院已经有了社会保障专业博士点、公共管理硕士学位一级学科硕士学位授予权，所以我们现在设置了 4 个硕士点，即行政管理、社会保障、教育经济与管理、社会医学与卫生事业管理硕士点，学校的公共管理专业硕士（MPA）也主要依托我院的力量。学院还招收行政管理、劳动与社会保障、公共事业管理三个专业的本科学生。

公共管理研究所是公共管理学院的组成部分，但研究所成立的时间却远长于学院的成立时间。公共管理研究所的前身是我校1991年成立的行政学研究所。当时，在已经开设了5年行政管理本科专业的基础上，我校又获得了行政管理专业的硕士学位授予权，为适应当年开始的硕士研究生培养工作，学校设置了这个研究所。研究所的首任所长是国内知名的政治学和行政学专家刁田丁教授。十几年来，研究所从初创时的6位人员，发展到今天20位研究人员，而且这些研究人员的学历、学源、年龄、职称结构合理，是一个团结、合作、奋进的团队。尤为重要的是，研究所成立以来取得的研究成果丰硕，刁田丁教授在国内首创的地方政府研究已经成为研究所的学术特色。

十几年来，我们对所研究的专业形成了一些基本的共识：

第一，进行公共管理学科的建设，需要依托学校传统优势学科的实力。“公共管理”是新兴学科。在1998年教育部修订公布的本科目录中，管理门类中新增了“公共管理”一级学科，这样的学科设置体现了高等教育宽口径、厚基础的改革方向。而作为理论的“公共管理”，其核心内容却并不完全是新兴的，它是对传统行政学理论的拓展，所以，我们在进行这个新学科的建设时，也不需要“平地起高楼”，依托本校的传统优势学科实力，整合校内资源，促进公共管理学科的发展，应该是一条“捷径”。公共管理学科本身是一个多学科高度交叉、融合的学科，建设它也需要博采众长。我国行政学理论的建立或行政管理学科的新生，首先是建立在政治学科恢复的基础之上的，现在还有许多高校和研究院所的相关研究，是以管理学理论或管理科学与技术学科为基础的，这样正好适应了公共管理学科的多样性要求。我校是以经济、管理、法律为主干学科的综合性大学，1986年开设行政管理本科专业，就是依托了本校比较雄厚的政治学研究基础。而20年来我们建设这个专业，从而到建设公共管理学科，却充分利用了学校的经济、管理、法律三大强势学科所提供的学术平台，现在我们的研究在财政、行政法等领域得到了更广泛、深入的拓展。

第二，研究公共管理问题，要以中国的国情为出发点。“公共管理”的概念是“舶来品”，“原产”西方的公共管理研究将注意力更多地集中在实现公共利益问题上，而且比较多地吸取了经济学、管理学，甚至社会学的理论和方法，这些对我们的研究有很大的启发和借鉴作用。不过中国公共管理领域的研究还是要以中国的基本国情为依据。在研究公共管理的理论和实行政府改革时，东西方最显著的区别就在于西方国家有成熟的市场经济体制，有相对成熟的市民社会，而我国还只是初步建成了社会主义市场经济体制，公民的权利意识正在复苏。一句话，西方国家的新公共管理运动，是要使公共管理适应变化了的时代和社会，同时要能够推动时代和社会的发展，而我们面临的主要工作，是完善社会主义市场经济体制，同时用法律和制度规范政府工作。正如有的学者指出的，西方国家要解决“后韦伯时代”的管理问题，而我们则需要尽快真正进入“韦伯时代”。这样的基本国情表明，一方面中国的公共管理研究要从许多最基础、最基本的工作做起；另一方面，我们的研究不能满足于“拿来主义”，简单照搬西方的概念和方法，往往会南橘北枳。

第三，公共管理的研究领域大于传统的行政管理研究领域，但也不是包罗万象的。现实中公共管理主体与客体的活动领域及其活动方式，是公共管理的主要研究领域。公共管理是一个新兴的边缘学科，所谓“边缘”是因为它介于多个传统的、成熟的学科之间。在确定公共管理学科的研究领域，使之既不与其他学科过多交叉，又充分体现本学科的新兴、多样的特点方面，我们的做法是以公共管理的主体与客体为主线，展开我们的研究领域。公共管理的主体当然是公共组织。西方国家的公共组织主要分为政府组织和非政府组织两类，而我国却不同，我国的公共组织却要划分为政府组织和非政府公共组织两类。我国的非政府公共组织的状况十分复杂，由事业单位、社会团体、民办非企业单位三类组织构成。这些非政府公共组织从形式上看，具有非政府性、非营利性、公益性和组织性等特点，所以可以称之为“公共组织”。不过实践中，它们与政府有千丝万缕的联系，有一些直接就在代行政府职能，所以我们又不能简单地将它们称为“非政府组织”。具体看，我国的事业单位是国家机构编制管理部门审查批准的，人员列入国家事业编制，财产及活动经费列入国家资产，并由国家财政拨款的组织。我国社会团体的属性也不是单一的，社会团体中有一部分实际是由国家比照事业单位进行管理的，其工作人员也是进入国家事业编制的。事业单位和比照事业单位进行管理的社团中的相当一部分，实际是在代行政府部门的职权。所以，这些组织虽然没有进入政府序列，但也决不可以因此简单地称其为非政府组织。民办非企业单位是中国特有的概念，尽管这种公共组织形式在其他国家并不鲜见，但中国的民办非企业单位在组织性质、活动方式等方面也有中国的特色。在中国，由于改革是政府主导的，所以，政府职能转变的程度和速度直接影响事业单位的改革、社会团体和民办非企业单位的发展成熟程度。我们认为，有关政府、事业单位、社会团体和民办非企业单位的自身发展与改革，以及它们的活动方式都是我们的研究领域。

第四，公共管理是应用型学科，这个学科特点决定了我们的研究要关注热点、关注前沿。任何理论都肩负着总结实践、指导实践的使命，同时实践也会赋予理论最强大的生命力，公共管理也不例外。当前中国的改革正处在攻坚阶段，今年政府工作报告又把“加快推进行政管理体制改革，进一步转变政府职能”的工作，提到了全面完成“十一五”期间任务前提的高度。这样的历史条件为公共管理的理论研究提出了大量现实的、亟待解决的课题，同时，也为研究提供了丰富、多样的素材和资料。充分利用这个时机，既可以深化我们的理论研究，也可以为改革实践作出我们理论工作者的贡献，其中后者是首位的。正是在这种思想主导下，我们研究所的选题不仅不脱离中国的改革实际，而且是以改革中出现的热点问题、前瞻性问题为重点，同时主要进行对策性研究。

第五，在坚持基础研究的同时，需要进行特色研究，我们的研究要继续彰显地方政府的研究特色。自20多年前，我们的第一任所长、学术前辈刁田丁教授出版全国第一本有关地方政府的专著《中国地方国家机构研究》(1985年)以来，我们公开出版的相关专著和教材已经有《中国地方国家机构概要》(1989年)、《各国地方政府比较研究》(1991年)、《地方政府学教程》(1993年)、《县级行政管理与农业现代化》(1999年)、《机构改革调控机制研究》(1999年)、《2002中国地方政府改革发展研究报告》(2003年)、《2003中国地方政府改革发展研究报告》(2004年)、《中国乡镇的发展走向》(2004年)。我们将努力沿着前辈开拓的这条学术之路前行。

出于上述几点认识，我们研究所的全体研究人员从各自不同的视角，运用各自不同的研究方法，深入思考公共管理和地方治理方面的理论和现实问题。本套丛书就是对他们的研究所得和学术专长的记录。我们真诚地期待各位读者给我们以宝贵的指导和意见。

公共管理研究所

2007年4月

序

信息技术的运用无疑给人类社会带来了巨大的方便，也给政府处理相关事务提供了手段。但技术的运用并不必然地就能提高行政效率。信息技术通常便于人们即时地交流与获取信息，但有时却会产生反作用，即阻止人们自由地获取信息。但无论如何，只要技术在社会中获得了广泛的运用，政府行政就会必然地受到影响。或者说在技术的发展下，人们对自由与民主的要求会越来越迫切。自由与民主通常是与权力相对的。当政府权力越大，人们的自由就越会受到限制，而人们的民主要求就会越突出。技术使人们获取信息的能力得到了空前的提高，这为政府行政决策提供了方便，也为人们介入行政决策提供了理由。可见，因现代 ICT 技术的应用而必然形成行政网络，因行政网络的存在而必然有网络行政。

田进博士的著作《网络行政研究》是一本研究网络行政的专著。读完这本著作给我四个强烈的印象。其一是他引入客观技术与被执行的技术概念，论述行政网络是一种被执行的技术。客观技术强调的是对各种实体技术的肯定，被执行的技术则是客观技术的一个组成部分，是客观技术中使用者所理解并在特定情境中设计和使用的技术，或者说就是人们主观选择并加以应用的技术。主观选择决定技术的运用能不能给社会带来好处。比如简·芳汀就曾称沙特阿拉伯的皇家政府运用全世界最复杂的一套过滤技术，执行着最苛刻的社会控制。而在朝鲜，甚至都不许民众接触现代 ICT 技术。技术能不能造福于民，取决于使用目的与制度安排。一个民主的政府不会限制技术的使用。

其二是他论述网络行政对行政权力的冲击。他认为，行政网络对行政权力的分配的辅助作用，并对行政权力的程序化和集权化提供了支持。而在管理正规化、制度明晰化、职务专业化、下属成熟化的前提下，行政网络也使得行政分权成为可能。西方的新公共行政理论便强调公民与公务员的广泛参与。但作者也指出，行政分权不是指权力的分散化，分权的前提是权力的完整。行政分权是在权力完整的前提下的行政授权，即政府将手中的权力向不同的、可能的行政主体授予。政府行政权力的合法性来自于公众的认同。如果得不到人们的认同，其发展就会存在问题。网络行政的一个核心功能是要提供网络化公共服务，促进社会公平。

其三是他对网络民主的思考。他认为，网络民主存在着主体缺失的问题，也可能沦为特殊集团的谋利工具，还可能演变为非理性的情绪性民主，甚或被精英操纵，因此，技术虽对民主起到推助作用，但如果完全将希望寄托于网络，也会带来诸多的问题。

最后，他提出了信息时代的公共行政范式。他通过全面分析网络行政理论与网络行政理念，提出了网络行政的理念选择和制度选择。这些理念和制度相互联系，并构成了一个较为完整的体系。虽然这一体系尚不完整，还有待完善，但足以体现该著作的创新性。

当然，他的著作涉及面是相当广的，我这里只是择要谈了其中的一些重要方面，且极简略。要想全面深入了解，还是以亲自阅读为佳。

这本著作是田进据其博士论文改写而成。他目前在武汉大学信息管理学院从事博士后研究，书成而求序于我，我是他的合作导师，因序如上。

王新才

2012 年 11 月 29 日于珞珈山

目　录

绪 论

一、网络行政的缘起

自20世纪90年代以后，电子政务建设的兴起逐渐发展成为一种遍及欧美发达国家以及许多亚非拉发展中国家的国际性现象。电子政务的兴起不是为了迎合某种理论时尚，也不是为了可以创造一套标新立异的改革口号；相反，它是在信息化时代的背景下，政府行政组织面对信息技术的冲击而形成的一种回应。尽管到目前为止，电子政务一词还没有确切的，或者说是公认的理论界定，但实际上，作为信息化时代的组成部分之一的一个通用术语，电子政务已经为人们所认同。在概念认同的基础上，各国政府组织在电子政务的实施过程中，形成了一些共识。例如，电子政务建设可以实现行政管理手段的信息化；发展电子政务可以有效提高政府组织的行政效率；电子政务有助于提高政府的透明度，实现服务型政府的行政发展目标；电子政务的基本模式应该包括 G2C、G2G 和 G2B 三种不同的组成;① 如此，等等。这些共识引起了一直苦苦寻求提高行政效率途径的实践者和理论家的极大兴趣，一时间，电子政务成为了提高行政效率、实现政府精简、行政科学化的代名词，论述电子政务的优势所在的各种理论著述层出不穷。然而，如果我们从电子政务实施的结果来看，电子政务的优势并没有完全显现出来。例如，电子政务建设浪费了大量的网络资源，增加了政府的财政支出，同时并没有明显地提高公共服务的质量；政府各个部门所建设的网站，彼此之间形成的“信息孤岛”，不但不利于信息的共享，更不利于部门之间的协调与合作；甚至某些网络乌托邦者（cyber utopians）宣称：网络影响的扩大会削弱政治或权力，减少行政层级。但从目前任何一个实施电子政务的国家来看，权力的削减或弱化、行政层级的缩减并没有真正出现，甚至出现了一些相反的情况。由此可见，代表高效行政的电子政务并没有完美地实现理论家和实践者的梦想，这就值得我们对以往的种种理论著述进行重新审视。

“电子政务”一词译自英文 E-Government，全称是 Electronic Government。E-Government 引入我国的时候，学术界就如何翻译这个概念曾经产生过争论：一部分学者认为按照英文直译，E-Government应该翻译成电子政府；另外一部分学者则侧重从管理和服务集成的角度，认为 E-Government 应该翻译成电子政务。电子政务和电子政府同时出现必然导致概念上的内涵和外延之争。有的学者认为，电子政务比电子政府宽泛，理由是电子政务包括三个组成部分：一是政府部门内部的电子化和网络化办公；二是政府部门之间通过计算机网络进行信息共享和实时通信；三是政府部门通过网络与公众进行双向的信息交流。一个完整的电子政务系统，应

① 在美国电子政务的模式构成中，除了 G2C、G2B 和 G2G 三种模式之外，还另外增加了一种模式 IEE（Internal Efficiency and Effectiveness），也有的称为 G2E。这种模式主要目标是借鉴企业界的先进经验，实现政府组织内部的高效管理，提高政府雇员的满意度和忠诚度。IEE 模式已经逐渐为理论界所接受，称为电子政务基本模式中的第四种模式。

当是上述三类系统的有机结合。而电子政府只包括电子政务的第三个组成部分，即政府部门通过网络与公众进行的双向信息交流。所以，电子政务比电子政府不但范围要广，而且内容也要丰富得多。也有学者认为，电子政府比电子政务要宽泛，这是因为：电子政务的内容主要集中在行政领域，具体是政府对其内部的管理、政府之间的连通、政府对社会事务的管理和对公众的公共服务等方面；电子政府的范围则更为广泛，包含立法、选举、司法、监督等活动，都渗透着电子化的含义。从发展的观点来看，构建一个成熟的电子政府体系，其坚实基础必然是成熟的电子政务，也就是说，电子政府是电子政务建设和发展的方向或目标。① 到目前为止，电子政务这一译法占据主导地位，理由是：一是使用电子政务这一概念，可以从广义的角度来解释政务，整合我国实际政府工作中的所有组织和部门，从而避免对政府这一概念的另行定义；二是使用电子政务这一概念可以和电子商务形成对应，更容易为大众所接受。实际上，从近几年的中文文献和理论书籍中可以看到，电子政务和电子政府处于一种互相替换的状态，凡是提到这两个词都被认为是指的同一事物。

本书无意再次涉及概念之争，而旨在用行政网络和网络行政这两个范畴，重新描述信息化时代中的行政组织及其活动。换而言之，本书力图用新的途径来解释信息技术对政府组织的实际影响，所提出的这两个范畴并非哗众取宠，而是基于以下的考虑：

首先，电子政务的范围有限，并不能有效解释信息技术在现代政府公共行政中的作用。但凡提到电子政务或电子政府，就会论及政府门户网站如何能够提高政府公共服务的范围和质量，网站如何能够实现政府与民众之间的双向交流，以及政府应该如何规划网站建设等问题。这些问题并非没有现实意义，但是这些探讨暗含的前提是：信息技术的应用能够提高政府的行政效率，换句话来说，关于电子政务的理论探讨大多依据这样一个理论假设：

① 陶文昭．电子政府研究．北京：商务印书馆，2005：前言，4.

这一理论假设，在过去的社会中没有得到完全证实，在未来的发展中也未必能够得到证实。动摇这一理论假设的是信息技术自身：一方面，信息技术具有不确定性，这源自信息技术高速的变化速度。信息技术的不确定性会引发网络化社会中政府组织以及政府活动的不确定性，以至于政府的行政效率是否能够提高是无法预料的。另一方面，信息技术仅仅只是一种技术，推动了社会生产力的发展和经济的发展。作为社会生产力中的一个要素，信息技术会影响到社会的上层建筑。但同时不能忽视的是，上层建筑对经济基础的反作用。实际案例显示，政府可以利用信息技术实现信息的共享，同样也可以利用信息技术实现信息的封锁。这表明，信息技术本身并没有提高政府行政效率的功能，信息技术的作用取决于使用者，正如克兰兹伯格第一定律所定义的："技术既无好坏，亦非中立。"① 从技术发挥作用的实际角度出发，可以将技术划分为两种：客观的技术（objected technology）和被执行的技术（enacted technology）。② 显然，在电子政务中所探讨的技术应该是被执行的技术，是客观技术中的一部分。反而言之，并非所有的现代信息技术都直接运用于政府行政活动中，所应用的技术取决于政府的价值观念及其相应的选择。

其次，技术决定论限制了人们的视野，让人们往往忽视技术使用的社会背景。技术决定论的推理逻辑是：先进技术的产生及其应用，推动了社会生产力的发展和经济发展，进而影响到社会上层建筑，引发新的变革。按照这样的推理逻辑，一个社会的上层建筑的

① ［美］曼纽尔·卡斯特．网络社会的崛起．北京：社会科学文献出版社，2003：90.

② 关于信息技术的划分，可参见［美］简·芳汀，《构建虚拟政府》，北京：中国人民大学出版社，2004 年第 1 版：10．客观的技术（objected technology）和被执行的技术（enacted technology）：客观的技术包括因特网、其他数字电信传播技术、硬件和软件；被执行的技术则包括用户对技术的理解以及技术在特殊情境中的设计和使用。

变化最终取决于社会生产力的核心要素——技术的创新与发展。然而，一个简单的例子就可以证明这一逻辑并不能完全解释信息化时代中所发生的一切，尤其是电子政务的产生。众所周知，网络及其信息技术诞生于20世纪的中叶，在电子政务提出之前，信息技术已经在发达国家的各个社会层面得到了广泛的应用。为什么直到20世纪末期，电子政务概念才被真正地提出并在世界范围内得到广泛的认同？其间的几十年时间，信息技术为何没有引发政府及其组织的变革？对比工业革命的产生与发展，可以启发我们对信息化时代中社会上层建筑变革的深层次思考。正如布拉代尔在评述工业革命时期时所说的，“工业革命所需的技术出现在数个国家已有许多年，但只有当技术和经济的必然趋势以及制度安排相互作用、相互协调的时候，技术才在大不列颠引发了一场‘革命’”。① 布拉代尔的论述表明，在考虑具体技术对社会所产生的影响时，必须认真考察这一时期的制度安排，以及制度、技术和经济三者之间的关系，单纯地依据技术的产生及其对生产力的促进，是无法全面解释技术所引发的社会现象的。更何况在我国的电子政务的建设与发展过程中，还有着与西方发达国家完全不同的触发因素：技术外生。在经济增长理论中，技术内生被认为是保持经济增长的要素之一。而作为我国国民经济中一个重要的增长点的信息产业，以及代表现代行政活动的电子政务，其核心技术不是内生于我国，而是外生于西方发达国家的。如果仅仅以符合时代潮流、顺应全球化发展来解释我国对现代先进信息技术的引入和使用，那么我国在使用现代信息技术的时候实际是处于一种被动地位，这与我国在全球化时代中保持独立并寻求合作的宗旨相违背，并且当前我国所提倡的大力发展民族芯片和信息技术的策略也失去了实际的意义。显然，从技术决定论出发，不但不能全面解释电子政务产生的由来，更不能解释电子政务在不同国家应用上的差别。

---

① Fernand Braudel. The Structures of Everyday Life: The Limits of the Possible, Vol. 1 of Civilization and Capitalism: 15th ~ 18th Century. Harper and Row, 1981.

再次，电子政务中的网络是技术的网络，而不是社会科学意义上的网络，这限制了行政学对信息化时代中公共行政的解释。在关于电子政务的许多文献上，网络一词往往是指的因特网及其相应的信息技术，即是一台“分配型和平行性的巨型计算机，这台计算机不仅连接微处理器，而且还连着人、信息储藏库、传感器、职能代理和可移动代码”。① 这一技术视角，决定了实践者和理论家往往关注网络技术的发展、计算机系统的生命周期、信息技术的运作成本、合适的系统规划和采购方案等。实际上，伴随着技术网络的发展，人类社会组织结构也出现了网络化的结构，即社会科学意义上的网络。例如，在全球经济中，经济外包、跨国生产组织的出现就是典型的网络组织。社会学家对此所做的预测是：“下个世纪的科学象征是动态的网络……网络是唯一能够没有偏见而发展，不经引导而学习的组织。其他的形态均限制了可能性。网络的群集周围都是边缘，无论你由哪个方向接近，都是开放性的。”② 其实，在现代行政组织理论中，也出现了基于官僚组织困境而创建的网络组织（network organization）理论，一般认为，网络组织乃是一种以契约为结合基础的动态联结体，其通常拥有一个核心组织以负责统筹协调与其他组织间的关系与活动，一反过去组织完全包办所有事务所必须具有的功能。③ 由于行政学将注意力集中在政府组织及其活动当中，因此对网络的认识往往局限于对传统官僚组织的修正，容易忽视网络这一社会现象对行政组织及其活动的影响，行政学对电子政务的解释也始终摆脱不了技术层面，无法上升到社会形态中来考察。本文对网络的探讨并不是否定技术网络，而是对网络这一核心概念作技术与社会的二分，两者之间的关系在于：技术网络具有变革社会组织的潜力，为社会网络的形成与发展提供了有力的载

① ［美］简·芳汀．构建虚拟政府．北京：中国人民大学出版社，2004：27.

② ［美］曼纽尔·卡斯特．网络社会的崛起．北京：社会科学文献出版社，2003：83.

③ 张成福．公共管理学．北京：中国人民大学出版社，2001：142.

体；社会网络是信息化时代的社会组织形态，能够决定和影响技术网络的实际效应，同时形成自身的价值。①

现代行政学的发展出现了许多崭新的研究领域，但研究领域的扩展并没有解决行政学科的“身份危机”问题，原因大抵有两个：一是行政学的基本理论及其根源亟须厘清，没有确定的理论根源作为依据，其“身份”经常出现“危机”也就是很自然的事情了。②二是行政学是一门交叉学科，不同类别的学科缺乏有效的融合，或者说是缺乏从行政学角度对其他学科的有力解释，造成了行政学的“不伦不类”，行政学的学科地位为此而受到质疑。本书的选题意义也是基于上述的内容：一方面，考虑到行政学缺乏对电子政务的必要解释和理论建构，通过行政网络和网络行政这一对带有辩证色彩的理论范畴，寻求行政学对电子政务的解释途径，为行政学的“正名”做尝试性的探索；另一方面，扩展电子政务这一概念，摆脱行政学对电子政务的狭隘认识，充实信息化时代中政府行政组织及其活动的内容，探讨客观的技术、被执行的技术、制度、技术网络、社会网络这几个核心概念在行政组织的变革与行政活动中的互动和作用。在某种意义上说，本书的选题范围有些宽泛，会涉及人文社会科学中诸多对技术进行具体解释的理论，并将这些理论整合在行政学的框架之内。笔者不敢妄言能够全面、完整地实现这一预期研究计划，单就论文的选题意义而言，在当前我国行政理论的研究中还是有创新之处及其研究价值的。

---

① 关于社会网络的价值可作如下简单的总结：梅特卡夫公式认为，网络的价值会随着网络中节点数目的增加的乘方而增加；网络价值增加的同时还产生排他效应，即不加入网络的弊端随着网络的增长而增加，因为要接触网络之外其他元素的机会正在下降。参见［美］曼纽尔·卡斯特．网络社会的崛起．北京：社会科学文献出版社，2003：84.

② 丁煌．西方行政学理论概述．北京：中国人民大学出版社，2005：418.

二、网络行政相关概念的解析

本书的立意是从现有的电子政务研究成果的不足，推导信息化时代的公共行政范式。加上现有的文献中，使用网络行政一词的提法大多是与电子政务等同，与本书所讨论的网络行政含义并不一致。因此，笔者主要对电子政务的研究现状进行综述和比较，并依此为基础展开讨论。

由于电子政务的兴起与发展力图以现代信息技术促进公共行政组织的改革和行政效率的提高，承载了人们寻求、选择更为有效的行政管理模式的期望。所以，伴随着电子政务实践活动的展开，对电子政务的理论研究，以及针对不同国家和地区的实证性分析，成为一些国际组织、政府组织和学术研究团体关注的热门话题。下列数字可以间接地证明人们对电子政务的实际关注：用 Google 搜索引擎搜索电子政务，可以得到 9050000 个相关结果，搜索 E-government 可以得到 65300000 个相关网页①。比较上述两个 Google 的搜索结果可以发现，涉及电子政务的英文网页明显多于中文网页，如果还加上在欧美国家中与 E-government 一词等同的概念，例如 government on line，digital government，electronic state，cyberspace government，virtual state 等概念，西方发达国家对电子政务的关注显然超过我国的实际情况，这也间接地说明了西方发达国家在电子政务建设上的成熟度。暂且抛开上述的比较结果，搜索引擎的数字可以证明电子政务绝非一个仅限于学术圈里的概念，它已经成为一个全球性的现象，其模糊不清的概念得到了人们的广泛关注。

1. 国内外电子政务理论著作研究现状分析

自 1998 年我国推行政府上网工程以来，伴随着电子政务逐渐

---

① 使用 Google 搜索引擎的截止时间为 2006. 4. 15，随着时间的推移，可搜索到的结果还会继续增加。

深入人心，关于电子政务的理论著作也大量涌现出来。这些理论著作大体可以分为以下几类：

第一，针对政府公务员培训的教材，这是我国最早对电子政务进行界定和论述的理论著作，例如陈庆云教授等编著的《中国电子政务》系列丛书①。这类针对性的培训教材侧重于对信息技术知识的一般性介绍，反映了我国电子政务建设中的实际问题，即政府公务员在适应电子政务的过程中存在着明显的知识结构欠缺，如果公务员不能对电子政务形成正确的认识，那么电子政务平台的搭建也就失去了应用的人力资源基础。

第二，针对高等教育和 MPA 教育所编写的教材。例如赵国俊教授主编的，适用于高等教育的《电子政务系列教材》②；金江军教授编著的，适用于 MPA 教育的《电子政务高级教程》③。这类教材的出现主要是为了顺应时代、满足高等院校中交叉学科以及新兴专业的实际需求而编写的，这类理论著作突出的特点是多种不同学科的知识在同一本书里并列，侧重于对电子政务现状、系统结构和系统功能的介绍。

第三，涉及电子政务技术的应用理论著作。例如苏新宁编著的《电子政务技术》④，武汉大学电子政务研究中心编著的《城市电子政务软件平台技术与系统设计》⑤。这类著作主要针对电子政务中相关的信息技术，例如安全技术、web 技术、数据组织技术、数据挖掘技术、信息交换技术等进行介绍，并阐述其在具体电子政务平台搭建中的实际应用。应当说，这类著作对参与开发各级电子政务平台建设的技术人员有着重要的参考意义，也可以作为计算机、信息管理等理工类学生的教材，但并不涉及具体技术对政府组织及

① 陈庆云．中国电子政务．北京：电子工业出版社，2002.

② 赵国俊．电子政务教程．北京：中国人民大学出版社，2004.

③ 金江军，潘懋．电子政务高级教程．北京：中国人民大学出版社，2005.

④ 苏新宁．电子政务技术．北京：国防工业出版社，2003.

⑤ 武汉大学电子政务研究中心．城市电子政务软件平台技术与系统设计．武汉：武汉大学出版社，2003.

其活动的影响。

第四，尝试建构电子政务理论的学术著作。应当说，这类著作在目前我国学术界并不多见，其数量较之于前三种而言要少许多，其中较有代表性的著作有顾丽梅的《信息社会的政府治理》①，刘文富的《网络政治——网络社会与国家治理》②，陶文昭的《电子政府研究》③ 等。这类理论著作大多以政治学、行政学为理论背景，避开电子政务含糊定义的辨析，重点探讨信息化时代中政府治理模式的变化、组织制度的变迁和信息化时代中特有的政治、行政现象。应当说，这类理论性的著述是建构电子政务理论的有益尝试，也是真正研究电子政务这一全球化现象理应遵循的途径。

相较于我国电子政务理论研究的现状而言，西方发达国家的电子政务理论研究则要成熟得多，这一方面得益于电子政务起源于西方，另一方面也得益于西方人文社会科学的成熟，尤其是不同学科以其独特的理论背景对电子政务进行相应的理论阐释。在此，笔者主要以翻译成中文的西文理论著作和可查询到的英文原文著作为分析对象（以人文社会科学的文献为主），来展现国外电子政务的研究现状。

第一，有关电子政务实务的介绍。以日立综合计划研究所编著的《电子政府》④ 为代表，白井均等学者通过对美国联邦、州政府的电子政务建设，欧盟成员国的电子政务建设以及亚洲各国的电子政务建设的经验总结，推导出构筑成功电子政务的必要条件，提出适合日本国情的电子政务建设 26 项提案。⑤ 这类著作重点探讨政府对电子政务建设的规划，如何适应不同国情寻找合适的电子政

① 顾丽梅．信息社会的政府治理．天津：天津人民出版社，2003.

② 刘文富．网络社会——网络社会与国家治理．北京：商务印书馆，2002.

③ 陶文昭．电子政府研究．北京：商务印书馆，2005.

④ 日立综合计划研究所．电子政府．上海：上海人民出版社，2004.

⑤ 参见日立综合计划研究所．电子政府．上海：上海人民出版社，2004：1-7.

务建设途径，以及不同国家电子政务建设的比较研究。① 如果说上述的实务性研究主要是在国家这个宏观层面，那么必然还有微观层面的实务性研究。电子政务微观层面的实务性研究注重数字鸿沟（digital divide）现象在微观层面的分布，尤其是保证特殊群体在信息化时代中如何适应的问题。更进一步说，电子政务微观层面的实务性研究侧重于保证特殊群体在电子政务使用上的社会公平问题，例如 K. V. Echt 对老年人可视化电子政务的研究。Echt 在研究中认为，当前电子政务应用中，几乎所有的政府信息门户网站开发都是以正常的成年人为预期对象来设计的，而没有考虑到老年人的实际问题。老年人因年老体衰等生理原因，无法及时、快捷地捕捉到网页上的信息，这就造成老年人和普通成年人在使用电子政务时形成了巨大的不公平，有赖于政府在政府网页设计和信息工具推广中根据不同的群体制定相应的政策。②

第二，政治学视野下的电子政务。西方国家，尤其是欧美国家的政治学理论对电子政务这一现象的关注，实际超出了对电子政务这一现象的描述，而更多关注电子政务本身所具备的某些政治潜质。具体而言，是对电子政务所依赖的各种信息技术的政治潜力进行逻辑上的推理，进而得出对未来政治学领域中的某些推测。政治学视野下的电子政务实际演变成了两种不同的视角：一是数字民主（digital democracy），即探讨信息技术对民主的影响以及实现民主理想的工具设计。作为人类追求的民主理想——直接民主，信息技术提供了实现这一理想的技术基础，同时信息技术本身也具有破坏民主的技术潜力，正如 Barry N. Hague 在《数字民主》③ 一书中所分析的，“计算机与信息技术既不是治疗现行民主制度中存在的各

① Martin Eifert. National Electronic Government—Comparing Governance Structures in Multi-layer Administrations, Routledge, 2004.

② K. V. Echt. Designing Web-based Health Information for Older Adults: Visual Considerations and Design Directives, R. W. Morrell, 2002.

③ Barry N. Hague. Digital Democracy: Discourse and Decision Making in the Information Age, London and New York: Routledge, 2002.

种弊病的良药，也不是形成强势国家的先兆”①。二是电子治理（electronic governance），即探讨信息化时代中的治理问题。应当说，治理理论本身也是属于行政学理论中的一个分支，因此电子治理的研究视角在某些部分与行政学视野下的电子政务研究是重合的，同时也有不太一致的地方。政治学视野下的电子治理，更为关注的是政府的权力结构的变化、公民如何参与以提高电子民主的程度等议题，这些关注点在行政学视野中则探讨得较少。

第三，行政学视野下的电子政务。电子政务自产生之初，就被认定为是改善行政效率、创新行政组织的一剂良方。虽然这一初始界定本身存在着前提假设的疑问，但西方行政学理论始终把电子政务作为一个热门的关注对象。西方行政学理论对电子政务的关注形成了以下几种视角：一是重塑政府（reinventing government）的视角。这种视角认为信息化时代不同于工业化时代，瞬息万变的信息流要求政府进行相应的变革，借用企业家政府理论的提法，在信息化时代中将会出现新一轮的重塑政府过程。同时，随着行政学家对信息技术的认识进一步加深，盲目乐观地认为信息技术的应用可以实现有效政府变革的观点已不再占主流地位，重新审视技术的作用成为理论研究的重点，例如 Richard Heeks 就提出，“更好的信息时代的改革，应该以减少信息系统失败风险为依据。”② 二是政策制定（decision making）的视角。这一视角主要是对电子政务中决策辅助系统的关注，尤其是在信息化时代中，针对急剧增加的各类公共需求，政府如何利用有效的决策辅助工具形成有效的决策。西方发达国家的决策辅助系统的发展表明，现阶段的人工智能技术限制了决策辅助系统的广泛应用，较为实际的做法是针对不同领域设计不同的决策辅助系统，提高决策的效率和质量。例如，Jörgen S.

① Barry N. Hague. Digital Democracy: Discourse and Decision Making in the Information Age, London and New York: Routledge, 2002: 21.

② Richard Heeks. Reinventing Government in the Information Age: International Practice in IT-enabled Public Sector Reform, London and New York: Routledge, 1999: 105.

Svensson 对 tessec 专家系统（应用于社会保障领域的决策支持系统）的介绍和实证分析①。相较于其他视角而言，政策制定的视角明显要狭隘得多，同时，这一视角也回避了技术提高行政效率这一前提假设的争论，转向较为实际的提高决策效率和质量的决策辅助系统设计的研究。三是基于行政学的信息技术应用理论建构视角。这种视角体现了西方行政学家对信息技术的理性思考，也是西方电子政务发展到一定程度之后，行政学家对这一全球性现象所进行的理论分析和总结。例如，简·芳汀在《构建虚拟政府》② 一书中，首先打破了信息技术应用直接导致行政效率提高这一理论假设前提，进而在制度、组织和技术的具体考察上，提出了执行技术的理论框架。显然，这一视角的研究较之于前两类视角在理论层次上要高一些，在对电子政务的解释上也更为具体、有力。四是地方政府电子政务建设视角。西方电子政务实践发展表明，作为一项宏伟的国家性战略目标，在一国之内实现统一的电子政务需要一个漫长的发展时期。如果要使电子政务的理论研究更直接地指导实践，那么将电子政务建设降低到地方政府层次，无疑更具实际意义。在这一视角下，主要侧重于对地方政府电子政务平台的建设标准、地方公共服务的在线提供、辖区内数字鸿沟问题的解决以及电子民主等实际问题的关注和理论阐述。③ 从上述的四种视角的介绍可以看出，西方行政学理论长期关注电子政务这一现象，不论在实践指导中还是在理论上，都形成了丰富的文献资料，这无疑是我国电子政务理论研究的有益借鉴。

第四，哲学视野下的信息技术。哲学对具体的电子政务关注有限，它的中心命题之一是对技术的本质的思辨。信息技术作为人类技术发展史中的一个组成部分，并且也是对当今人类社会影响最大

① Åke Grönlund. 电子政府——设计、应用和管理. 北京：清华大学出版社，2006：131-134.

② ［美］简·芳汀. 构建虚拟政府. 北京：中国人民大学出版社，2004.

③ 参见 The national strategy for local e-government，http：//www.localegov.gov.uk，2006-4-19.

的技术，理所当然成为科技哲学的研究对象。在电子政务的研究中，人们往往忽视了对技术的哲学思辨，致使对电子政务的研究始终停留在组织、制度和行政活动的层面上，在缺乏方法论指导的条件下，有关电子政务的研究势必陷入对某种技术的反复争论之中，而无法深入下去。因此，有必要加强对信息技术的哲学思考，这有利于人们增加对技术的认识，把握如何运用技术改造周围的环境以获取有利于自我生存的条件，摆脱技术决定论的束缚。笔者无意对科技哲学史进行梳理，仅对近代具有代表性的观点作简单地评介。自工业社会以来，技术一直是哲学家思考的对象之一，马尔库塞在其名著《单向度的人》中提出：科学和技术本身成了意识形态，因为科学和技术同意识形态一样，具有明显的工具性和奴役性，起着统治人和奴役人的社会功能①，这一观点成为 20 世纪 60 年代中期法兰克福学派意识形态批判的代表性观点。哈贝马斯对马尔库塞的观点进行了批判，他论证了社会的不断合理化与科技进步的制度化的关系，并明确提出了科学与技术不仅成了第一位的生产力，而且也成了统治的合法性的基础②。在现代信息社会中，逐渐摆脱意识形态纠缠的政府及其官员更倾向于接受哈贝马斯的观点，力图通过对技术的控制，获得社会经济的增长与政府合法性的巩固，因为在技术决定论的观点下，上述两个目标都有可能产生偏差或遭到破坏。反而言之，技术往往将“目标与机制完全的分离，将问题限制在手段上，拒绝以任何方式干涉效率……。”③ 所以，对技术的哲学思考可以帮助我们认识到技术（包括信息在内所有技术）的本质，即技术具有社会属性，是人类谋利的工具。技术的价值是通过技术物实现的。技术提高的是物性，而不是人性；提高的是物的功能，而不是人自身的功能。总之，技术是自然与非自然的对立统

---

① ［德］尤尔根·哈贝马斯．作为“意识形态”的技术与科学．上海：学林出版社，2002：3.

② ［德］尤尔根·哈贝马斯．作为“意识形态”的技术与科学．上海：学林出版社，2002：4.

③ ［英］齐格蒙特·鲍曼．后现代伦理学．南京：江苏人民出版社，2003：223.

一，是人与物的对立统一。技术在发展中异化，在异化中发展。①

第五，其他人文社会科学视野下的信息技术。此处所提到的其他人文社会科学包括社会学、经济学、未来学和传播学等不同学科，这些学科关注信息技术，大多是基于信息技术在未来社会发展中所具备的各种潜力。其中代表性的著作有：（1）曼纽尔·卡斯特撰写的《信息时代三部曲：经济、社会与文化》，这部社会学著作从全球视角着手，分析了信息技术革命对经济、文化、社会的发展与影响，卡斯特认为戏剧性的信息技术变迁，是当前最直接感觉到的结构性转化，但是这并非认为技术决定了社会，而是技术、社会、经济、文化与政治之间的相互作用，重新塑造了我们的生活场景。② 这本撰写于20世纪中期的著作，令人吃惊地预测到了当今信息化时代中的政治、经济和文化现象，其理论框架和论证过程对我们理解电子政务中的技术选择有着重要的借鉴意义。（2）未来学家在20世纪对未来信息化时代和全球化现象所作的理论预测，例如托夫勒的《第三次浪潮》，麦克卢汉的《理解媒体》。麦克卢汉认为人们通过先进的通信技术，实现了全球性实时信息自由传递，③ 这一预测推论可以理解为随着全球信息的自由传递，全世界成为了一个“地球村”，世界走向一体化，经济、政治和文化将全面走向一体化，当然也包括了全球行政管理的一体化。信息技术的发展对于行政管理发展的直接作用是推动了电子政务的发展。电子政务的产生不仅加快了政务信息的传递速度，提高了政务信息的利用程度，而且使全球政务有可能一体化，为行政管理全球化构建起有效的信息平台与技术平台。显然，这样的推论还是没有摆脱技术决定论的既定前提。托夫勒在《第三次浪潮》中对信息技术的影响也进行了大胆预测，其预测的结果同麦克卢汉的结论大抵类似，

---

① 张成岗．现代技术问题研究——技术、现代性与人类未来．北京：清华大学出版社，2005：序言．

② ［美］曼纽尔·卡斯特．网络社会的崛起．北京：社会科学文献出版社，2003：中文版作者序．

③ Marshal Mcluhan. Understanding Media, London and New York: Routledge, 1964.

但是托夫勒认为：经济的快速发展，新的时代浪潮的形成，关键不在于科技，不在于人，而在于制度。① 这一明确的观点在许多持技术决定论的学者的著述引用中往往被忽视，从而使人们形成了对托夫勒观点的误解。综上所述，其他人文社会科学关于信息技术的探讨，与电子政务之间并没有什么直接的关联，而是转向了其他学科领域，但这并不阻碍其他学科领域的研究成果对电子政务研究的间接影响，比如卡斯特关于全球性的网络社会结构的分析，就是扩展电子政务研究范畴的有力佐证。由于这些学科的研究并没有像哲学那样达到一种形而上的层次，而是与行政学处在同一个水平面上，那么吸纳这些学科的研究成果，对于充实我国行政学视野下的电子政务研究是不无帮助的。

2. 国内外电子政务论文研究现状分析

在国内外研究现状的分析中，将理论著述和论文研究进行划分是出于这样一种考虑：理论著述往往是某个学者或某个学术群体对一个特定的研究领域长期关注的理论积累，反映的是理论的形成过程和对特定研究领域的严密的理论论证；而论文研究则是不同时期不同学科的学者在某个特定领域中的关注焦点，反映出的是一种研究趋势和一些阶段性的研究成果。在这一部分中，笔者将对检索、搜集的论文进行分析，以期获得国内外在电子政务研究领域中的发展动态和研究现状。为了形成有效的对比，笔者选择了E-government和电子政务（电子政府）这一对相互对应的概念作为论文搜索的关键词，对已公开发表的中英文资料进行搜索，其结果如下：截至2006年4月之前，在中国期刊网查询到的以电子政务（电子政府）为题名的论文共有5165篇；利用Adobe公司提供的PDF的搜索程序②可以找到23308个包含E-government的PDF文档（英文期刊文献通用文档格式）。从数字对比上看，英文文献数量

① 转引自邹东涛等．制度更是第一生产力．改革内参，1999年13期：4-8.

② PDF查询工具详见http：//searchpdf. adobe. com/.

明显多于中文文献，英文文献探讨的范围也远远超过中文文献所探讨的范围。对这些查询到的文档可作如下分析：

(1) 关于电子政务研究的不同学科途径

不论是英文文献还是中文文献，涉及电子政务（E-government）这一关键概念的论文广泛分布于不同科学的理论刊物上，如果仔细区分，大抵有如下三种不同的科学研究途径：

首先，计算机科学对电子政务的研究。应当说此类文献属于典型的技术应用文档，所探讨的内容主要集中在电子政务软件系统的体系结构、框架设计、需求分析、门户网站的方案设计、电子安全系统设计、数据交换技术的选择和应用、网站设计语言的选择、硬件搭配及网络选择等技术内容。显然，这是一种关心具体软硬件开发的研究途径，如果在这些技术文档上进行一定理论层次的提升，那么将会涉及计算机科学中数据结构、算法设计、形式语言、人工智能等理工科理论的研究。这种理工科的研究途径对电子政务的实际应用起着决定性的技术性的指导作用，但恰恰是对应用的具体关心，导致在这些文档中很难反映出电子政务在不同社会背景中的具体社会效应。换而言之，计算机科学的研究途径往往追求一种统一、标准的技术框架，而不管该技术框架所处的社会背景。

其次，人文社会科学对电子政务的研究。此类文献实际上还可以按照具体学科的不同进行划分，例如经济学、社会学和政治学等。由于本文是在行政学视野下对电子政务进行考察，所以，笔者较为关注的是行政学理论刊物中涉及电子政务的文献。此类文献有一个典型的特征，即随着时代的发展，研究范围逐渐扩展，研究深度逐渐深入。这种特征一方面说明，行政学作为人文社会科学，其理论发展需要一定时间的积累；另一方面也说明电子政务的影响逐渐扩大，引发了行政学对一些崭新领域的探讨，丰富了行政学视野下的电子政务理论构建。客观地说，行政学对电子政务的关注集中于电子政务这一现象所产生的社会效应；电子政务对一个国家或者一个地区的行政组织及其活动所产生的各种影响，包括正面影响和负面影响。行政学视野下的电子政务研究也涉及了部分信息技术，但侧重于技术的应用层面，而不关心技术如何具体地设计和实施。

再次，信息管理学对电子政务的研究。如果说前面两种不同学科的研究途径构成了电子政务研究的两个极端的话，那么信息管理则是介于这两个极端之间的。一方面，信息管理比较关注技术，但与计算机科学的关注点有所不同。信息管理重视的是软件技术，例如数据库、数据挖掘、数据查询、数据库安全等软件技术的研究，而很少涉及计算机及其网络的硬件技术。另一方面，信息管理比较关注软件技术的实际应用，在对电子政务的研究中，基于实际的需要，也会对行政组织结构和实际需求进行一定分析，但就层次而言，不及行政学对行政组织的解释。由此可见，信息管理学是一种介于计算机科学和行政学之间的一种研究途径，且更偏重于应用技术的研究。

以上三种不同学科的研究途径基本可以覆盖现有的涉及电子政务的中英文论文，如果从数量上来分析，技术类文献要多于人文社会科学类文献，这反映了现实情况，毕竟技术先于社会制度的变迁。

（2）行政学途径的实证分析

由于本文的出发点是对电子政务这一全球性现象做行政学视野下的解释，所以在搜集到的文献中，特别关注行政学理论刊物中的电子政务类论文。以下对中文文献和英文文献作实证分析上的对比，以此来鉴别国内外电子政务理论（行政学视野下）建构上的差别和大体的发展趋势。在理论刊物的选择上，选择综合性行政学理论刊物，而不是关注行政学某个领域的刊物，中文期刊方面选取的是《中国行政管理》和《公共行政》，英文刊物方面选取的是《公共行政评论》(Public Administration Review) 和《行政与社会》(Administration and Society)。由于资源搜集的限制，进行分析的论文年限大致在2000—2005年，中文论文共有48篇，英文文献共有53篇（其中剔除篇幅短小的评论和书评之类的短文）。从时间上看，千禧年之后的这段时间，对于我国而言，是电子政务的建设初期，而对美国和其他发达国家而言则是电子政务的完善时期，显然，中英文文献的研究旨趣会有很大差别。为了清楚地表明中外电子政务理论研究上的差异，对搜索到的以电子政务和 E-government

为题的论文中进行编码，然后分类。编码规则上采用了以下四个指标：概念，旨在描述问题或为未来的研究识别关键变量的论文标为1，其余则标为0，该指标反映某个问题领域的对概念以及研究的界定和辨析；关系，旨在描绘两个变量之间的二元关系或说明多个变量之间的多元因果关系的文章标为1，其余的标为0，该指标反映随着某个研究领域的延伸，研究重点转为核心概念与其他社会要素之间的关系的探讨；评估，对某个特定的电子政务建设项目进行评价的文章标为1，其余的标为0，该指标反映的是对实践性活动的具体评价和经验总结，凡涉及中外电子政务比较研究的都归于此类，因为比较研究更侧重对国外经验的总结。① 按照上述的分类标准划分之后，中英文论文的实际情况如下表所示：

2000—2005 中美核心期刊上电子政务类论文数据分析

分类标准 / 论文类别	概念	关系	评估
中文	24（50）	17（37）	7（13）
英文	12（23）	25（47）	16（30）

表述中括号外数据表示类别的篇数，括号内数据表示类别的比例。

对上述表格中的数据可作以下解释：

中文论文的数据表明：概念类论文占到总数的一半，一方面表明我国电子政务理论研究中还有许多概念和研究领域没有明确的界定，例如《构建电子政府若干问题刍议》②；另一方面表明我国的学术界正在积极引进一些国外的学术成果，例如《电子治理：电

① 对于论文分类的指标设定，一般遵循下列两个原则：第一，分类必须是穷尽的，可覆盖所有的研究变量。第二，所划分的类别之间是相互排斥的，每篇文章只能归于一个类别。关于论文实证方面的研究，具体参见杰伊·D. 怀特等．公共行政研究．北京：清华大学出版社，2005：91-102.

② 王洛忠．构建电子政府若干问题刍议．中国行政管理，2002 年第 12 期：16-18.

子政务发展的新趋向》①，两者综合起来构成了我国电子政务研究的主流方向；关系类论文的比例大约为37%，其研究领域集中在行政组织、政府职能与电子政务之间的关系研究，例如《电子政务与政府职能转变》②，而涉及多元关系探讨的论文数量几乎没有；评估类论文在三类论文中比例最小，仅占13%，客观上反映了我国行政学理论中对实证方面的研究的欠缺，从另外一个角度来看，也说明了我国虽然电子政务建设取得了长足的进步，但对电子政务的评估体系和理论方面的研究比较欠缺。

相比之下，英文文献的数据反映了另外一番景象：概念类的论文比例最少，仅占23%，而且如果从时间先后顺序上看，概念类论文的时间一般早于另外两类论文。此外，与我国概念类论文不同的是，英文概念类论文更多研究的是与行政学结合较为紧密或者形成有效交叉类型的概念和研究议题，例如 *Building Secure Elections: E-Voting, Security, and Systems Theory*③ 一文详细探讨了设置安全电子选举系统的必要性以及理论依据；关系类论文是研究的主流，在所选择的论文中所占比例最高，达到47%，并且英文关系类论文更加倾向于多元关系的探讨，例如 *E-Government and the Transformation of Service Delivery and Citizen Attitudes*④ 一文不仅限于电子政务与政府提供公共服务之间的关系，还涉及了公民对公共服务以信息化形式提供的态度分析；评估类论文的比例占30%，居第二位，大多以实际案例为分析背景，探讨电子政务运行模式的得

① 王浦劬，杨凤春．电子治理：电子政务发展的新趋向．中国行政管理，2005年第1期：75-77.

② 刘庆龙，孙志强，侯跃英．电子政务与政府职能转变．中国行政管理，2004年第8期：55-58.

③ Donald P. Moynihan. Building Secure Elections: E-Voting, Security, and Systems Theory. Public Administration Review, September/October, 2003, Vol. 64, No. 5: 515-528.

④ Darrell M. West. E-Government and the Transformation of Service Delivery and Citizen Attitudes. Public Administration Review, January/February, 2004, Vol. 64, No. 1: 15-27.

失所在以及对实际政务活动的影响，例如 *Reinventing Local Governments and the E-Government Initiative*① 一文，就是基于美国城市网站的建设评估，分析电子政务对地方政府再造运动的促进作用。除此之外，英文文献中还有不少设计网络治理的论文，例如 Stephen Goldensmith 等人发表了一系列关于网络治理（Governing by Network）的论文，着重探讨了社会网络在治理当中的作用。而类似观点，在我国的行政学研究中较为少见。

通过以上论文数据的分析，可以看出无论是理论建构方面、关系探讨，还是案例评估方面，英文论文的比例结构较为合理，反映出电子政务发展到一定阶段后引发理论方面的探索和建构；而中文论文更多反映出的是一种学习、借鉴的理论建构初始阶段，一方面缺乏规范化的电子政务建设模式，各自为政的实际建设状况难以进行有效评估；另一方面，混乱的建设模式无法对电子政务理论的建构形成有效的支持，阻碍了我国电子政务理论的发展。

总而言之，通过对国内外研究现状的分析，我国有关电子政务的理论研究实际还处于一种初始状态，电子政务的研究领域还未完全确定下来，特别是在行政学视野下如何对电子政务进行解释还存在一定的空白之处。因此，积极探索电子政务研究中的行政学途径，不论在理论建构还是在实践指导上都有非常重要的意义。

三、网络行政的研究视域

1. 网络行政的研究框架

本书将在行政学框架下描述电子政务，由于传统行政学在电子政务中对网络的狭义理解——网络是最具代表性的信息技术之一，在一定程度上造成了行政学在电子政务这一新兴领域中理论解释的

① Alfred Tat-Kei Ho. Reinventing Local Government and the E-Government Initiative. Public Administration Review, July/August, 2002, Vol. 62, No. 4: 434-443.

空白。因此，本书将网络作技术网络和社会网络的二分。技术网络是具体的，是人类信息技术发展过程中的一部分，进而言之，在电子政务中所使用的网络等信息技术是行政组织经过选择的技术。行政组织对现有的信息技术的选择表明行政组织在电子政务中的主体性，网络和信息技术则是被选择的客体，这一对主客体之间的关系不仅仅是选择与被选择的关系，还包括了主体与客体之间的互动。造成行政组织与网络（信息技术）互动的原因源于对技术本质的探讨。这种探讨来自哈贝马斯对晚期资本主义社会中生产力现象的准确描述，哈贝马斯认为在晚期资本主义社会中，科学和技术成为第一生产力，同时也成为政府合法性的基础。这一论断表明，在现代信息化时代中，政府对技术的选择和依赖是不可避免的历史趋势，在意识形态逐渐丧失其合法性基础的现代社会里，作为第一生产力要素的技术，在间接影响着社会上层建筑的结构，并促使其发生相应的变革。与技术网络的具体性不同，社会网络是抽象的。作为一种社会组织现象，社会网络出现的时期介于信息技术和电子政务两者之间。社会网络的出现与发展导致在20世纪末期行政组织对信息技术的选择和应用，没有社会网络引发的社会结构变化，电子政务的出现很有可能还会往后延续。因此，在技术网络的基础上研究更为宽泛的社会网络，有助于我们认识现代信息社会的演化过程，尤其是电子政务的产生与发展，厘清现代行政领域中新的研究课题。虽然在这些领域中，不能否认技术网络的推动作用，但更多的是在社会网络这一宏观背景下对行政活动的具体探讨。

基于以上的写作初衷，网络行政研究框架如下所示：

在绪论这一部分，主要针对现有的电子政务研究领域中的前提问题提出质疑，引出论文的整体框架。

第一章，行政网络的发展及其应用。主要对现代信息技术的发展过程作简单回顾，尤其是对于电子政务有密切联系的芯片、计算机和网络技术的具体考察，明确行政网络兴起的技术基础，分析技术的实质，总结当前行政网络的主要应用领域和模式。

第二章，现代公共行政视野下的行政网络。主要从行政学的角度，审视行政网络的实践意义，分析行政网络在当前行政活动的现实效应，概括现代公共行政研究行政网络的主要内容，厘清行政网络的改革潜能。

第三章，行政网络与网络行政。在这一章中将从分析行政网络对行政活动影响的有限性和必要载体出发，引出网络行政的另一个构成要素：社会网络，并对社会网络的影响进行深入的分析，进而论述由行政网络向网络行政发展的必然性。

第四章，网络行政权力。从本章开始，将详细探讨网络行政中的主要构成。对于公共行政而言，行政权力是公共行政活动的主要依据。本章将从行政权力的一般概念出发，分析行政权力的一般特征和发展趋势，然后将视野转移到网络行政中，揭示网络行政中行政权力的分散与集中并存的特质。

第五章，网络行政的核心功能。本章将详细探讨一般公共行政中核心功能在网络行政中的转变，笔者将公共行政核心功能概括为公共服务的供给、公共政策的制定和对社会公平的维护。以上每一个核心功能在不同时期都有着不同的表现形式，在网络行政中它们共同取决于技术网络和社会网络的复合作用，本章将花较多的笔墨指出网络行政中新出现的研究领域：网络化公共服务的供给；政策网络分析；弥合数字鸿沟的现实意义。

第六章，网络治理与网络民主。本章将从整体上分析公共行政系统在信息化时代的总体转型，具体探讨网络治理和网络民主这两个新兴的公共行政议题。其中网络治理是对治理理论的转述和网络特征的强调，网络民主则是在探讨民主理论的基础上，分析民主制度在新的历史时期可能发生的各种变化以及潜在趋势。

第七章，信息化时代的公共行政范式。通过对信息化时代的理论界定及其主要特征的描述，整合前几章当中探讨的主要内容，并依据库恩对范式的原始定义，推导信息化时代的公共行政范式。最后，在文章的结尾处，提出若干值得研究的命题，为网络行政中进一步的理论研究奠定基础。

2. 网络行政的研究方法

历史与逻辑相统一的方法。黑格尔是最早探讨逻辑与历史之间关系的哲学家，在唯心主义的观念下，黑格尔认为逻辑的东西是第一位的、决定性的，历史的东西则是第二性的、被决定的。马克思将黑格尔的观点进行修正，提出了唯物主义下的逻辑与历史相统一的方法，即历史的东西是逻辑的东西的基础，逻辑的东西是历史的东西在理论思维中的再现。逻辑与历史相统一的方法，要求在理论研究中回归事物的原始状态，并以此为基础寻求理论的逻辑推理。正如恩格斯指出："（在理论思维中），逻辑的研究方式是唯一适用的方式。但是，实际上这种方式无非是历史的研究方式，不过摆脱了历史的形式以及起扰乱作用的偶然性而已。历史从哪里开始，思想也应当从哪里开始，而思想进程的进一步发展不过是历史过程抽象、理论上前后一贯的形式上的反映。"① 本书对电子政务及其社会效应的探讨正是以历史与逻辑相统一的方法为基础，通过对不同客体的历史发展过程，寻求合理的理论解释。

抽象与具体相结合的研究方法。抽象与具体相结合的方法是指，从具体的感性认识出发，经过推理演绎，达到抽象的规定，这是理论建构的一般过程；同时，通过合理的综合，由抽象的规定再达到思维中的具体，这反映了理论指导实践的过程。具体和抽象两者之间的关系不是割裂而是相互统一，割裂两者的关系只会导致局限于对具体现象的描述、抽象原则的论述两个不同的领域，而无法形成有效的结合。完整的理论论证应该是对现象进行抽象，再由理论的具体把它再现出来。"任何一种只从一般理论的前提推论出理论结构、只抽象地解释它而不具体地通过实际来检验它的方法，都会重新造成一些简单化的或者错误的观念。"② 本书最后的结论很大程度上得益于这种方法的指导，遵循了从具体到抽象的理论建构过程，并对抽象的理论进行适当的解释。

制度主义分析方法。制度对社会、经济与政治的发展起着举足轻重的作用。美国制度学派先驱凡勃伦率先将制度问题纳入科学研

---

① 《马克思恩格斯选集》第2卷，北京：人民出版社，1972：155.

② ［捷］奥塔·锡克．经济—利益—政治．北京：中国社会科学出版社，1984：2-3.

究，开创了对制度进行系统研究之先河。此后，旧制度主义和新制度主义两大学派相继形成，他们对制度内涵的界定各有侧重。在旧制度主义经济学中，凡勃伦认为，“制度实质上就是个人或社会对有关的某些关系或某些作用的一般思想习惯”。① 康芒斯则认为，制度就是“集体行动控制个体行动”。② 在新制度主义经济学中，柯武刚和史漫飞认为：“制度是人类相互交往的规则。”③ 道格拉斯·C. 诺思认为：“制度是为约束在谋求财富或本人效用最大化中个人行为而制定的一组规章、依循程序和伦理道德行为准则。”④ T. W. 舒尔茨则将一种制度定义为“一种行为规则，这些规则涉及社会、政治及经济行为”。⑤ 综上所述，在经济学家的眼中，制度既包括法律、规章以及政府的政策等正式制度，也包括文化传统、风俗、禁忌等非正式的约束和规范人类行为与偏好的习惯等非正式制度。制度学派为我们提供了“制度”这个有用的分析工具，分析当代电子政务所引发的行政组织结构变化和职能转变可以充分地利用这个分析工具。同时，制度学派还对制度的形成和变迁作了多种解释，这对于解释世界各国电子政务的发展进程具有相当现实的意义。

文献资料分析方法。人文社会科学研究离不开对他人研究成果的借鉴，具体说来有两个方面。一方面，大部分学术研究成果是以出版物的形式表现出来的，因而纸本资料是论文研究的主要文献资料来源。另一方面，信息化时代的到来也为社会科学研究提供了许

① ［美］凡勃伦．有闲阶级论——关于制度的经济研究．北京：商务印书馆，1964：139.

② ［美］康芒斯．制度经济学（上册）．北京：商务印书馆，1962：87.

③ ［德］柯武刚，史漫飞．制度经济学——社会秩序与公共政策．北京：商务印书馆，2000：35.

④ ［美］道格拉斯·C. 诺思．经济史上的结构和变革．北京：商务印书馆，1992：195-196.

⑤ ［美］T. W. 舒尔茨．制度与人的经济价值的不断提高．载［美］R. 科斯，A. 阿尔钦，D. 诺斯等．财产权利与制度变迁．上海：上海三联书店，上海人民出版社，1994：253.

多先进的方法，比如网络上就有许多学者发表的各类文章，其中的一些真知灼见无疑也是本书写作过程中的重要参考资料来源，本书对行政学视野下的电子政务类论文的实证分析，就得益于网上丰富的期刊论文。同时，网络资料的丰富也意味着“信息爆炸”，网上的资料有时是良莠不齐的，如何从信息的海洋中把握有价值的信息，这需要在实际的文献检索中提高对资料的把握和整理能力，及时了解、掌握最新的关键词和搜索引擎，排除陈旧的信息源，提取高质量的有价值信息。总而言之，本书在文献资料方面是利用书面资料和网络电子资料相结合的方法来进行理论分析的。

3. 网络行政研究的难点

本书的写作是对行政学视野下电子政务理论建构的一次有益尝试，围绕着技术和组织两个核心概念，综合行政学、政治学、社会学和哲学等不同学科的研究成果，通过行政网络和网络行政这一对理论范畴的研究，塑造信息化时代中的行政学研究范式。其中，行政网络与网络行政这两个提法是本文的创新之处，也是本文的核心观点。之所以使用这两个提法，一方面是借助两者之间的辩证含义，来解释信息化时代中的公共行政；另一方面“行政网络”的中文提法有其特殊含义，一般认为网络行政往往是与英文的Cyberspace Administration（赛博行政，实指技术网络行政）等词相对应，无法反映出社会网络中的公共行政应有之意。此外，将技术和网络这两个常见概念所作的理论划分，也是本文的创新所在，这极大地拓展了电子政务的实际研究领域，也加强了行政学对电子政务的解释，反映了E-Government这一偏重式概念的实质所在。

行政学是一门交叉学科，这种交叉学科的特性在电子政务中表现得尤为明显。简单地说，电子政务作为行政学中的研究对象，是信息科学和行政学两者之间的结合，两种不同门类的学科交叉本身就具有相当的难度，况且行政学自身还涉及政治学、经济学、社会学等其他学科的内容，这就进一步增加了研究的难度。换而言之，通过行政网络与网络行政两者之间辩证地论述，有效整合不同学科的研究成果，扩展信息化时代中公共行政的研究领域，建立信息化时代中的行政学研究范式这一写作初衷正是本书的研究难点。一方面，没有现成的能将不同学科内容进行整合的理论框架可供参考，特别是理工科与人文社会科学之间的理论整合框架尚未完善，本书的研究框架也只能是一种探索或尝试；另一方面，本书的写作初衷是对电子政务进行扩展和理论建构，尤其是对网络这一概念的扩展在很大程度上依赖于不同学科的融合，虽然本书参考了不同学科的研究成果，但绝非意味着笔者能在不同学科之间游刃有余。因此，在一定程度上，本书继承了行政学中不同学科的交叉难点。

第一章

行政网络的发展及其应用

行政网络，从狭义上理解是指在行政系统中承担传递信息功能的技术网络，从广义上理解是指所有运用在行政系统中的信息通信技术，本书更多是从广义上理解行政网络，即将行政网络等同于在行政系统中所应用的现代信息技术。不论从哪一个层面理解，行政网络都是当前引起热烈讨论的电子政务的技术基础。换而言之，电子政务之所以成为一个必然的历史现象，离不开信息技术的快速发展。实际上，在人类发展的历史过程中，技术始终发挥着至关重要的作用，信息技术只是人类发明创造的技术之一。信息技术与其他技术相比，对人类社会的影响更为迅猛，这表现为人类社会由农业社会向工业社会的转变经历了几个世纪的光景，而在刚刚逝去的20世纪里，人类社会仅用了半个世纪就从工业社会步入了信息社会。本章将对信息技术简短而又变化剧烈的历史进行回顾，并以此为基础分析行政网络的实质及其应用。

一、现代信息技术的历史序列

信息技术（Information Technology，IT）是以微电子和光电技

术为基础，以计算机和通信技术为支撑，以信息处理技术为主题的技术系统的总称。按照发展的先后顺序，以下将对芯片、计算机和网络的发展历史作一简单介绍，这三者代表了信息技术中不同阶段的技术创新，相互之间呈现出依次递进关系。

1. 芯片①

芯片的发展实际是微电子学中的主要内容，它的诞生与发展极大地提高了人类计算能力和处理数据的能力。

1947 年，美国新泽西州的贝尔实验室（Bell Laboratories）的三位工程师肖克莱（Shockley）、巴丁（Bardeen）和布拉坦（Brattain）发明了晶体三极管，三人也因此发明共同分享了诺贝尔奖。晶体三极管诞生之后，全面取代电子管而广泛运用于收音机、电视机和计算机的制造中。对于信息技术而言，晶体三极管的出现使得人们可以快速地处理电子脉冲，即通过阻断和扩大晶体管控制电子脉冲，并能够实现逻辑编码、机器内部与机器之间的逻辑编码。与晶体管的发明相关的是，1954 年美国达拉斯的德州仪器公司首次使用硅作为晶体管的制作材料，这为晶体管的规模生产和广泛应用起到了积极的促进作用。由于硅作为制作材料推动信息技术的进步而具有的象征意义，因而也成了美国信息技术创新集中地——硅谷的暗含之意。

1957 年，德州仪器公司的基尔比（Kilby）和费尔查德半导体公司（Fairchild Semiconductors，在硅谷）的创办人诺伊斯（Noyce）共同研发了集成电路（integrated circuit），这标志着微电子技术的诞生，引发了技术上的爆炸。1967 年大规模集成电路的出现，可以在一块米粒般大小的硅晶片上集成 1 千多个晶体管线路，1977 年，超大规模集成电路的出现，可以在 30 平方毫米的硅晶片上集成 13 万个晶体管。集成电路的集成程度的不断提高，使得人类信息处理能力越来越强。除了在社会生产中的广泛应用之

① 在美国，往往将处理电子脉冲的装置称为半导体（semiconductor），也称之为芯片（chips，实际是由数百万个晶体管组成）。

外，集成电路的诞生与发展还产生了巨大的经济效应：从1959—1962年的短短3年间，半导体价格下降了85%，接下来的10年里，产量增加为20倍，其中多半属于军事国防用途。从历史比较的观点来看，工业革命时代的英国一共花了70年（1780年—1850年）的时间，才使得棉花价格下降了85%。① 产量的提高和价格的迅速下降这个趋势，在20世纪60年代之后变得更为明显，制造技术和制造材料的改善，使得一块集成电路的价格，从1962年的50美元下降为1971年的1美元，② 如今单块芯片的价格更是以美分作为价格单位。1971年，Intel的工程师泰德·霍夫（Ted Hoff）发明了微处理器（microprocessor），也就是附在芯片上的数据处理器，微处理器的诞生再一次大大提升了信息处理能力，人们在以硅为制作材质的基础上，不断提升单一芯片上容纳电路数量的物理极限，推动了计算机的信息处理能力。

到目前为止，人们对芯片的信息处理能力形成了三个基本的衡量标准：集线能力，也称为集成度，以芯片上最细的线宽为基准来衡量，单位是微米；记忆容量，以位元为单位度量，比如千位元，百万位元；微处理器速度，以百万赫兹为单位。上述三个衡量标准的实际数据可以明确地反映出芯片的发展历史：1971年，芯片的集线能力大概是6.5微米，1980年的时候是4微米，1995年英特尔奔腾处理器面世的时候，芯片的线宽只有0.35微米，进入千禧年之后，芯片的集线能力进一步扩展，已经发展到0.18、0.13微米；速度方面，20世纪90年代的芯片处理速度是1972年英特尔第一块芯片处理速度的550倍；同样，现代计算机芯片的记忆容量也呈现出大幅度的增长。

以芯片为标志的微电子学的快速发展，对人类的生产、生活产生了巨大的影响，以至于西方的一些社会学家在研究家庭生活现代

① ［美］曼纽尔·卡斯特．网络社会的崛起．北京：社会科学文献出版社，2003：47.

② ［美］曼纽尔·卡斯特．网络社会的崛起．北京：社会科学文献出版社，2003：48.

化程度的时候，将家庭拥有多少集成电路或是芯片作为一项重要的指标。当然，由于芯片的应用无处不在，包括电视机、冰箱、洗衣机、空调、个人电脑、汽车等现代家庭生活必需品都有芯片的应用，所以统计实际的集成电路或是芯片的数量实际成为一个不可完成的任务。但无论如何，以芯片为代表的微电子应用所产生的各种效应是毋庸置疑的，也是人类社会由工业社会步入信息社会的前提条件之一。

2. 计算机

从时间序列上说，计算机的诞生（1946 年）实际要早于晶体管，但是如果没有晶体管以及芯片技术的快速发展，计算机的应用领域也无法快速地扩展到人类社会的各个层面，可以这么说，现代计算机的发展与应用是以芯片技术为前提基础的。作为人类最重要的器官——人脑的延伸，计算机的出现是人类在扩展自身能力方面的一个重要标志，它的发展和应用也成为信息化革命的标志之一。

1946 年，世界上第一台计算机 ENIAC 诞生于美国宾夕法尼亚州立大学，全称是“电子数值积分器与计算器”（Electronic Numerical Integrator And Calculator）。ENIAC 的设计初衷是为了满足美国军方在战争中计算弹道的需要。这台计算机与我们所熟悉的个人电脑（PC）相差甚远，它占地 170 平方米，重 30 吨左右，由 18800 多个电子管，1500 多个继电器，30 个操作控制台组成，每小时耗电 150 千瓦，打开 ENIAC 的电源时，整个费城的电灯都会闪烁。由于在 ENIAC 的设计与制造中，主要使用的是电子管而非前面所说的晶体管，所以这段时期的计算机被称为第一代计算机——电子管计算机。尽管体积庞大、操作复杂并且价格昂贵，但是第一代计算机在美国国内的数据统计中仍发挥了重要的作用，例如 1950 年美国全国普查资料就是通过计算机完成的①。

① 完成普查资料的计算机以 ENIAC 为原型，由雷明顿·兰德（Remington Rand）制造。详见［美］曼纽尔·卡斯特．网络社会的崛起．北京：社会科学文献出版社，2003：49.

晶体管诞生之后，计算机迅速发展到第二代，计算机的体积缩小，功耗降低，数据处理速度增快。伴随着晶体管生产规模的扩大，第二代计算机的价格开始下降，从政府财政支出逐渐转向了商业运作。此外，由于开始使用程序设计语言进行软件控制，晶体管计算机使用起来更为方便，其功能也从单纯的数值计算扩展到了商业数据处理。第三代计算机较之于第二代计算机更为完善，原因在于开始广泛使用集成电路。由于集成电路可以在很小的晶片上集成大量的晶体管，第三代计算机的体积进一步缩小，计算能力更加强大，应用领域也迅速扩大。尽管第二代和第三代计算机在人类的社会生产中发挥了重要的作用，但还没有真正引发信息社会的出现，这是因为以芯片、计算为代表的信息技术尚未起到支配社会的作用，而仅仅限于一些生产制造活动中。

真正标志着人类信息社会开始的是微型计算机（即第四代计算机）的诞生和广泛应用，可以说微型计算机的出现是信息化革命中的革命。1975 年工程师艾德·罗伯茨（Ed Roberts）为自己的女儿制作一个生日礼物：一个计算机盒子并取名为 Altair（电影《星际迷航记》中的一个角色，也是她女儿最为钦慕的对象）。这个为了博取女儿欢心而发明的计算机盒子，是计算机历史上第一台以微处理器为核心制造出来的小型计算机，也是第四代计算机的雏形。Altair 的出现极大地加速了现代计算机的发展：1975—1976 年，硅谷的两个辍学的学生在自家的车库里，以 Altair 为原形设计出了苹果一号和苹果二号电脑，并筹资 9.1 万美元创办了苹果公司，开始销售他们设计的小型计算机，开启了信息时代肇始的传奇。到了 1982 年，苹果公司的销售额已经达到 5.83 亿美元，这一惊人的数字表明计算机在经济活动中已成为一个新的经济增长点，同时也标志着计算机开始逐步渗入个人生活领域。在大型机时代中已经站稳脚跟的 IBM 公司，对小型计算机这一商机很快做出了回应，1981 年发布了自有品牌的小型计算机，命名为“个人电脑”(Personal Computer，PC)。IBM 开发的微型电脑与苹果公司的电脑有所不同的是，IBM 的电脑并不拥有多少专利技术，而是其他地方发展而来的技术（例如使用 Intel 的处理器和微软的操作系统），因此 IBM 开发的微型电脑架构可以被轻易复制，亚洲的计算机发展很大程度上得益于 IBM 电脑的这一特性，这也最终导致 PC 成为微型计算机的代名词。

微型计算机应用的广泛扩散，还有赖于能够配合需要而发展出来的各种应用软件，没有应用软件的开发，微型计算机也仅仅只是一件工业制品，无法真正影响到人类社会生活的各个领域。1976 年，哈佛大学两位中等生比尔·盖茨（Bill Gates）和保罗·阿伦（Paul Allen）用 BASIC 语言设计了一套操作系统（OS，Operation System）——DOS 系统，用来操作微型计算机。由于意识到应用软件的商业潜力，他们两人随后创立的微软公司（Microsoft），现在已成为软件行业巨头，创造了一个软件公司从无到有的神话。这里需要说明的是：尽管当前我们使用的操作系统大多是微软公司的视窗操作系统（至于微软等软件巨头在信息技术上的垄断，将在后文探讨），但是微软并不是图形界面操作系统的首创者。最早使用友好图形界面的电脑是 1984 年苹果公司设计的 Macintosh 电脑，在这款电脑中引进了以图形为基础的操作系统，而这一操作系统是施乐公司（Xerox）的帕罗阿托（Palo Alto）研究中心设计出来的。如今，计算机软件行业已和硬件行业齐头并进，成为信息时代中经济发展的支柱产业，一个简单的数字就可表明信息产业的地位：当微软的市场资本总额超过通用时，后者的雇员为 60 万而前者的雇员仅为 2.5 万①。

如果以当前的计算机发展现状来看，未来的计算机发展趋势将是网络化和智能化。所谓网络化，是指计算机技术和通信技术相结合，用通信线路及通信设备把独立的计算机连接在一起，形成一个复杂的系统——计算机网络。网络化趋势扩大了计算机系统的规模，实现了计算机资源的共享，提高了计算机系统的协同工作能力，为数据的交换处理提供了有利的条件。所谓智能化趋势，也称为人工智能技术，是指计算机具有模仿人类较高层次智能活动的能

---

① ［美］约翰·希利·布朗，保罗·杜奎德．信息的社会层面．北京：商务印书馆，2003：24.

力，模拟人类的感觉、行为和思维过程。通过程序设计和硬件研发，计算机可以具备代替人类作出行为选择的潜力。当前的机器人技术、计算机对弈、专家系统等就是计算机智能化的典型代表。可以说，计算机的智能化将是未来第五代计算机的根本特征。

3. 网络

芯片运算能力大幅度提高和计算机应用的广泛扩展实现了人类高速、有效处理信息的要求，但是信息的价值体现在交换上，没有交换的信息只是孤立无援的，其价值将十分有限。第四代计算机所拥有的分离的、中央式的资料存储与管理无法满足信息交换的要求，这一缺陷导致了网络的出现。换句话说说："每个特定技术领域的突破都扩大了相关信息技术的效应。所有这些电子技术在互动通信领域的汇聚结合，导致了网络的建构，而网络也许是信息时代最具革命性的技术媒介。"①

人们所熟知的互联网起源于美国国防部高级研究计划局（ARPA，The US Defense Department's Advanced Research Projects Agency）在1968年研制的用于支持军事研究的计算机实验网ARPANET。这一网络研制的初衷是20世纪50年代晚期，前苏联第一颗人造卫星的发射，这一事件给正处在美苏对抗状态的美国拉响了警报：即如何保护美国现有的各种军事指挥中心？传统的方法可能是不让敌人知道中心的确切位置和提高中心的抵御打击能力。但是在今天，核武器的毁灭能力惊人，只要有机密的存在就有打探机密的方法，所以靠保密中心所在位置和提高防御能力并不保险。于是，美国军事人员充分发挥逆向思维，想到既然不可能长期、有效地保护中心免受攻击，那么还不如根本不设中心。② 因此，世界上的第一个网络自诞生时就有了一个鲜明的特点：非中心化，这一

① ［美］曼纽尔·卡斯特．网络社会的崛起．北京：社会科学文献出版社，2003：53.

② 南京市行政学院课题组．信息网络化时代的领导方式变革．中共南京市委党校/南京市行政学院学报，2003年第5期：38-42.

特点后来也演化成互联网最基本的特征。

1969 年 ARPANET 上线之后，在美国的四所大学中设置了分节点，吸纳优秀的科学家为国防部工作。在最初的科研工作中，科学家和美国国防部之间始终处于一种紧张状态：大部分参与科研工作的科学家都是科幻小说迷，他们经常在网上谈论感兴趣的各种科幻话题，这使得在网上区分以军事导向的科研沟通与个人闲谈的信息变得十分困难，也招致国防部的不满。1983 年，ARPANET 有了第一次分化：ARPANET 变成了专供科研和信息交流的网络，而 MILNET 则成为一个专为参与军事应用服务的网络。1985 年，美国国家科学基金（NSF，National Science Foundation）为鼓励大学与研究机构共享他们的科研信息，创造了一个供科学交流为目的的网络，称为 CSNET。NSF 还与 IBM 公司合作，共同设立了供非科学交流为目的的网络 BITNET，这个网络实际是民用网络的原始雏形。在 20 世纪 80 年代中期，美国所拥有的四个分支网络，都以 ARPANET 为主干网，合称 ARPA-INTERNET，之后改名为 INTERNET，即当代人们所熟知的互联网。在网络发展的早期，所有的投资都来自美国国防部，也可以说是政府财政投资，NSF 进入网络控制领域之后也并没有改善政府对网络的控制状态，这一点为政府对以网络为代表的信息技术进行控制埋下了伏笔。1990 年，ARPANET 由于技术过时而关闭之后，由 NSF 基金运作的 NSFNET 成为了互联网的主干网络，但好景不长，NSFNET 在 1995 年的时候正式关闭。从此，开启了互联网的全面民营化：从 NSFNET 所衍生出来的几个商业公司，成为了互联网民营化早期的几个主干网络供应商，并促成了私有网络之间的互联。伴随互联网的全面民营化，政府对互联网的控制也开始转变：直接控制已不太可能，实际可行的是通过法律的制定、合理的政策支持等间接控制。与此同时，私有网络的快速发展也催生了民间的协调和管理网络的组织——互联网协会，这个组织在 NSF 的倡议下，被赋予了管理网络的职能，并且互联网协会从一开始就被认定为是一个非营利组织。除了互联网协会之外，还有基于不同目的组建的网络管理组织，其中大部分也都是跨国的非营利组织。

与计算机应用扩展一样，互联网逐渐为世界所接受也离不开相关协议和软件的创造，其中具有标志性的、也是现在人们习以为常的协议和软件有：1978 年，美国计算机专家塞夫（Vinton Cerf）、波斯特尔（Postel）和科亨（Cohen）三人设计了著名的网络协议TCP/IP，这个协议包含两个部分：TCP 协议是控制主机到主机的信息传输协议，IP 是控制网络之间信息传输的协定。同期，在欧洲也设计了另外一个传输协议 X.25，并在欧洲范围内广泛推行。值得一提的是，在我国网络发展的早期，最先试用的网络就是北京计算机应用研究所利用 X.25 协议开通的小型研究网络。由于 TCP/IP 协议较之于 X.25 协议在网络传输中具有更好的兼容性，并且能够完美应用于网络早期的操作系统 UNIX，最后逐渐成为互联网中的通用传输协议。如果 TCP/IP 协议的出现给互联网奠定了信息传输的架构的话，那么网络一般界面则是依靠另外几个协定：全球信息网（world wide web，WWW）于 1990 年由欧洲核子研究中心（Centre European pour Recherche Nucleaire，CERN）发明，它是基于网络应用的一个创新，依照信息而非地址来组织网络的内容，并为使用者提供方便的搜寻系统，获取他们想要的信息。欧洲核子研究中心还创造了超文本标记语言（hypertext markup language，HTML）和通用资源识别码（uniform resource locator，URL）。超文本标记语言是依据网络弹性设计的共享性编程语言，允许不同电脑使用者通过浏览器调整其特有的语言，并且和 TCP/IP 协议绑定。通用资源识别码则是将应用协定的信息与掌握所需信息的电脑地址结合在一起，成为互联网中的标准地址格式。在这些协议的相互扣连下，形成了互联网的一般界面。网络的产生离不开科学家的不断创造与发明，他们不经意间的天才设想都会为网络增添一些亮丽的色彩，网络浏览器的出现就是这种典型的例子：马克·安德森是伊利诺伊大学的国家超级电脑应用中心（National Center for Supercomputer Applications，NCSA）的一位时薪 6.85 美元的兼职大学生，他经常在工作之余感到穷极无聊，为了打发时光，他在 1992 年写了一个网络浏览器马赛克（Mosaic），改变了网络上纯文本式样的信息交流界面，并将这个软件挂在 NCSA 的主页供人们免费下载。当一个硅谷的投资家看到这个软件后，觉得有利可图，便和马克·安德森一同创立了网景公司（Netscape），1994 年网景公司发布了第一款浏览器（Netscape Navigator），并且获取了丰厚的回报。网络浏览器的普及，使得互联网的应用再次扩展，随着搜索引擎、电子邮箱、网络聊天、网络论坛等新事物的出现，人们开始感到信息技术在生活、学习和工作方面的便利性，信息社会终于到来了。

回顾信息技术短暂的发展历史，不难发现信息技术从刚刚开始的军用领域逐渐扩展到民用领域并没有花费很长的时间，其中一个重要的原因在于：基于信息技术的各种创新可以在短期内创造大量的财富，这为许多精明的商人所关注，创造了 IT 行业中一个又一个商业奇迹。当技术创新成果经过批量生产、包装之后成为商品，通过市场的交换，为人们所接受、使用。同时，不能否认的是，信息技术的高效、便利的确改变了人们的生活空间，物理的时空观在信息社会中被打破了。信息技术在经济领域中的重要地位逐渐产生了社会效应并为社会所认同，这也是人类信息社会的真正开端。①

二、行政网络的技术特征及其实质

信息技术通过短短几十年的发展，如今已经逐渐稳定成为四大类别：感测技术、通信技术、计算机及智能技术和控制技术。这四种不同类别的信息技术都与人的信息感官相对应，其功能是对人的信息器官功能的扩展：通信技术和计算机与智能技术是核心，感测技术和控制技术是核心与外部世界之间的接口。没有通信和计算机与智能技术，信息技术就没有了基本意义，没有感测技术和控制技术，信息技术就失去了基本作用。总而言之，信息技术是一个整合

① 笔者赞同卡斯特对信息社会的解释，信息社会与信息化社会是两个不同的概念，信息社会指明了信息在社会中的角色，标志着社会的转型。信息化社会则是表明了社会组织之特殊形式的属性。参见［美］曼纽尔·卡斯特. 网络社会的崛起. 北京：社会科学文献出版社，2003：25.

的系统，它必须有信息来源和信息归宿，并辅助扩展人类的智力活动范围。

1. 行政网络的技术特征

如前所述，不论是将行政网络看做是现代信息技术的组成部分也好，还是将行政网络等同于在行政系统中所应用的现代信息技术也好，行政网络都具备信息技术的主要特征。从广义上看，行政网络包含以下技术特征：

（1）信息技术的广泛适用性

信息技术不同于以往人类社会发展史上的其他技术，不仅仅停留在提高社会生产率、增加经济利润的层面，信息技术以其广泛适用性深入到人类社会生活的方方面面。早在信息技术诞生的初期，部分科幻小说家就曾经预言，人类未来的生活可以称之为“数字化生存”，然而不到几十年的时间，这些天方夜谭已经成为了现实。当前，信息技术早已进入到人类社会的各个角落：个人的日常生活、企业的电子商务、政府的信息化工程、远程教育等。个人计算机和网络的交织，使得“信息化生存”已经成为人们日常生活中不可缺少的一部分。借助个人计算机和互联网，人们可以在任何时间、任何地点开展工作，人类个体与集体的所有过程都直接受到信息技术的塑造（但当然不是“决定”）。①

（2）信息技术的快速发展性

前文中以工业革命时期棉花的价格下降与信息革命时期芯片价格下降相比，信息技术拥有明显的快速发展性。不仅如此，信息技术的快速发展已经远远超过了人们的想象。早在信息技术进入商业和政治领域时期，IT 行业内一直奉行着两条著名的定律：摩尔定律和基尔德法则。摩尔定律是指计算机处理器芯片的处理能力每 18 个月提高一倍，也就是说，同样处理能力的芯片价格在 18 个月后价格下降一半。基尔德法则是指通信系统的通信带宽每 12 个月

① ［美］曼纽尔·卡斯特．网络社会的崛起．北京：社会科学文献出版社，2003：83.

增加为原来的3倍，价格也有相应地降低。然而这两条为人们所共识的定律早已被信息技术的飞速发展所打破，仅从计算机CPU的主频发展上就可见一斑：20世纪90年代初，个人电脑的CPU主频还在100MHz，进入到21世纪之后，个人电脑的CPU主频早已达到2.0GHz甚至更高。网络带宽的传输能力同样也是如此。种种现实表明，信息技术的发展速度远远超过了人类的预想，人类的生活正随着飞速发展的信息技术而发生相应的变化。

(3) 信息技术的开放性

在技术革命时期和商务革命时期的大部分时间里，主要的技术都处在专利的保护之下，即使是那些没有申请专利的技术，掌握这项技术的企业或个人也会采取各种保密措施以防止竞争对手轻易获取这些技术。技术上的垄断削弱了在开发和利用信息技术方面的竞争，同时，基于新技术的产品的垄断高价也限制了这些产品的普及速度。因此，新技术的潜力在技术革命时期和商务革命时期都无法得到充分的发挥。在信息化时代，专利保护已变成了过时的结论：原先保密的技术或许不再保密，同时各种替代技术层出不穷，许多小企业或者个人依靠某项技术的改造就能弥补市场的空缺，导致许多技术革命的出现。同时，声势浩大的开源软件运动在全世界吸引了千千万万的程序员与程序员用户的参与，这一运动不仅为全社会奉献了一批质量卓越的优秀软件，还为社会培养了一批又一批优秀的软件人才。例如，缪斯（Muse）公司就开发了一个小工具ElfURL，人们可以通过在浏览器的地址栏中键入后来压缩的域名来访问全名网址，并且这个软件是开放软件，也就是其源代码是100%开放的，任何人都可以通过使用或修改这一软件为己所用。信息技术的开放性使得企业的竞争力更多表现为学习的能力而不是技术的能力，这在信息化时代是非常重要的一项特性。

(4) 信息技术的兼容性

信息革命时期的技术是对技术革命和商务革命时期技术的继承和发展，即信息技术通常是改良的技术而不是全新的技术，这就要求信息技术对以前的各种技术有着良好的兼容性。否则，总会有用户因为无法割舍他们使用多年的老产品而拒绝接受新产品。同时，对已有产品的兼容性经常还意味着成本的节约。例如，利用已有的电信网络、有线电视网络甚至是电力网络来接入互联网比重新架设网线要更为划算。不仅在硬件方面存在兼容性，当前信息技术在应用软件方面也存在着较强的兼容性，大部分高版本的软件都可以兼容早期版本的软件，网络化版本的软件同样可以兼容单机版的软件。信息技术的兼容性特征表明，虽然信息技术较之于其他技术具有较高的增长速度，但是这种增长速度不是以牺牲原有的技术成果为代价，相反，信息技术的发展恰恰是对原有技术成果的渐进改造，为信息技术融入人类社会生活打下了良好的基础，并为人们所熟识，产生了良性的社会效应。

（5）信息技术应用价值的倍增性

信息技术应用价值的倍增性由于技术网络的存在而为人们所认识，罗伯特·梅特卡夫在 1973 年提出了一个简单的数学公式，这个公式显示网络的价值会随着网络里节点数目的乘方而增加。这个公式的数学表现形式是：

$$V = n^{(n-1)}$$

其中 n 代表网络中的节点数目。① 虽然这一数学公式无法用现实予以证明，但是网络节点的发展所凸显出来的应用价值却是人们可以切身体会到的。同时，值得注意的是，梅特卡夫公式一方面说明了信息技术应用价值的倍增性，另一方面也说明了不加入网络的弊端会随着网络的增长而增加，因为要接触网络之外其他元素的机会正在下降。换而言之，梅特卡夫公式实际是当前数字鸿沟形成的原因之一。

（6）信息技术引发的文化特征

在短暂的信息技术发展史中可以看到，信息技术的诞生与发展都伴随着一种不同于传统主流文化的文化形式的发展，这些文化形式同时具有正面效应和负面效应，人们往往看到其正面效应而忽视了其负面效应。概括起来，信息技术所引发的文化可以归结为三种

① ［美］曼纽尔·卡斯特．网络社会的崛起．北京：社会科学文献出版社，2003：84.

形式：消费文化、无政府主义、黑客文化。消费文化，是一种大众文化的表现形式，可能会有多种表现形式，在技术网络上往往以各种通俗文化的形式表现出来。由于网络的受众是普通大众，各种逻辑严谨、语言晦涩的文字表现形式会因教育程度的差异而不为大众所重视，相反，各种浅显易懂、甚至是有悖于传统文化规则的文字表现形式、图像表现形式更为人们所接受，这促成了消费文化影响的扩展。网络无政府主义以约翰·巴罗的《赛博空间的独立宣言》为代表，他在该文中宣称："工业世界的政府，你们这些由血肉和钢铁组成的巨人实在让人讨厌，我来自赛博空间，崭新的精神家园。我代表未来，要求属于过去的你们不要打扰我们。……我宣布，我们正在建立全球性的交往空间，理所当然地独立于过去你们想要强加的暴政。"① 上述文字中充斥着拥有技术的年轻人浪荡不羁、个性张扬的意识，可以这么说，技术非中心化的分布结构，是对传统集权式中央等级结构组织的解构，也是滋生无政府主义的温床。网络无政府主义虽然给人们带来虚拟的自由，同时也给政府的治理提出了崭新的挑战。黑客（Hacker）文化是技术网络当中一道独特的风景，人们往往将黑客当做一个贬义词理解。事实上，黑客一词原指崇尚自由的技术精英，他们不屑于传统组织劳师动众解决问题的方式，而是利用手中的技术寻求便捷的工作程序，修补可以侵入的网络节点，使得原有的程序系统更加完善。因此，早期的黑客被人们称作"自由主义骑士"。但是，随着信息技术的发展，黑客文化已经发生较大的转变。当人们可以使用傻瓜式的黑客软件去攻击网络用户进行破坏的时候，黑客文化中的自由主义传统已同网络无政府主义一样为人们所厌恶，黑客在人们眼中变成破坏网络秩序、不怀好意的人，即坏客（Cracker）。由于黑客的负面影响，

① 参见 http://wangdongxu.blogbus.com/logs/2005/06/1270509.html，2007.1.22.

黑客已经成为政府重点规制的对象。①

2. 行政网络的技术实质

(1) 技术与需求的互动

行政网络是人类社会发展过程中所创造的各种技术中的一种，从表面上看，行政网络或者说是信息技术的诞生与发展是为了扩展人类的信息感官功能应运而生的，人们使用信息技术都带有强烈的目的性，新的信息技术也是由于人们信息感官的欠缺而产生。基于这种认识，我们可以得到一个较为保守的结论：没有需求的技术是没有发展前途的。同时，一项技术的诞生也会促成人类社会生活中新的需求的产生，也就是说，当一项新的技术诞生并得到应用以后，会扩展人类社会生活的范围，也扩展了人类的需求。例如，技术网络诞生于美国军方的国防部署，随着技术网络逐渐渗入行政领域之后，广泛运用于政府公文的传输，但是电子公文的传输却不具备传统纸质公文的法律效力，为了保证电子公文传输的法律效力，促成了各种加密、认证设备以及指纹识别技术的发展。可见，由于信息技术应用而产生新的需求进而再次促进新的信息技术诞生，如此循环。

(2) 技术的选择性

从狭义上看，行政网络是人类社会进入信息化社会之后而出现的产物，实质上也是行政系统在信息化时代的要求下对信息技术所作出的选择。换言之，单纯的信息技术是中性的，利用信息技术所产生的正负效应取决于使用者自身。信息技术的这种特征实际是继承了人类社会中所有技术的共性，最早对这种共性进行探讨的是法

① 近期我国对破坏网络秩序惩治的案例可以通过“熊猫烧香”的案例反映出来，自2006年12月以来，“熊猫烧香”在互联网上的传播，造成了大量的网络用户感染，损失惨重。该病毒一举成为2006年的十大病毒之首。该案例详见 http://news.163.com/07/0214/09/379IAR030001124J.html，2007.2.1.

兰克福学派①，该学派中两个代表人物马尔库塞和哈贝马斯分别对人类社会中的技术作出各自的解释。马尔库塞认为，工业社会中技术的进步推动了社会的发展，并不断地满足人们的各种需求，但是在这种富裕的工业社会中还包含着社会整体的不合理性："但这个社会作为一个整体来看，却是不合理的。社会的生产率破坏人的需要和人的才能的自由发展，社会的和平由经常的战争威胁来维持，社会的进步依赖于平息（个人的、民族的、国际的）生存斗争的各种现实可能性的压抑。这种压抑，极不同于我们的社会以往的、较不发达的阶段所具有的特点，今天不是一种自然状态的和技术上不成熟的状态起作用，而相反地是实力地位起作用。当代社会的各

① 法兰克福学派是20世纪20、30年代在德国兴起的一个思想学说流派；20世纪40、50年代后流入美国。此后，该学派在美、德两地都得到了发展，其影响也波及整个欧美学术界和思想界。一般来说，该学派可以分为两代：第一代代表人物有霍克海默、阿多诺、马尔库塞、波洛克、弗洛姆等；第二代代表人物有哈贝马斯、福利德堡（Ludwig von Friedeburg，1924年— ）、施密特、涅格特、韦尔默尔和霍耐特（Axel Honneth）等。有的学者将法兰克福学派划分成三代，即将韦尔默尔和霍耐特等学者列为第三代代表人物。其实，到了第二代以后，法兰克福学派便在理论和政治立场上分歧很大，他们几乎没有一致的理论纲领和研究计划，政治立场上甚至针锋相对。从这个角度来说，第二代学者是否还可以被称为法兰克福学派，都已经成了问题。因此，也便谈不上第三代了。目前，在国内研究法兰克福学派的学者中，曹卫东先生坚持了他的三代划分方法。不过，他的这种划分是建立在执掌法兰克福大学社会研究所的更迭事实层面上的。他将法兰克福学派的理论谱系划分为：第一代，霍克海默；第二代，阿多诺、哈贝马斯和马尔库塞；第三代，奥佛、约阿斯、韦尔默尔、霍耐特、本哈比和弗莱泽。曹卫东先生是国内研究法兰克福学派理论中较为突出的学者，特别是他对哈贝马斯学术思想的研究，颇为深入。他的观点，颇值得重视。关于曹卫东先生的谱系划分，请参见曹卫东：《法兰克福学派的掌门人》，载《读书》2002年第10期，第102-106页。但无论进行怎样地划分，总的说来，作为一种批判社会理论，法兰克福学派在西方以"新马克思主义"著称，其思想渊源复杂，在受到马克思主义理论影响的同时，也受到了弗洛伊德心理分析理论、海德格尔存在主义、青年黑格尔派及乌托邦理论等诸多理论和学说的广泛影响。在法兰克福学派第一代学者中，其思想观点较多趋于一致；但到了第二代，便出现了左、右分裂，且理论纷呈的局面。

种能力（智力的和物质的）比以往任何时候要大得不可估量，这意味着社会对个人统治的范围比以往任何时候要大得不可估量。我们的社会，在一个极高的效率和一个不断提高的生活水平的双重基础上，以技术而不是以恐怖来克服离心的社会力量而显出特色。"①显然，马尔库塞的观点指出了工业社会中"技术决定一切"背后暗含的危机，技术的意识形态化实际是技术的"异化"，它阻碍了人们对于真实事物的判断，将人们的行为捆绑在技术及其之上，使人被物化，并成为技术的附属物。马尔库塞的结论不失明智但过于悲观，他将技术当做"纯粹性"生产力来看待，最终会引导我们陷入"技术的解放力量转而成为了解放的桎梏"的困境中。哈贝马斯在批判马尔库塞的观点上，阐述了新的技术观。他设定了一个前提，自然不是仅仅被用于开发的，而是可以和人类社会进行交往的。在此基础上，他认为，技术和目的理性活动的结构之间存在一种内在联系，技术的发展与解释模式相应的，似乎人类把人的机体最初具有的目的理性活动的功能范围的基本组成部分一个接一个地反映在技术手段的层面上，并且使自身从这些相应的功能中解脱出来。"对现有技术的选择，即对作为对立面，而不是作为对象的自然界的设计，是同一种可选择的行为结构联系在一起的，即同有别于目的理性活动的、以符号为媒介的相互作用联系在一起的。这就是说，两种设计是劳动和语言的设计，是全人类的设计，而不是一个个别时代的、一个既定的阶级的、一个可以超越的状况的设计。"② 可见，在认识到自然界的主体性以后，我们就会发现，技术就不单是以征服或改造自然为目的的选择，更是一种制度安排。哈贝马斯通过论证科技进步的制度化及其合法性基础，将科技进步与社会发展联系起来。既然技术已经摆脱了作为纯粹生产力的尴尬

---

① ［德］马尔库塞．单面人．张伟，译．载上海社会科学院哲学研究所外国哲学研究室（编）．法兰克福学派论著选辑（上卷）．北京：商务印书馆，1998：483-484.

② ［德］尤尔根·哈贝马斯．作为"意识形态"的技术与科学．李黎，郭官义，译．上海：学林出版社，1999：45.

地位，成为与人类目的理性活动内在联系在一起的制度安排，那么，应用在现代社会中的任何技术都不可能保持技术中性的特征，信息技术同样也是如此。换言之，信息技术的运用实际是人类选择行为的结果。从这个结论出发，所有持技术决定论的观点都是不攻自破，指望依靠信息技术自发改变人类社会现状的幻想都将成为泡影。

（3）技术的两面性

如果我们承认技术的选择性，那么技术的两面性也是一个必然的结论。信息技术可以为人类生活提供各种便利，同样也能引发各种灾难。技术网络上的虚拟互动、交易行为使人们摆脱了时空的限制，同时也给犯罪行为制造了机会，因为基于时空限制的各种制度无法有效地控制网络中的各种规避行为。良好的动机和制度安排可以使得信息技术帮助人们增加交往的机会，反之也可以使得信息技术成为专制的帮凶。简·芳汀在《构建虚拟政府》一书中就列举了一个典型的案例：在美国，IT最普遍的用途是为了提高竞争力和经济效率，并用来宣传诸如平等和自由的民主价值观。相反，沙特阿拉伯的皇家伊斯兰政府则运用全世界最复杂的一套过滤技术，执行着最苛刻的社会控制。① 可见，不同的使用动机和制度安排会使得信息技术产生完全相反的社会效应。当前，学者们已经意识到信息技术的两面性，在不少研究电子政务的理论著作中，信息技术是一把双刃剑已成为学者的共识。这种共识显示出，人们不愿意看到信息技术因错误的使用而产生的负面社会效应，希望通过某种控制使得信息技术朝着有利于人类社会进步的方向发展。

三、行政网络的应用

行政网络的应用，即信息技术在行政系统中的广泛应用，是当前电子政务研究的主要内容，同时也反映了信息技术在行政系统中

① ［美］简·芳汀．构建虚拟政府．北京：中国人民大学出版社，2004：40.

的渗透过程。当前的理论界定中，电子政务被认为是应用现代化的信息技术和管理理论对传统政务进行持续不断的革新和改善，以实现高效率的政府管理和服务①，即电子政务实施的目的是行政改革。关于电子政务对行政改革到底有多大的促进作用，将在第二章中予以讨论。仅从实践的角度来看，世界各国在实施电子政务的进程中，主要还是围绕着信息技术如何应用于行政系统而展开的，并形成了一定的共识。

1. 行政网络应用的不同阶段

行政网络的应用经历了一个由浅入深、由简单应用到复杂应用的过程。以我国为例，一般认为行政网络应用经历以下三个基本阶段：

（1）办公自动化

我国政府早在20世纪80年代便开始清醒意识到信息革命浪潮所带来的挑战与机遇。20世纪80年代中期，各政府部门便开始利用计算机技术辅助实施一些最基础的政务活动，如文件处理、档案处理等，这便是“办公自动化”。② 进入20世纪90年代，随着金税、金关工程的实施，以及世界银行对国家经贸委系统网络建设的支持，在少数行业，政府机构的信息网络建设进展迅速。然而，同银行、电信等金融与通信企业，以及税务、海关等国家重点支持的政府行业部门相比，多数政府机构在信息化建设方面资金相对匮乏，未能像以上行业那样有足够的资金投入信息化建设，所以，相

---

① 赵国俊．电子政务教程．北京：中国人民大学出版社，2004：3.

② 关于我国办公自动化的起始时间值得考察：20世纪80年代，我国计算机和网络技术主要集中在科研院所中，尚未进入到行政机关的日常事务处理中，甚至在企业中都没有得到广泛应用。比如1987年北京计算机应用研究所率先开通到德国的X.25线路，随后才是清华大学、中科院开通各自的局域网。因此，从时间上来看，我国实施办公自动化的时间应当往后推延，大约在20世纪90年代初至90年代中期比较合理。尽管有所质疑，笔者在此仍然沿用了国内学术界的一般共识，具体可参见孙淑扬．办公自动化原理及应用．北京：中国人民大学出版社，1999：4.

对而言，国内多数政府、行业部门以及地方政府本身，信息化的步伐相对迟缓，仅停留在浅层次的“办公自动化”水平。大多数政府机构仍一致地将“办公自动化”认同为各部门实施“电子政务”的第一步，也是最基础的一个步骤。

（2）政府上网工程

1999年年初，由中国电信协同国家经贸委等数十家政府部门共同发起了“政府上网”工程。在这一工程中，由于并不完全是由政府部门主导的，中国电信的参与被怀疑为源自商业利益的驱使，并且许多政府网站因内容更新慢、信息容量少或者“内容与政府网站的身份不相称”等原因而遭到了一些批评，但此次“政府上网”工程仍然值得充分的肯定。毕竟，绝大部分部委与地方政府首次正式在互联网上建立了自己的网站，成为互联网“居民”。“政府上网”被视为电子政务在我国得以实施的基础性步骤之一。

（3）电子政务

经过自1999年以来由“政府上网”工程产生的长达两年的“预热”，电子政务能够在2001年初以来备受舆论的关注，至少有着两个方面的原因。首先，2000年9月3日，朱镕基在听取了海关总署和国家税务总局有关“金关工程口岸电子执法”与“金税工程及出口退税电子化管理系统”的运行情况汇报演示后，特别指出：“各级政府、各个部门，都要充分认识加快政府管理信息网络建设的重要性和紧迫性，要自觉地从思想观念、管理方式等方面适应加快信息网络化发展的要求，采取切实有力的措施，积极利用网络技术、数字技术，加快行政管理信息化、现代化步伐，以适应改革开放和现代化建设新形势的需要。国务院各部门的主要负责同志要亲自抓本部门、本系统的信息化、网络化。”“各级政府、各个部门都要把推进信息化当做一件大事来抓。”① 其次，在部分信息化水平较高的城市和行业，网络应用发展比较迅速，其经济和社

① 蒋胜蓝．电子政务——切忌旧瓶装新酒．http：//www.ccw.com.cn/htm/net/viewp/01_4_9_2.asp，2006-12-30.

会效益也开始体现出来。例如北京市作为我国的首都和政治文化中心，率先在全国提出建设数字化城市。据统计，目前北京有300万左右的网民，占全国网民总数的24%，是北京市常住人口的20%多，而且北京有较好的网络基础设施，数字化北京已经取得阶段性成果。由于以上两方面的原因，我国在新千年之初正式揭开了电子政务建设的序幕。

2. 行政网络应用的主要模式

行政网络的应用在实践中逐渐形成了较为固定的模式，各国可以依据自身的需求对这些模式加以选择和组合。按照行政网络应用的目标及其服务的对象的不同，一般可以分为四种模式：政府间的电子政务（Government-Government，G2G）、政府对企业的电子政务（Government-Business，G2B）、政府对公民的电子政务（Government-Citizen，G2C）以及政府与政府公务员之间的电子政务（Government-Employee，G2E）。

（1）政府间电子政务

G2G是上下级政府、不同地方政府、不同政府部门之间的电子政务。政府间电子政务主要包括以下内容：

电子法规政策系统，对所有政府部门和工作人员提供相关的现行有效的各项法律、法规、规章、行政命令和政策规范，使所有政府机关和工作人员真正做到有法可依，有法必依。

电子公文系统，在保证信息安全的前提下在政府上下级、部门之间传送有关的政府公文，如报告、请示、批复、公告、通知、通报等，使政务信息十分快捷地在政府间和政府内流转，提高政府公文处理速度。

电子司法档案系统，在政府司法机关之间共享司法信息，如公安机关的刑事犯罪记录，审判机关的审判案例，检察机关检察案例等，通过共享信息改善司法工作效率和提高司法人员综合能力。

电子财政管理系统，向各级国家权力机关、审计部门和相关机构提供分级、分部门历年的政府财政预算及其执行情况，包括从明细到汇总的财政收入、开支、拨付款数据以及相关的文字说明和图表，便于有关领导和部门及时掌握和监控财政状况。

电子办公系统，通过电子网络完成职务机关工作人员大多数一般性重复工作，节约时间和费用，提高工作效率，如工作人员通过网络申请出差、请假、文件复制、使用办公设施和设备、下载政府机关经常使用的各种表格，报销出差费用等。

电子培训系统，对政府工作人员提供各种综合性和专业性的网络教育课程，特别是适应信息时代对政府的要求、加强对员工与信息技术有关的专业培训，员工可以通过网络随时随地注册参加培训课程、接受培训、参加考试等。

业绩评价系统，按照设定的任务目标、工作标准和完成情况对政府各部门业绩进行科学地测量和评估，等等。

（2）政府对企业电子政务

G2B 是指政府通过电子网络系统进行电子采购与招标，精简管理业务流程，提高办事效率，快捷迅速地为企业提供各种信息服务，减轻企业负担，促进企业发展。G2B 主要包括以下内容：

电子采购与招标，通过网络公布政府采购与招标信息，为企业特别是中小企业参与政府采购提供必要的帮助，向他们提供政府采购的有关政策和程序，使政府采购成为阳光作业，减少徇私舞弊和暗箱操作，降低企业的交易成本，节约政府采购支出。

电子税务，使企业通过政府税务网络系统，在家里或企业办公室就能完成税务登记、税务申报、税款划拨、查询税收公报、了解税收政策等业务，既方便了企业，也减少了政府的开支。

电子证照办理，让企业通过因特网申请办理各种证件和执照，缩短办证周期，减轻企业负担。如企业营业执照的申请、受理、审核、发放、年检、登记项目变更、核销，统计证、土地和房产证、建筑许可证、环境评估报告等证件、执照和审批事项的办理。

信息咨询服务，政府将拥有的各种数据库信息对企业开放，方便企业利用，如政府向企业开放法律法规规章政策数据库、政府经济白皮书、国际贸易统计资料等信息。

中小企业电子服务，政府利用宏观管理优势，为提高中小企业国际竞争力和知名度提供各种帮助，包括为中小企业提供统一政府网站入口；利用集合优势，帮助中小企业同电子商务供应商争取有利的能够负担的电子商务应用解决方案，等等。

(3) 政府对公民电子政务

G2C 是电子政务的重要内容，是通过电子网络系统为公民提供各种服务，主要包括：

教育培训服务，如通过建立全国性的教育平台，资助所有的学校和图书馆接入互联网和政府教育平台；政府出资购买教育资源然后对学校和学生提供；重点加强对信息技术能力的教育和培训，以适应信息时代的挑战。

就业服务，通过电话、互联网或其他媒体向公民提供工作机会和就业培训，促进就业，如开设网上人才市场或劳动市场，提供与就业有关的工作职位缺口数据库和求职数据库信息，在就业管理劳动部门所在地或其他公共场所建立网站入口，为没有计算机的公民提供接入互联网寻找工作职位的机会，为求职者提供网上就业培训、就业形势分析和指导就业方向。

电子医疗服务，通过政府网站提供医疗保险政策信息、医药信息、执业医生信息，为公民提供全面的医疗服务，公民可通过网络查询自己的医疗保险个人账户余额和当地公共医疗账户的情况；查询国家新审批的药品的成分、功效、试验数据、使用方法及其他详细数据，提高自我保健的能力；查询当地医院的级别和执业医生的资格情况，选择合适的医生和医院。

社会保险网络服务，通过电子网络建立覆盖地区甚至国家的社会保险网络，使公民通过网络及时全面地了解自己的养老、失业、工伤、医疗等社会保险账户的明细情况，有利于加深社会保障体系的建立和普及；通过网络公布最低收入家庭补助，增加透明度；还可以通过网络直接办理有关的社会保险理赔手续。

公民信息服务，为公民提供方便、容易、费用低廉的接入政府法律法规规章数据库的能力；通过网络提供被选举人背景资料，促进公民对被选举人的了解；通过在线评论和意见反馈了解公民对政府工作的意见，改进政府工作。

交通管理服务，通过建立电子交通网站提供对交通工具和司机的管理与服务。

电子证件服务，允许居民通过网络办理结婚证、离婚证、出生证、死亡证明等有关证书。

公民电子税务，允许公民个人通过电子报税系统申报个人所得税、财产税等个人税务。

(4) 政府与政府公务员电子政务

G2E 是政府与政府公务员（即政府雇员）之间的电子政务，是政府机构通过网络技术实现内部电子化管理的重要形式，也是 G2G、G2B 和 G2C 电子政务模式的基础。G2E 主要是利用局域网（Intranet）建立起有效的行政办公和员工管理体系，为提高政府工作效率和公务员管理水平服务。主要包括：

公务员日常管理，利用电子化手段实现政府公务员的日常管理对降低管理成本，提高管理效率具有重要意义。如利用网络进行日常考勤、出差审批、差旅费异地报销等，这样既可以为公务员带来很多便利，又可节省领导的时间和精力，还可有效降低行政成本。

电子人事管理，政府公务员的人事管理是政府机构自身管理的重要内容。应用网络技术实现电子化人事管理已成为一种新的形式和趋势，并已在不少企业和政府机构实践。电子化人事管理包括电子化的招聘、电子化的培训、电子化的学习、电子化的沟通和电子化的考评等内容。电子化人事管理的发展将使传统的、以纸面档案管理为中心的人事管理方式产生一场新的革命，对提高政府人事管理的水平和效率、降低管理成本起到极为重要的作用。

3. 行政网络应用的主要内容

行政网络应用的主要内容是行政系统所要实现的目标的具体表现，不同行政网络应用的基本模式，更多反映出的是政府实施公共行政的愿景。一般而言，包含以下主要内容：

(1) 建立政府网站

政府的电子政务计划的第一个步骤是建立政府网站。政府网站是政府向公众敞开的信息窗口，用于增进企业、公民对政府的全面了解。政府网站有如下功能：发布公告、通知等动态信息；建立政务资源库，并提供全文检索，使公民能够方便地查找有关的政府公开文件资料；公开政府各个部门的职能和办事流程，让企业、公民了解政府各部门的办事过程和步骤；建立市民论坛、市长信箱，公民可以对所关心事物或热点问题等充分发表意见，政府从这些意见中及时了解民情。

（2）政府部门内部办公自动化

政府部门内部的办公自动化是政府信息化最基本的要求，电子政务中的办公自动化既不是简单地用现代化设备（各种办公设备）来替代传统的手工办公，也不是将传统的办公模式搬到网上去，而是进行政府内部机构的优化组合，在网络环境下加强政府部门内部的协同工作能力。对内实现公文收发全过程的电子化、网络化，档案、文件管理的计算机化，即实现无纸化办公。

（3）网上交互办公

传统的政府办公通常是公众到政府机构办事或政府人员下基层办公，这样的办公模式效率得不到保证。电子政务的办公模式采取网上一体化办公原则，提供一站式办公平台，可以减轻办公人员和当事人的负担，提高政府各部门的办事效率。例如，当事人不必为办一件事而奔走多个部门，也不必为寻找办事部门、等待办事人员而烦恼。政府信访部门可以直接在网上接待上访者，可以即时或以邮件方式将处理意见通知上访者和投诉部门。在电子政务环境下，政府下发的各种表格可以在网上下载，也可以在线填写提交。电子政务中理想的上报信息提交，应该采用“一表式”的管理模式，即将政府各部门需获取的信息汇总在一张总表上，利用软件生成各部门所要求的上报表格，一表式管理能够消除企业或个人重复填表的怨气，减少上报表格的虚假成分。

（4）实现资源共享、加强协同工作

电子政务的高效率体现在政府内各部门的资源共享和协同工作。传统政务条件下，政府各部门实际上是一个个信息孤岛，每个部门、每个公务员只掌握自己的信息，不同部门的信息难以共享。电子政务条件下，政府通过进行政府信息资源的整合，来实现政府信息资源的共享。这将会大大提高政府的工作效率，有利于把政府部门提升为知识型、学习型组织。电子政务所倡导的协同工作，就是把整个政府当做一个高效、便捷、统一的大部门，多个部门在网上联合办公，相互协作，统一办事程序，实现一站式办公服务。

第二章
现代公共行政视野下的行政网络

1993年3月3日，美国启动了“国家绩效评估”(NPR)计划，旨在“创造一个效率更高花费更少的政府”。① 其中，利用信息技术重新激活政府并推动政府现代化是“国家绩效评估”计划的核心所在，从此拉开了世界范围内的电子政务建设的热潮。从这个事实可以看到，电子政务在世界范围内的兴起实际是行政网络应用进入到一个新的阶段，即从原有孤立的、隔离的办公自动化系统向网络化的方向发展，并且行政网络应用的目的也更加明确：利用信息技术的优势所在促进政府的行政改革。但是，正如简·芳汀在《构建虚拟政府——信息技术与制度创新》一书中所指出的，“现代信息技术与传统治理方式的简单嫁接，结果之一可能是固定化了现有组织结构和工作流程，进而构成管理创新的障碍”②。回顾上

① [美] 简·芳汀. 构建虚拟政府——信息技术与制度创新. 北京：中国人民大学出版社，2004：24.

② [美] 简·芳汀. 构建虚拟政府——信息技术与制度创新. 北京：中国人民大学出版社，2004：13.

一章中马尔库塞对科学技术的论述，不难发现，简·芳汀对行政网络应用的研究结论正好印证了“技术的解放力量转而成为了解放的桎梏”这一困境。然而，从现实出发，当前世界范围内各国电子政务的建设却使得人类社会生活处于这种不幸之中，各国公共行政在实践活动中仍然在坚持一个假想的改革愿景：行政网络的广泛应用会导致可以预见的制度变化。在这个假想的改革愿景指导下，各国政府开始逐步增加对信息技术的关注，并加大对信息技术的应用范围，这些实践活动反映出现代公共行政理论赋予行政网络的现实意义。本章将延续上一章中对行政网络技术特征的结论，对现代公共行政视野下的行政网络展开研究，剖析现代行政理论研究行政网络的一般逻辑，总结当前公共行政理论对行政网络研究的一般内容，最后从现实的角度对行政网络的实际效应进行评价，旨在得出行政网络对行政改革或行政制度创新贡献有限的结论。

一、现代公共行政研究行政网络的一般逻辑

信息技术的发展史显示，信息技术的诞生与发展并非直接服务于公共行政活动，其间有一个明显的时差：信息技术诞生于20世纪的50、60年代，电子政务则诞生于20世纪末期。然而，这个明显的时差并没有引起公共行政人员的广泛注意，相反，当行政网络进入公共行政系统之后，便被公共行政改革者奉为一剂良药，认为传统公共行政的种种桎梏都可以在行政网络的应用之下迎刃而解。我们暂且不谈以上认识的正确与否，而假定这是一个认识前提，那么，这个假定的认识前提遵循了以下的推导逻辑：

1. 行政网络对社会进步的影响

行政网络的发展和普及，在很大程度上改变了人类长久以来的信息交流和传递方式，使不同国家和地区的人们能够跨越时间、空间、国界、语言、文化、政治等条件限制，利用信息高速公路来迅速传递、共享知识和信息，更可以让人们在足不出户的情况下，享受远程教育、远程医疗、远程信息检索等各种信息化服务。行政网

络（信息技术）正悄悄地影响着人类社会的生活方式，改变着社会生产方式，推动人类社会的发展，体现了“科技是第一生产力”这一论断的正确性。如果将行政网络与人类社会历史中的其他技术革命相比，行政网络的技术革命所产生的社会影响要深远得多。

（1）行政网络使得社会生产力空前提高

工业模式的转变。行政网络所指代的信息技术革命，使得人类20世纪初工业革命中的大规模和高消耗的经济发展模式走到尽头。在西方发达国家中，钢铁、纺织、汽车、煤炭等传统工业被称之为“夕阳工业”。因为这些传统工业产生大量的垃圾，造成环境污染，并且生产周期长、技术含量低。而以信息技术为主的一大批技术，如微电子、激光、传感、自动化、生物、海洋工程等技术以及新材料、新能源，成为现代后工业社会中的“朝阳产业”。“朝阳产业”与“夕阳产业”最大的不同之处在于，实现了生产方式由粗放型向高附加值集约型的转变，大大降低了生产成本和能源消耗。以信息技术为代表的“朝阳产业”还显示出另外一个特征，技术的地位比以往任何时候都更为重要和突出，技术正逐渐成为一种独立的力量进入人类社会的物质生产过程，并成为决定性要素。

经济活动的非物质化与生产力的飞跃。当前，西方主要发达国家的产业结构已呈现出非物质化的趋势，生产也趋于软件化和自动化。产业结构非物质化主要表现为产业结构之间的界限正在消失，传统物质因素在产品价值中的比重正逐渐减少，服务业、特别是为工农业生产服务的第四产业迅速发展。经济活动的非物质化，并非是说物质生产不重要或消失，相反物质生产在信息技术的促进下，更加迅速地发展。网络和多媒体交互技术进入大规模应用阶段之后，使经济活动的节奏明显加快，生产过程中的软件比重开始上升，并逐渐取代人力、物力成为影响生产效率的主要因素：网络作业，加快了生产一体化进程；计算机辅助设计和制造系统的智能化，改变了传统的生产工序分工，克服了生产过程的分割状态；生产工具中，自动化正向电脑一体化转化；贸易结构中，以信息技术为基础创造的高附加值制成品和“知识劳务”贸易不断扩大；在消费和金融交易手段中，网上交易和电子商务正在蓬勃发展。总之，信息作为一种无形的资源投人，在人类社会生产过程中的地位正在不断提高和突出，产生的增值价值已经超过了传统意义上的资本、自然资源，并且日益与资本、人力、商品的流动融合在一起。

行政网络与经济全球化相辅相成。行政网络指代的信息技术应用改变了国际经济关系，使得国际经济活动出现快节奏、轻型化趋势。商品期货交易可以通过网络进行；设计方案或设计图纸可以通过通信技术及时传递、分享；国际金融市场通过网络联通实现一体化，投资活动摆脱了时空的限制，转而在技术网络中完成，资本交易实现了信息化、符号化；经济全球化由于技术网络的支持，实现了国际分工向产业内部分工的发展；跨国公司的经营和管理活动，通过网络实现了由传统的单线式联系向网络式经营和管理的联系；商品和劳务紧密结合，形成消费全球化，并且发展中国家的消费形式开始向发达国家靠拢，间接地促进了生产能力的跨国转移。

总之，以信息技术为代表的现代技术在生产活动中的渗入使得人类社会生产方式出现非物质化的发展趋势，并带来了人类社会生产力的大幅提升。

（2）行政网络引发市场经济的活力

现代市场经济本身就是一种信息经济。市场中的人际关系是靠信息维持的。人们在市场经济活动中，需要一系列中介媒体，这些中介媒体的主要作用就是及时传递信息。因此，可以将信息机制看做市场经济中的基础机制。市场经济传播信息的广泛性、快捷性、准确性和平等性，可以确保人们获取引导经济活动选择的信号、生产和消费决策的前提。同时，信息传播也是维护市场秩序的主要内容。要维护良性的市场秩序，就必须确保信息传播平台有序，防止因信息失真而导致的经济混乱。再者，信息技术的快速发展，使得信息产品的价格趋于平民化，减少了市场中信息交换的条件限制，促进了信息共享，也打破了人为的信息封闭和信息垄断，极大满足了市场经济对信息的需求。可见，行政网络所指代的信息技术是市场经济进步的表现，也是市场经济发达的必然产物。

信息技术给企业带来新的竞争力。现代企业在面对全球经济从总量增长型转向质量效益型、生产和消费的全球化、消费者需求的多样化、多变性和消费信息的全球化这样的总体环境时，必须解决两个关键问题：一是如何有效地节约成本；二是解决生产信息化和经济全球化的矛盾。对于第一个问题，无需过多解释，现代企业基于赢利的目的，降低生产成本、扩大生产规模、获得更多的利润是必然的选择，并且信息技术的应用可以大大节约生产成本的支出，例如软件和自动化设备的大量使用可以减少大量传统生产中对于操作工人的人力投资。对于第二个问题，企业会面临一个困境：融入经济全球化是每个企业生存、发展的目标，而企业立足于经济全球化就必须拥有自己独有的生产技术与工艺，或者说是企业的商业机密，但是生产信息化中的信息共享会使得企业立足的商业机密可能会泄露出去，造成企业自身的利益受损，这就要求企业在独占和共享之间作出选择。信息技术的出现在一定程度上缓解了现代企业的这一难题，技术网络的应用，可以让企业围绕信息流来组织生产和经营，在生产管理、营销管理、资金管理等方面的信息共享中保留企业自身的商业机密，并以此形成新的竞争力参与经济全球化。

信息产业是国民经济中新的增长点。以美国为例，在 20 世纪 90 年代初期，随着世界格局的巨大转变，美国的经济不但没有进入繁荣期，相反处于零增长甚至负增长，公众要求振兴经济的呼声也越来越高。1993 年，克林顿政府上台之后提出“信息高速公路计划”，大力投资以信息、计算机软件技术为中心的信息产业，以此来拯救美国经济。实践证明，这次计划是成功的。仅 1997 年第二季度美国公司在互联网上的广告收入就比第一季度增长了 83%。① 各种网络产品生产企业逐渐构成美国的支柱产业，并成为美国保持其世界第一经济强国的王牌，比如微软、yahoo、google 等企业的产品早已为世界各国消费者所接受。美国率先建立和普及信息技术的举措，引起世界各国的广泛关注，它们纷纷出台自己的信息高速公路计划，把网络信息技术的发展当做实现经济振兴的新起点和进入世界经济制高点的捷径。

---

① 吴爱明．中国电子政务——理论与实践．北京：人民出版社，2004：100.

（3）信息技术正在改变社会的结构和人们的生活方式

劳动方式的转变。传统的劳动方式下，劳动主体是与劳动工具、劳动对象直接结合在一起的，在生产过程中人们付出的体力劳动十分繁重。信息技术的出现使得人类的劳动方式发生了巨大的变化：首先，技术网络的出现可以让人们在家里上班，减少了不必要的往返奔波。其次，技术网络和自动化技术对生产过程的渗透，把人们原有的某些任务接管过去，将人们从生产过程中解放出来而专注于更高层次的思维活动。再次，技术网络使得劳动者的劳动技能发生巨大变化，体力劳动者的比例逐渐下降，体力劳动者与脑力劳动者之间的差异正逐渐被脑力劳动者之间的差异所取代，蓝领正在消失，劳动差异正成为白领中的特有现象。最后，行政网络所指代的信息技术改善了生产过程中的劳动条件，一些危险、艰苦、枯燥的工作被网络化和智能化技术承担，不仅劳动效率得到极大的提高，而且人们的劳动时间也大幅下降，劳动条件更加优越。

就业结构的变化。信息技术使得传统工业日薄西山，从而产生不可逆转的“结构性失业”。① 传统农业、制造业、依靠人力的服务业，就业数量将大幅度减少。20 世纪末，美国制造业人数减少

① 现代经济学理论认为，失业分为三种：总量失业、摩擦性失业和结构性失业。总量失业，是由于劳动力总供给大于总需求而引起的失业。摩擦性失业，是由于人们在不同地区、职业或生命周期的不同阶段变动职业而引起的失业。结构性失业，主要是由于经济结构（包括产业结构、产品结构、地区结构等）发生了变化，现有劳动力的知识、技能、观念、区域分布等不适应这种变化，与市场需求不匹配而引发的失业。值得注意的是，结构性失业在性质上是长期的，而且通常起源于劳动力的需求方。结构性失业是由经济变化导致的，这些经济变化引起特定市场和区域中的特定类型劳动力的需求相对低于其供给。在特定市场中，劳动力的需求相对较低也许有几个因素：技术变化，虽然技术变化大多能减少成本，扩大社会生产能力，但对特定市场具有极大的影响；消费者偏好的变化；劳动的不流动性，延长了由于技术变化或消费者嗜好改变而造成的失业时间；工作机会的减少本应会引起失业者的流动，但不流动性却没有使这种情况发生。显然，信息时代的结构性失业的主要原因在于信息技术对传统体力劳动的冲击，这涉及一个巨大的代际转变，在社会转型时期会异常突出。笔者注。

1000万~1500万。同时，随着电子邮政、电子银行、声控打字机的推广，服务行业至少也要失去750万个职位。① 与此同时，信息技术及其相关产业、行业将提供更多的就业机会，尤其是从事个人电脑设计生产、软件开发、通信技术开发和应用的就业人数将大量增加。

人类生活方式的转变。行政网络所指代的信息技术的推广与应用，使人们正在逐步减少为保持整个社会生存和发展付出必要劳动的同时，可以利用信息技术手段去开辟新的生活领域，这其中包含了人类生活方式的巨大转变。首先，技术网络所带来的信息共享可以使得人们享受人类社会历史沉淀的各种宝贵精神财富，专制时代对知识和精神领域的束缚将会终结。其次，人们改变了传统的交往方式。在没有技术网络的时代，人际间的及时交往是面对面的，延时的交往则是通过物质载体实现的。信息技术的出现使得人们的交往方式出现了崭新的形式：基于信息传递平台的及时交往，以及以代码为载体、失真度小的延时交往。传统的人际交往方式在信息技术的冲击下，将逐渐消失殆尽。再次，虚拟的交易方式。信息技术在交易领域的应用促成了电子商务的发展，在这种新的交易形式中，“虚拟”是其标志性的特征：交易过程的虚拟，无需面对面就可以完成整个交易过程；货币的虚拟化，电子货币只是现实货币实体的代码指代，但具有同样的购买能力。虚拟交易的结果与传统的交易结果完全相同，打破了时空以及各种物质形式的限制，为消费全球化奠定了坚实的基础。

行政网络指代的信息技术对于人类社会的影响远不止上述的内容，但不管怎样，信息技术已经融入人类的社会生活、经济活动和生活方式，使得人类社会进入到信息化时代，并将产生持续而深远的影响。

---

① 吴爱明．中国电子政务——理论与实践．北京：人民出版社，2004：100.

2. 行政网络正成为公共行政人员的必要技能之一

由于行政网络所指代的信息技术对人类社会的全面影响，当然也会影响到各国的公共行政系统。具体而言，公共行政人员在日常生活中享受到信息技术所带来的极大便利，自然而然会将信息技术应用到他们的行政工作中来，这间接促成了电子政务的产生与发展。然而，正同管理是对人的管理一样，信息技术的应用也有赖于公共行政人员的使用。在智能化技术和自动化技术还未发展到完全独立工作阶段时，离开了公共行政人员的使用，电子政务系统就无法发挥应有的作用，只是一个网络化的计算机系统。更何况现代公共行政人员出于对手中已有权力的保护，防止技术人员对行政权力的僭越而出现技术精英的统治，① 也会有意识地学习和使用信息技术。以上种种事实表明，行政网络正逐渐成为公共行政人员的必要技能之一。

(1) 行政网络对行政人员的影响

行政网络指代的信息技术日新月异的变化，对现代公共行政人员的日常工作环境和业务内容形成各种影响，比较显著的影响有：

从体力劳动型向知识智能型的转变。同人类社会进入信息化时代以后体力劳动比例大大下降的趋势一样，在现代行政系统内部，

---

① 在笔者接触过的电子政务系统中多次遇到过这样的问题，比如公共传输系统或者信息门户网站的建设，整个软件系统的后台部分都会有一个最高管理员，负责对整个系统的维护与管理，同时赋予不同用户以不同的使用权限，而这个最高管理员一般是纯粹的技术人员，不参与行政部门事务处理并接受行政领导的管理。但是，在最高管理员所管理的技术网络世界里，他却有着与行政部门中最高领导一样的权力，可以利用手中的权限任意修改现有网络中用户的基本权限：例如由于各种原因将一个用户的收发文权限改成收文权限，这会对整个网络中的公文传输形成极大的隐患，即使用户已经察觉，最高管理员也只会以技术操作失误作为托词。从部门内的管理来看，电子政务系统的后台管理最高权限应该由部门中的领导来承担，但实际上由于信息技能和实际工作的需要，行政领导无法真正承担起这一职责，转而由一个技术人员承担，这最终形成了一种行政人员既要依赖技术人员的技术管理，又要防止技术人员利用技术对行政系统进行恶意破坏的尴尬局面。

由人工完成的各种体力劳动事务在逐渐减少：传统的文件传送、文字抄录等机关内部事务，正在被新型的信息网络系统所取代。这种趋势会形成如下几种结果：最直接的结果是公共行政人员从传统的体力劳动中解放出来，转向更为高级的脑力劳动；第二种结果是，信息技术的广泛应用可能会造成传统行政系统中部分职位的消失，或者说是某些传统工作业务及其人员由于信息技术的应用从行政系统中退出，这表明信息技术在精简行政系统上具有一定的潜力；最后就是现代行政人员必须具备相应的信息技术技能，才能适应信息化时代中行政环境的复杂多变，胜任行政系统及其技术网络中的管理工作。

从职能分工型向综合多能型转变。现代信息技术对行政系统的渗透，改变了传统科层制中基于专业的职能分工。在现代信息技术的辅助下，公共行政人员虽然从简单的体力劳动中解脱出来，但是实际工作量增加了。这是因为信息技术的便利可以让公共行政人员从事和完成更多的工作，仅凭单一技能是很难在现代行政系统中立足的。此外，由于人工智能技术的有限，行政系统内部的组织与协调工作是信息技术无法承担的，必须由公共行政人员来完成。信息技术的渗透，让原来在精细分工中从事单一执行工作的公共行政人员可以参与组织与协调性事务的处理，这在传统科层制中是不可想象的。

从被动性工作向主动性工作转变。在信息技术的影响下，由于工作形式和职能分工出现了崭新的变化，公共行政人员的工作积极性能够得到进一步的提升。他们不再满足于在行政系统处于被动接受命令的地位，在掌握较多的知识、拥有更复杂的技能的前提下，公共行政人员的眼界大开，将具备自我管理、自我控制、参与决策的能力。这些都会使公共行政人员将原有的工作重心由执行向参与管理的方向转变，即工作主动性将大大增强：他们会要求更多地参与组织的决策，使其工作具有更高的灵活性，并依据行政责任来实施自我约束和自我控制。

（2）职业教育对行政人员信息技术技能的重视

公共管理硕士（MPA）是针对公共行政人员的专业教育形式，

其教学内容的发展与变化可以反映出现实行政系统中的实际需要。本节将以美国 MPA 教育为例，说明职业教育对行政人员信息技术技能的重视。美国是公共管理硕士教育开展较好的发达国家之一，早在 1985 年，一个特别计算机教育委员会向全美公共事务与公共管理学院联合会（National Association of School of Public Affairs and Administration，NASPAA）提出建议，应在原有 MPA 课程必须教授的 5 项技能基础上，加上第 6 项技能，即计算机技能。① 自这一建议提出之后，在全美各个高校的公共管理硕士教育培养方案中得到了广泛的实施。

公共管理硕士教育培养方案中计算机课程的设置。1989 年，克利里（R. Cleary）向隶属于 NASPAA 的 215 个院校发出调查问卷。在已经返回的 80% 的调查问卷中，大约四分之一的院校表示他们开设了信息系统或者计算机技能的课程。② 这一早期的数据说明当时美国 MPA 教育中已经开始重视对公共行政人员的信息技术技能的培养，在信息技术飞速发展的十多年后，在 MPA 必修课中开设计算机相关课程的学校比例已经有大幅度的增长。据布鲁德奈伊（J. Brudney）等人后来的调查显示：有 90% 的学校表示他们在教学中使用了计算机，一半以上的学校开设了计算机课程。布鲁德奈伊等人在研究调查结果之后，还建议在未来的 MPA 教育中，除特别讲授统计应用之外，应当将计算机技能设置成为必修课程。③

公共行政人员问卷调查的结果。兰和卡耶（Lan & Cayer）对一个州的公共行政人员进行调查显示，公共行政人员平均有 56% 的工作时间在使用信息技术（包含使用电话与传真），并且在不同

---

① ［美］G. 戴维·加森，等. 公共部门信息技术：政策与管理. 北京：清华大学出版社，2005：2.

② Cleary, R.. What do MPA programs look like? Do they do what is needed? Public Administration Review, 1990, Vol. 50：663-673.

③ Brudney, J., Hy, R. J. & Waugh, W. L.. Building mirocomputing skills in public adminnistrtion graduate education: An assessment of MPA programs. Administration and Society, 1993, Vol. 25：183-203.

程度上参与了信息系统管理。① 克鲁松和费希尔（Crewson & Fisher）对371名美国城市管理者进行调查后发现，37%的人将计算机技能当作工作中最重要的技能，57%的人表示信息技术技能相当重要。② 公共行政人员是行政系统运行的直接承担者，从问卷调查中可以直接反映出信息技术技能在其日常工作中的重要性，上面列举的实际调查结果都显示出：信息技术正逐渐成为公共行政人员工作中不可缺少的组成部分。

但是，由于MPA专业教材对信息技术技能关注不够，目前的培训仍不能满足实际需求。当前在全美较为通行的MPA专业教材中都呈现出一个特点，即信息技术在通行教材中所占篇幅甚少，例如斯蒂尔曼（R. Stillman）的《公共行政学：概念与案例》，罗森布罗姆（D. Rosenbloom）的《公共行政学：管理、政治和法律的途径》和丹哈特（R. Denhardt）的《公共管理：行动指南》等教材中，涉及信息技术所占全书的比例仅为0%，0.9%和3%。专业教材的缺陷显然无法满足前面的调查问卷中所显示的需求，让人感觉到信息技术很重要但还只是停留在言辞上，并没有付之于行动中。③

（3）现代公共行政人员信息技术技能的组成

诺思罗普（A. Northrop）在《信息技术与公共行政：专业视角》④ 一文中，对现代公共行政人员信息技术技能的组成作了以下概括：文字处理软件的使用：用于完成日常公文的处理与存储；数

① Lan, Z. & Cayer, J.. The Challenges of Teaching Information Technology Use and Management in a Time of Information Revolution. The American Review of Public Administration, 1994, Vol. 24: 207-222.

② Crewson, P. E., & Fisher, B. S.. Growing older and wiser: The changing skill requirements of city administrators. Public Administration Review, 1997, Vol. 57: 380-386.

③ ［美］G. 戴维·加森，等. 公共部门信息技术：政策与管理. 北京：清华大学出版社，2005：8.

④ 参见 G. David Garson. Public Information Technology Policy and Management Issues. Idea Group Publish Inc., 2003: 8-10.

据表格的使用：在公共部门中尤其是财务部门中经常会使用到数据表格，主要用来实现数据的列表显示和统计分析；图形处理：图像较之于文字拥有更好的表达效果，会给人带来一种直观的认识，引人注意并易于记忆；数据库管理：现代数据库系统几乎可以完成人们能够想象得到的各种工作，目录清单和发送文件清单就是这方面的典型应用，复杂的应用包括通过关键字实现高速、准确的查询工作。电子邮件：电子邮件可以加快通信速度，节省邮费、电话费和时间，在公文传递方面有着广泛的应用，当然在现代的电子政务系统构成中，往往会专门搭建独立的公文传输平台，以保证公文传统的安全性和精确性；因特网：万维网为政府与公民之间开启了崭新的沟通平台，现代政府越来越重视网页的开发与管理，熟练地使用因特网是公共行政人员增强自己沟通能力的必要技能。地理信息系统（GIS）：GIS 系统最初用于城市规划部门和公共工程的建设，随着政府信息服务的逐渐升级，利用 GIS 系统向公民提供准确的地理信息和地图查询也成为了政府公共服务的主要内容之一，因此，熟练使用 GIS 系统也成为了公共行政人员的必要的信息技术技能。

应当看到，上述的信息技术技能主要是基于美国公共行政的现实而得出的，考虑到在信息技术方面如美国这样的发达国家与发展中国家之间的差别，发展中国家在强调公共行政人员的信息技术技能时，应当基于本国的国情，美国的实际状况只是向我们展示了公共行政人员应当具备的信息技术技能的一般趋势。

3. 现代公共行政理论对行政网络的预见与认识

行政网络指代的信息技术对人类社会的深度影响，以及信息技术在行政系统中广泛使用的既成事实，使得现代公共行政理论开始逐渐关注行政网络在行政学视野中的前景预测，以下将对已有学术成果的预见加以简单的总结。

（1）行政网络作为信息载体的便利性

传统媒体的信息传递方式不可能满足人们对于信息的及时需求，行政网络指代的信息技术的出现填补了这一空白。网络媒体可以在 24 小时之内不间断地生产各种信息，通过信息技术以文本、图像、影音文件等多样化的形式发送出去，使得人们可以及时把握社会任何一个领域的最新动态。另外，传统媒体的信息传递形式，是将信息加工之后再通过某种载体传递出去的，在这一信息加工过程中，信息失真是不可避免的。对信息的受众而言，在传统信息传递方式下，只能是被动地接收信息，而且容易受到失真信息的负面影响。技术网络作为信息传递的载体可以极大地消除信息传递过程中的失真现象，并且费用低廉，这对于人们接触公共行政、了解公共行政以及参与公共行政奠定了有利的信息基础，形成了政府与公民之间交流的崭新平台。举例来说，1995 年，每周至少一次从互联网上获取信息的美国人的比例从 4% 增长到 20%。美国《纽约时报》的互联网客户（700 万）已经远远超过印刷版的客户，而且电子版以每天 1.8 万人的用户增长率也是十分惊人的。①

（2）行政网络中信息传递的连锁效应

1960 年，美国麻省理工学院洛伦兹教授在研究长期性气象预报时发现：初始条件下的极微小的差异，如果在计算过程中不加以注意，将会对最后的计算结果产生重要的影响。他用形象的比喻来说明：一只小小的蝴蝶在巴西上空摇动翅膀，可能会在一个月后的美国德克萨斯州引起一场风暴。这就是混沌学中著名的“蝴蝶效应”。② 按照“蝴蝶效应”的解释，在现代信息化时代中，一条容量很小的信息很有可能在一定时间内产生难以预料的、连锁的、放大的反应，事实证明也是如此。例如，孙志刚事件就展现了网络“蝴蝶效应”的全过程。孙志刚是 2001 年在武汉科技学院艺术设计专业毕业的学生，2003 年 2 月 24 日受聘于广州达奇服装有限公司。2003 年 3 月 17 日晚 10 时许，孙志刚外出上网，途遇天河区黄村街派出所民警检查身份证，因未带身份证，被作为“三无人员”带回派出所。孙志刚的同学成先生闻讯后赶到派出所并出示孙志刚

---

① 参见［美］W. 兰斯·班尼特．新闻：政治的幻想．杨晓红，等，译．北京：当代中国出版社，2005：113、133、129.

② 袁峰，等．网络社会的政府与政治．北京：北京大学出版社，2006：16.

的身份证，当事警官仍拒绝释放孙志刚。2003 年 3 月 18 日，孙志刚被作为三无人员送往收容遣送站。当晚，孙志刚因“身体不适”被转往广州市收容人员救护站。20 日凌晨 1 时多，孙志刚遭同病房的 8 名被收治人员两度轮番殴打，于当日上午 10 时 20 分死亡。救护站死亡证明书上称其死因是“心脏病”。2003 年 4 月 18 日，中山大学中山医学院法医鉴定中心出具尸检检验鉴定书，结果表明，孙志刚死前 72 小时曾遭毒打。2003 年 4 月 25 日，《南方都市报》以《被收容者孙志刚之死》为题，首次披露了孙志刚惨死事件。① 与此同时，这条新闻也在各大媒体的网络上发布，一时引起我国网络用户的网络声援，矛头直指我国城市管理中不合理的收容管理制度。孙志刚事件的“蝴蝶效应”不久就产生了积极的结果，2003 年 6 月 20 日，国务院颁布《城市生活无着的流浪乞讨人员救助管理办法》，同时废止 1982 年颁布实施的《城市流浪乞讨人员收容遣送办法》。② 这个案例是行政网络连锁效应的典型例证，在当前的信息化时代中，技术网络中的信息传递会产生极大的社会效应，一旦这种效应达到一定程度，就会引起政府的关注并使公共管理作出相应的调整。

（3）行政网络的交往功能

按照哈贝马斯的解释，人类社会发展的历史就是一部人类交往的历史，技术的产生与发展都在不同程度上降低了人类交往的成本。人类的进步和发展是建立在较好的交往基础上的，交往使人们消除彼此的误解，推进社会文明的进程。休特指出：“交谈是人们维持客观世界（尤其是那些抽象的客观事物，如目标、规则、生活方式、制度、群体、社区和社会）的主要手段。特别是在出现问题时，交谈的作用发挥得最充分。当其他人认为某人的行为是越轨行为时，这个人就会对自己的行为加以说明。这种表示愿意承担责任或放弃某种行动的谈话本身就是构成社会秩序的一个重要元

① 整理自 http：//zhidao. baidu. com/question/6482959. html，2006-3-5.

② 参见 http：//news. sina. com. cn/z/takein/，2006-3-5.

素。这种交谈形式能够引起对规则、规范和期望的注意。"① 行政网络指代的技术网络为人们创造了前所未有的交往空间，它可以平等接纳任何人参与交往之中，并通过信息技术实现跨越时空的交往，那些曾经在传统社会中分化人们的一些因素，诸如种族、民族、阶级、性别等在技术网络中逐渐消失了。推而广之，在政府与公民的沟通中，由于技术网络的作用，传统公共行政中门难进、人难找、脸难看的直接沟通方式的种种不利都会消失殆尽，政府与公民之间的良性沟通将为参与式公共行政提供有利的契机。

（4）行政网络的改革功能

作为一种信息传递技术，技术网络拥有传统信息传递技术所没有的巨大优势，这种优势为寻求行政改革突破口的学者和官员们提供了一个契机，公共行政理论因而越来越重视信息技术对于行政改革的促进作用。以行政网络的具体应用——电子政务为例，自诞生的第一天起，克林顿就将电子政务建设与发展视作精简机构、削减政府的有力手段，进而在理论界逐渐形成了一定的共识：与传统政府相比，电子政务可以优化政府工作流程，使政府机构设置更为精简合理，从而解决职能交叉、审批过多等问题。与传统政府相比，电子政务可以使政府运作公开透明，这可以在很大程度上遏制暗箱操作、人治大于法治等现象。公众增加了参政议政的机会，对政府的监督也更有效。与传统政府相比，电子政务可使政府信息资源利用更充分、更合理。电子政务使得政府各类信息资源数据库互联共享成为可能，也使得这些资源得到统筹管理和综合利用，从而避免资源闲置、浪费和重复建设。通过电子政务共享的信息资源更易存储、检索和传播，共享的范围和数量也更大，可以更有效地支持政府的决策。与传统政府相比，电子政务可以有效地提升政府监管能力。电子政务通过网络能够实现快速和大规模的远程数据采集和分析，从而可以实现跨地域信息的集中管理和及时响应，大大增强监管者的核对、监管能力。与传统政府相比，电子政务将使政府服务

① John P. Hewitt, Self and Society. A Symbolic Integrationist, Social Psychology. Boston: Allyn and Bacon, Inc. 1984: 198-190.

功能增强。电子政务将推动传统的政府由管理型向服务型转变，政府职能由管理控制转向宏观指导。与传统政府相比，电子政务将使政府办事效率更高，管理成本更低。网上办公提高了办事效率，节约了政府办公费用的开支。政府通过网络可以直接与公众进行沟通，及时收集公众的意见，提高了政府的反馈速度，降低了政府的管理成本。①

二、现代公共行政研究行政网络的主要内容

从历史的角度来看，行政网络指代的现代信息技术在行政系统中的应用经历了一个从无到有的过程。对于信息技术发达的国家而言，行政网络的应用和认识正在走向理性与成熟；而对于发展中国家而言，行政网络的应用也许仅仅只是一个开端，行政网络的应用与发展将不可避免地陷入对发达国家的效仿，对行政网络开展的理论研究也主要来自于对发达国家已有理论成果的传介。不管怎样，对于当前任何准备开展行政网络应用的国家而言，建立并完善行政网络系统都是首要的任务，这也理所当然地成为了现代公共行政理论研究行政网络的主要内容。

1. 网络化的计算机系统

正如前文所述，当前行政网络的应用更多地集中在构建行政网络的应用系统，即电子政务系统工程的建设与完善。从概念界定上来看，电子政务这一概念并不能直接显示出这一系统的网络特征，因而在电子政务建设的阶段划分上，很多人将行政部门内部事务的办公自动化看做是电子政务建设的初级阶段。持上述认识的人，往往认为电子政务就是当前政府部门的计算机化，即用计算机系统去模仿传统的手工政务处理模式。这实际上是一种误识，因为电子政务作为一种新生事物出现，其最吸引人注意的地方就在于电子政务系统是建立在技术网络上的，并且政府可以利用技术网络在信息传

① http：//yuanxiao0908. blog. hexun. com/2379942_d. html，2006-12-5.

递方面的优势来提供崭新形式的公共服务。倘若只是将电子政务当作是在行政系统中应用各种信息技术，那么协同办公和文件跨区域传递等网络特性都无法体现出来，相反信息技术会成为固化行政组织弊病的辅助工具。一个简单的事例可以说明这一理解的错误之处，在电子政务诞生之前，随着办公自动化的普及，信息技术已经广泛应用于行政系统之中，但是没有任何一个行政组织曾经提到因为局限在部门内部的信息技术为行政组织的改革提供了机会。因此，我们可以将电子政务定义为政府机构利用现代信息、网络技术，实现高效、透明、规范的电子化内部办公、协同办公和对外服务的过程。① 这个定义突出了电子政务是信息和网络技术的应用。

随着各国电子政务建设的逐渐深入，人们也逐渐认识到，从技术的角度来看，电子政务是一个网络化的计算机系统。例如，政府可以轻而易举地创建一个网站，任何人都可以接触政府在网上公布的信息，只要这个人拥有一台电脑，并且能和一个ISP——国际网络服务提供商的服务器进行连接。又比如，我国在电子政务建设过程中，就将我国电子政务的建设框架归纳为“三网一库”，这是将电子政务视做典型的网络化计算机系统的看法。无论各国电子政务的建设框架有何不同，电子政务的技术网络特征正逐渐凸显出来，政府公共部门可以利用网络在时间、距离和存储上的独特优势——网络可以跨越时间、空间，并能基于代码实现分散化存储——更加容易在那些身处不同的地理位置却还共享着管理信息的各级政府部门及其成员建立组织间或组织内的网络关系。如何将理论的模式变为现实的应用系统，如何设置系统的内容以更符合行政系统的需要，都将成为网络化计算机系统中研究的重要内容。

2. 政府信息门户网站的建设

信息门户网站中的门户，是指在技术网络的环境下，将各种应

① 陈强．近年来我国电子政务研究的进展．http：//e-gov. nsa. gov. cn/magazine. asp？articleid = 146．2004-11-25.

用系统、数据资源和互联网资源统一集成到通用门户之下，根据每个用户使用特点和角色的不同，形成个性化的应用界面，并通过对事件和信息的处理传输把用户有机地联系在一起。以此类推，政府信息门户网站就是政府将信息技术在行政系统内部的各种应用资源，以及政府所拥有的各种信息资源整合在一起，并建立统一、规范、标准的信息网站，该网站是政府与公民之间的沟通平台，也是政府向公民公开信息的主要载体。

从电子政务倡导者的角度来说，在服务上持有一些承诺的具体技术就是政府的信息门户网站。政府信息门户网站是连接Web浏览器接口，用于促进搜集、共享和散发信息以及为感兴趣的群体提供服务，同时，政府信息门户网站也是公民在信息化时代利用信息工具了解政府行政系统的主要平台。因此，政府信息门户网站是电子政务系统建设初期中最为重要的组成部分，是实现电子政务首要解决的问题。一些学者的研究表明，政府信息门户网站的作用包含着3个不同的领域：内容空间，帮助访问和检索；通信空间，以协商集体解释和共享含义；合作或工作空间，以支持工作行为。① 按照上述这种理解，政府信息门户网站的内容构成上应当包括：政府新闻、统计资料、政府出版物、数据库查询、问题咨询、邮件列表、服务承诺、隐私保护政策、办事指南、政务公告、网上投诉、网上查询投诉结果、各种政府表格下载、在线提交申报表格（电子表格）、网上查询办事进程、网上招标、网上采购、网上缴税及支付各种费用等。

为了确保政府信息门户网站的建设能够实现理论研究上的各种功能，政府有必要采取一些步骤来促进政府信息门户网站的设计和开发，这些具体的步骤包括：设置专门的政府信息门户网站建设委员会，通过广泛的民意调查和行政系统内部的问卷调查，设计出更符合实际需要的政府信息门户网站；创建和完善更加流畅的门户系统管理平台，通过该管理平台在后台的修改，可以及时地完成对政

---

① ［瑞］Ake Gronlund，等．电子政务：设计、应用和管理．白大勇，等，译，北京：清华大学出版社，2006：90.

府信息门户网站的修改；制定标准化的政府信息门户网站模型，杜绝各级政府在门户网站的建设过程中过多使用个性化的设计，这是因为政府信息门户网站不同于商业网站，过于个性化的门户网站会降低公民通过网页的点击快速查询到所要信息的几率；加强网络基础设施的建设，没有信息高速公路的支持，政府开发的信息门户网站会因为缺乏必要的用户而变成死站，这也是发展中国家在建设电子政务过程中必须解决的问题；制定相关的信息公开的法律，实施适应信息化时代和满足公民知情权需要的信息公开，鼓励公民接受和使用政府信息门户网站，使得公民更加愿意通过浏览网页来了解行政系统并与政府进行沟通。总之，政府信息门户网站内容的设置、相关法律条款的制定以及具体的应用都是当前公共行政视野下研究行政网络的重要内容。

3. 政府对行政网络发展的战略规划

信息技术发达的国家的实践经验表明，行政网络应用的发展离不开强有力的规划，无论具体的行政系统中的电子政务建设，还是宏观的社会信息化建设，必须依据政府的长期规划。由于进入信息化时代是历史发展的必然趋势，各国都将行政网络发展的规划提到较高的层面，即战略规划的层面来对待。一般而言，政府行政网络发展的战略规划应当包含两个方面的内容：一个是战略目标的设计。战略目标更确切地说法应该是战略目标集，这个战略目标集至少应该包括战略主体的使命、战略主体的目标和战略主体的价值。另一个是战略执行计划。对战略执行计划而言，其内容要更加具体，不能仅仅停留在对未来蓝图的绘制上面，而是要依据现实的情况制定出有利于未来发展的具体执行步骤。战略执行计划中一般含有这些内容：具体的有现实可行性的项目，确定项目建设的优先发展次序和投资预算方法，必要的基础性设施建设计划和预算，简言之，就是可行性方案和预算资金的拨付计划。

上述的理论性战略规划在实践中会有不同的表现形式，各国在制定与执行其行政网络发展的战略规划时都必须从自身的国情出发。以英国为例，由于看到美国“信息高速公路”计划①的面世以及取得的成功，深刻认识到“谁拥有信息技术，谁就拥有未来”。英国在20世纪90年代初开始对美国的“信息高速公路”展开讨论，1994年英国提出推行“政府信息服务”的实验计划，1996年公布的“直接政府”绿皮书中，提出通过关注英国和世界各国政府运用信息传播技术的情况，实现政府服务的整体性电子传递以改善政府绩效以及公众对信息和服务的便利获取。近年来，英国政府又先后发布了一系列推进行政网络发展的战略规划，如《政府现代化白皮书》、《21世纪政府服务》，确认了政府行政网络发展的目标：到2002年，25%的政府服务实现电子化；2005年，50%的政府服务实现电子化；2008年，100%的政府服务实现电子化。鉴于政府信息化迅速发展的形势，2000年3月30日，英国首相布莱尔在“信息时代特别内阁会议”上，将英国政府服务全部实现电子化的时间从2008年提前到2005年。2000年4月，英国中央信息技术署联合其他几个部门，制定了《电子政府——信息时代公共服务的战略框架》，为英国政府迈向信息时代勾画出了清晰的“路线图”。为实施这一战略，英国政府成立专门的组织机构——“信息时代政府支持组”，负责“电子政府”战略的执行以及各部门的协同合作；聘请了商业部门的“电子特使”指导政府各部和机构的电子化建设；通过政府部门人员开展有针对性的培训，提高公务员的素质与能力。② 英国的实践反映出英国政府对信息化发展战略规划的高度重视，但是也并未一味地照搬美国的信息化战略规划模式，而是依据自身的特征，在政府的主导之下，制定了自己的信息化发展战略规划。

鉴于英国的成功经验，我国作为一个发展中国家也清楚地认识

---

① 美国信息化高速公路计划开始于1993年，与其电子政务几乎同时提出，是美国面对下个新千年全球经济发展而提出的战略规划，目的是重振美国经济，增强美国国际竞争力。该项计划的成功为世界所认同，并逐渐成为各国信息化发展战略规划的主要参照物。

② 吴爱明．中国电子政务——理论与实践．北京：人民出版社，2004：103.

到行政网络发展战略规划的重要性。2003 年 7 月 23 日，温家宝总理在国家信息化领导小组第三次会议上指出，大力推进信息化，是党中央顺应时代进步潮流和世界发展趋势作出的重大决策，是我国实现工业化、现代化的必然选择，是促进生产力跨越式发展、增强综合国力和国际竞争力、维护国家安全的关键环节，是覆盖现代化建设全局的战略举措。该次会议认为我国当前信息化建设应着力抓好的四个方面是：一是大力推广应用信息技术。抓紧在经济和社会发展的重要领域和关键环节应用信息技术。积极引用信息技术改造和提升传统产业、调整和改造东北等老工业基地、加快企业信息化步伐。继续促进金融、财税、商贸等领域信息化，推进电子商务。加快农业信息化步伐。大力发展互联网，提高互联网应用水平。二是加强信息资源开发利用。以政府信息资源开发利用为突破口，带动全社会信息资源的开发利用。加快发展信息服务业。进一步加强信息基础设施建设，防止盲目投资和重复建设。三是抓紧推行电子政务。四是切实加强安全保障工作。① 温总理的讲话表明我国政府对信息化发展规划的高度重视，同时也对政府下一步工作作出了较为具体的布置。但是对于以政府管理为研究对象的公共行政学来说，如何对这些正在执行或即将执行的政府实践作出理论上的解释，是公共行政学关注行政网络发展战略规划的主要内容。当前我国学者研究成果形成了较为一致的共识：政府应当充当行政网络发展战略规划的主体角色。这是因为：首先，政府是国民经济和社会发展的规划者，是国家信息化战略的决策者和组织者。如何根据社会发展的要求积极主动地制订正确的国家信息化战略，并以高效的手段实施这个战略是政府义不容辞的职责。其次，政府是信息资源的主要供给者。政府是一个国家最大的信息资源汇集地，也是社会中信息量最大的拥有者。开发、利用和共享政府拥有的信息资源，实现经济增长和知识创新已成为世界各国政府的基本共识和重要策略。再次，政府是社会的领头羊。政府对信息技术的广泛应用将带动整个社会信息化进程。因为政府充当着管理社会的角色，有着足

① 摘自《人民日报》海外版，2003 年 7 月 23 日。

够的权威去引导和调节社会资源，如果政府在实施社会管理的时候都通过行政网络所指代的信息技术来完成，必将对社会其他领域的信息化起到一个示范作用和拉动作用。

依据上述的理论认识，如何在政府行政网络发展战略规划中，就政府的职能设定、组织建构和政策法规的制定提出针对性的建议，是公共行政学研究的重点课题。

4. 行政网络项目建设的资金筹措模式

行政网络应用的建设反映到实践中，就是各种具体的信息系统的建设，并且这些信息系统的规模都大大超过普通企业的信息系统规模。这就要求政府在兴建各类信息系统的时候参照行政网络发展的战略规划，实施相应的项目管理并给予充分的资金支持。然而，资金来源是行政网络项目建设过程中困扰各国政府官员的首要难题之一。行政网络发展的早期，政府的财政预算是行政网络项目建设的主要资金来源，回顾技术网络发展史不难发现这一事实：技术网络在民营化之前，所有资金都来自政府的财政拨款。但是，这一稳定的资金来源逐渐为许多问题所困扰，较为突出的有两个：一是新公共管理浪潮下，各国政府在行政改革中都作出了削减财政支出的承诺，这与行政网络项目建设需要的大量资金投入形成了矛盾；二是当信息技术转为商用，并形成信息产业的时候，企业的技术创新能力开始展现出来，企业有能力在行政网络项目建设贡献自己的力量。基于现实情况，理论界提出，市场化将成为行政网络项目建设的资金筹措的主流模式，包括以下五种表现形式：①

伙伴关系。在这种模式下，政府将行政网络项目建设任务，包括系统的设计、开发与建设乃至于系统的运行和维护，全部交给相关企业去完成。政府不投入任何资金，仅保有对行政网络建设项目的控制权。从事系统开发的企业可以通过政府业务中的事务处理费、执照费、信息销售收入，或这些费用的各种组合来为企业创造

① 吴爱明．中国电子政务——理论与实践．北京：人民出版社，2004：152-153.

赢利，冲抵企业的投资、运行费用，获得必要的利润。

外协外包。在这种模式下，行政网络建设项目的投资来自于政府，但是政府并不组织技术力量来完成系统的设计，甚至不参与系统后期的运行与管理，而是将这些任务交给有能力承担的企业完成，政府不但保有行政网络建设项目的控制权，而且还享有信息系统的所有权。企业则通过政府的投资，专心于系统工程的开发与应用，减少系统工程开发失败的风险。

政企整合。采用这种模式时，政府仅仅负责政府内部管理系统的开发与应用，政府面向企业和社会的服务则是由企业开发完成。简言之，就是“政府主内，企业主外”。在“主外”部分，政府既不投入资金，也不参与系统的建设、运行和维护。企业则通过收取软件使用费、系统维护费和其他相关费用来收回系统的投资、运行和维护费用。值得注意的是，这种模式实施有一个基本前提，那就是政府内部管理的信息系统必须成熟，并提供可以对外连接的接口，否则“内”“外”之间的连接将成为整个系统实施的主要障碍，有可能导致整个系统的零散化，降低政府权威和公共服务的质量。

发行债券。发行债券是政府通过市场集资的传统手段。一个国家和地区的政府通过发行信息化建设债券加快信息基础设施建设，特别是通信网络的建设，可以为行政网络应用项目建设提供一个良好的开发环境。信息基础设施建成并投入使用之后，利用收取使用费偿还债券筹集时的资金。这种模式最主要的问题在于，发行信息化建设债券具有一定的风险，如果信息基础设施建成之后使用不充分，偿还债券筹资就很难完成，并最终导致政府通过财政收入来偿付债券，加重政府的财政负担。

广告筹资。这种模式是较为典型的市场化运作模式，基于良好的信誉和广大的用户群，行政网络应用项目建设特别是网站的开发与应用，将成为企业和商家刊登广告的理想场所。政府可以通过广告收入，筹集资金用于行政网络应用项目的持续开发和应用，从而降低政府的财政支出，减轻纳税人的负担，还为企业传递商业信息扩大知名度提供了诸多便利。实施广告筹资模式最主要的问题是还没有得到公众的普遍认可。许多公众认为，政府所开发的信息系统包括网站应当是实体政府的信息化象征，必须保证其严肃性和权威性，过多的商业广告在政府网站上的分布，不但分散了用户的注意力，甚至会有负面影响，而且还使得政府的形象受到损害。

以上五种形式的筹资模式在世界各国行政网络应用项目建设中都有分布，一时还很难评价孰优孰劣，每一个形式的筹资模式都有其优势也有其缺陷。是继续在这些模式中评出优劣次序或界定各自应用领域，还是发展新的筹资模式，都是理论界需要关注的。

5. 行政网络系统的评估体系

行政网络应用项目的建设已经在世界各国得到普遍的认可，并形成了一定的建设成果。如何评价这些信息系统的经济效益和社会效果就成为了一个亟待解决的问题。因为，行政网络应用项目建设绝大多数的资金来自于政府财政，源于纳税人的贡献，所以必须考虑投入和产出关系。只有产出高于投入、能够给国民经济与社会带来显著效益的项目才是可行的，才是值得建设的。否则，行政网络应用项目的建设就是一种资源浪费，一件政府主导的形象工程。在当前公共行政学术界中，基于绩效考虑的各种评估手段比比皆是，但在行政网络应用系统评估中，统一、行之有效的评估体系一时还难以确立。一方面是由于行政网络应用系统是一个新兴事物，人们对它的认识还比较有限，另外一方面是因为信息技术的高速发展，刚刚成型的评估体系可能会因为技术的更新而变得过时。这些因素都给行政网络应用系统的评价带来极大的困难。此处，笔者引用两个国际通行的电子政务评估体系，以显示行政网络应用系统评估的一般内容。

(1) 爱森哲（Accenture）公司的电子政务评价体系①

爱森哲是一家国际管理与技术咨询机构，共有7万多名研究人员。2000年，该公司发表第一份电子政务评估报告，对20个国家

① 吴爱明．中国电子政务——理论与实践．北京：人民出版社，2004：156.

的电子政务系统进行比较；2001 年 1 月，发表第二份电子政务评估报告，对 22 个国家的电子政务系统进行评估。在这份报告中，爱森哲公司考察了这些国家的 9 大服务领域的 165 种具体服务。按照服务所能提供的最高水平，将政府电子政务划分为三大类别：信息公开、业务互动及互动交易。每种服务都划分为三级成熟度。

爱森哲公司用两种方法综合确定各国的电子政务的成熟度，一是服务成熟度宽度，即在线服务数量；二是服务成熟度深度，即在线服务完成程度。以服务成熟度衡量政府信息化水平。这样的评估方法综合考虑了政府在线提供的且承诺义务的服务数量，以及所提供的每种服务的完成水平，在世界范围内有着广泛的影响。

（2）联合国公共经济与公共行政署的电子政务评估体系①

2002 年 5 月，联合国公共经济与公共行政署联合美国公共行政管理学会发表了一份报告，对联合国 190 个成员国的电子政务建设情况进行了调查研究与分析比较。该报告从政府网站建设现状、信息基础设施建设以及人力资源素质三个方面计算衡量各国电子政务发展水平的“电子政务指数”，并以此对 133 个成员国的电子政务发展水平进行评价。其中每一个评价领域都有着各自的含义。

政府网站建设现状。将一国电子政务的网站建设划分为起步阶段、提高阶段、交互阶段、在线事务处理阶段以及无缝链接五个阶段，并且以数字 1～5 分别赋予上述五个阶段以量化各国的政府网站建设现状，每个阶段又根据差异情况划分为 4 档，每个档次间隔 0.25。

信息基础设施建设包含 6 个指标，其数据来源于《国际电信联盟 2001 年年度报告》以及《联合国开发计划署 2002 年年度报告》。这 6 个指标分别是：每百人计算机拥有量、每万人的互联网主机拥有量、网络人口占国家人口的比例、每百人的电话拥有量、每百人的移动电话拥有量、每千人的电视机拥有量。

人力资源素质包括 3 个指数：联合国开发计划署的人文发展指

① 吴爱明．中国电子政务——理论与实践．北京：人民出版社，2004：156-157.

数、信息提供指数以及城镇人口与农村人口比率。

上述三个领域根据实际调查数据依据相应的权重予以加总，得出各国电子政务指数。

以上两种评价体系显示出，在当前的行政网络系统评估中，大体上还是延续了绩效评估当中的一般做法，即依据评价对象划分种类，并设置相应的指标体系，通过量化的形式反映最终的评价结果。对行政网络系统的评价更多集中在系统所提供的服务、信息基础设施的建设情况以及系统的具体应用状况等几个领域，至于每个领域中具体的评价指标如何设置，理论界并没有得出统一的结论，这也是未来理论研究需要进一步研究的内容。

三、行政网络的实际效用及其评价

现代公共行政理论抱着对行政网络所指代的信息技术的美好憧憬，指导人们在行政系统中广泛推动信息技术的使用，以期获得良好的效应。但是事实表明，信息技术在行政系统中的应用并不如人所愿，信息技术在给行政系统带来便捷的同时，还产生了一些没有预料到的困难。以下将从四个方面对行政网络的实际效用进行论述并给出简要的评价。

1. 行政网络与行政效率

行政效率是指国家行政机关及其行政人员从事行政管理活动的产出同所消耗的人力、物力、财力等要素之间的比率关系。① 自行政学诞生以来，由于受到科学管理的影响，行政效率一直是行政系统最为关注的对象之一。应当说，行政效率是一个带有科学理性色彩、并含有量化含义的概念。一方面，一个行政组织的行政效率较高，可能会产生积极的社会效应，但是这种效应不会及时反映出来，而是具有一定的滞后性。另一方面，一个行政组织的行政效率的高低，所产生的社会效应有可能是直接的，也有可能是间接的。

① 张国庆．行政管理学概论．北京：北京大学出版社，2000：351.

因此，如果将行政效率作为公共行政的终极目标来看待，很容易忽视公共行政中公益的核心价值理念。

在明确了行政效率自身的含义之后，接下来看看行政网络的应用对行政效率的影响。在信息化时代，行政网络的应用是不会扭转的趋势，信息技术对行政系统的介入，使得人们进一步肯定了信息技术的优势所在。举例来说，2000 年，新加坡借助互联网和计算机系统进行第四次全国人口普查活动，其间动用了 600 名统计工作人员，花费 2400 万新元，统计公告在普查结束之后 6 个月对外公布。而如果按照传统的人工普查和统计方法，至少需要投入 6000 名工作人员、7000 万新元，统计公告面世的时间至少在普查工作结束一年之后。以新加坡政府网站中使用频率最高的个人所得税的缴税服务为例，它每处理一笔非常简单的业务就会节省费用 1.54 美元，年累计可以节省 34.3 万美元。① 按照行政效率最原始的投入产出比来看，新加坡政府在信息技术应用上的确取得了巨大的成功，效率提高十分明显。人们在看到这些数字对比时往往欢欣鼓舞，却很容易忽视在信息技术应用上的沉没成本（sunk cost），② 即政府在信息技术使用之前对于信息基础设施的投资以及后期维护的费用。还是以新加坡为例，新加坡政府为了保证政府网站运行畅通，并确保信息技术得到及时更新，在 2005—2007 年一共预留了 8.7 亿美元，③ 如果把这一部分资金平均到每年并加入到当年的行政成本中去，估计上述数字的变化就会是另外一番面貌了。

事实上，要准确的考察行政网络应用之后对于行政效率的影响，必须对行政成本进行详细的分析。判断行政网络应用是否降低

① 面向 21 世纪的新加坡“电子政府”. http://xy.cnii.com.cn/20030409/ca196051.htm, 2005-10-20.

② 沉没成本是指花在专家、合同以及物质基础设施上的启动资金，由于这些成本的投入是在信息系统工程使用之前，往往为人们所忽视。［美］简·芳汀. 构建虚拟政府——信息技术与制度创新. 北京：中国人民大学出版社，2004：40.

③ 参见《面向 21 世纪的新加坡“电子政府”》, http://xy.cnii.com.cn/20030409/ca196051.htm, 2005-10-20.

总体行政成本，需要比较信息化增加的行政成本与信息化所减少的行政成本。如果前者大于后者，则行政网络应用增加了总体行政成本。如果是后者大于前者，则行政网络应用是降低了总体行政成本。然而，实践中对行政成本的判断具有复杂性。其一，行政网络的应用所增加的行政成本是一个变量。不同时期所需要的信息技术投资是不一样的，一般而言，在信息化建设初期需要巨额的连续投入，形成信息化的基础设施；当信息化建设进入到维护和管理时期，信息化的投入会有所减少，资金投入的领域会主要限于维护、管理和技术更新等方面，这时行政网络的应用所增加的行政成本将会趋于一个常数。其二，行政网络应用所减少的行政成本也是一个变量。在信息化建设的初期，行政网络的应用处于探索之中，整体效益无法充分发挥，所能减少的行政成本有限。随着信息化建设的推进，接受并使用行政网络的人越来越多，公共行政的电子化方式日趋成熟，行政网络的应用将产生规模效应。总而言之，在行政网络的应用过程中，由于先期的实践已经付出了高额的学费，越往后就可以用较低的成本使用到成熟的技术，这与信息技术自身的发展及其在社会应用普及后价格接近平民化的趋势是一样的。当前，行政网络的应用还没有达到产生规模效应的阶段，因此，有关专家认为，在 2012 年之前，对电子政府的基础性投入仍然会抵消通过电子政府所能节省的开支。①

明确信息技术与行政成本的关系，可以帮助人们正确认识行政网络对于行政效率的实际影响。具体而言，有以下几个方面：

其一，行政网络的应用节约了人力成本。一方面，由于行政网络所指代的信息技术在行政系统内部的广泛应用，许多传统的需要手工完成的工作逐渐被计算机及其网络所取代，因而可以适当地减少行政部门中传统的办事人员的数量，为行政系统节约对人力成本的投入。另一方面，由于信息技术在信息传递上的快捷性，传统行政部门中处于上传下达地位的中层的行政人员将面临着巨大的挑

① ［日］白井均，等．电子政府．上海：上海人民出版社，2004：序言，8.

战。一般而言，中间层级的行政人员将上级的决策分解为若干可执行任务并向下传递，并将下级反映的问题整理之后向上汇总，但是当信息技术尤其技术网络得到普遍应用之后，中间层级的行政人员的原有职能将逐步被机器所取代，他们面临着巨大的转型：基于自身的技能，向领导层或工作层分化，不管是哪一种分化都意味着行政系统中中间层级的消失，对于总体行政成本而言则是减少对于中间层级行政职位的人力成本支出。

其二，行政网络的应用可以削减办公成本。克林顿政府在启动电子政务建设的初期就曾宣布，他所领导的政府将是一个无纸化办公的政府。这一预言在实践中逐渐被印证。虚拟办公、无纸化办公以及政府部门之间跨部门、跨地区的电子交换作业、公务活动的连线办公、电子邮件、办公自动化、公文处理系统等各种行政网络的具体应用，都可以大大减少办公费用和公文处理费用，有利于克服长期困扰行政部门的“文山会海”、“公文旅行”等现象。以我国为例，1999 年中国地方行政管理费中公务员人均开支的办公费、邮电费、差旅费、会议费之和为 2968 元，占公用经费总额的 58%。① 在行政网络应用之后，通过网上采购，可以将这些经费节省下来，用于更好地为公众提供服务，这将会极大地节约总体行政成本，提高行政效率。

其三，行政网络的应用可以节约信息成本。信息技术在信息处理上的特有优势可以为行政系统节约大量的信息成本。在传统公共行政中，公共管理者绝大部分时间都花在对信息的积累和利用上。② 信息技术使得信息传输成本大大降低，行政系统获取信息将更加便利和廉价。此外，在行政网络产生广泛的应用之后，政府会将所拥有的大量信息资源予以共享，这些共享的信息将会产生巨大的经济效益和良好的社会效应，符合当前各国公共行政中透明行政理念的具体追求。以上这些可以预见的政府信息成本的变化，无疑

① 陶文昭．电子政府研究．北京：商务印书馆，2005：97.

② ［美］史蒂文·科恩，等．新有效公共管理者．北京：中国人民大学出版社，2001：113.

可以提高公共行政的办公效率。

综上所述，如果以广义的办公成本来理解，上述行政成本都可以视作办公成本。行政网络的应用可以明显地降低行政系统中的办公成本，因而可以显著地提升行政办公效率。但是对于整体效率的影响还有待进一步的研究与探讨，因为基于投入产出比的衡量方式来描述行政效率带有明显的科学管理色彩，数字上的变化并不能真正体现出公共行政的价值所在。当前的共识是，公共行政可以视作是人力、物力和财力等成本的投入，产出则是行政成本投入所产生的社会效应。对社会效应的评价与衡量必然会受到人的主观因素的影响，因而很难予以量化。例如，行政系统在实施了信息化改造之后，组织结构却没有相应的变化，那么公众仍然会坚持旧有的观点：政府仍然是机构臃肿、办事效率低下的，应用信息技术只不过是政府办公手段的变化，政府的整体形象并没有发生根本的变化。显然，这里公众的观点或认识就是行政活动所产生的社会效应的组成部分之一，要改变公众对政府的看法，即产生良好的社会效应绝非是信息技术的应用就可以办到的。

2. 行政网络与行政改革

在了解行政网络与行政改革的复杂关系之后，我们可以试着将研究的视角扩大一些，探寻行政网络与行政改革之间的关系。上文的论述实际已经或多或少地涉及这方面的内容，比如行政效率的提高就是行政改革中的重要组成部分，行政网络对行政效率的影响必然也会反映到行政改革的层面上来。

从广义上讲，行政改革实际上包括了一切与国家公共行政权力归属及其行使职能相联系的改革，即要求政治、经济、行政三大体制改革几乎同时启动并以其他体制改革的顺利发展为自身顺利发展的充足条件。显然，广义的行政改革的含义几乎可以同社会进步等同，其难度可想而知。因此，在理论上探讨行政改革的时候，往往是指狭义上的行政改革，即特指以狭义政府即国家行政机关为中心的国家公共行政系统的改革，甚至在某种意义上，狭义的行政改革可以等同于狭义政府的管理体制改革。狭义的行政改革显示出，政府及其行政机关因行政环境发生变化而进行的各种调整，必然涉及权力、行为和责任主体的渐进调适，这与实践中的行政改革的实际内容大致吻合。因此，在探讨行政网络与行政改革关系的时候，宜取行政改革的狭义理解。

行政改革的对象是政府——公共权力的主要承载主体之一，同时，政府作为国家的行政机关应当隶属于国家政治上层建筑。因此，从行政机关的属性上来看，行政改革从本质上从属于政治体制改革。明确了行政改革的属性，自然意味着对行政改革的具体措施的设定，这种设定至少包含两个方面：一是行政改革必须具备一定的策略并配备相应的技术方法；二是行政改革必然会有一个目标，这个目标是与一个国家的政治目标并行不悖的。具体来说，行政改革应当包含以下内容：

行政改革的法理层面。首先是行政理念的更新。理念的更新源自对国家权力体系的认识；一方面是如何通过法律和传统、惯例确立政府的权力地位。这实际上涉及政府在名义上、在实际上行使的公共权力和行政裁量权的属性、程度、范围和方式，即行政权力在宪政结构中的地位。另一方面是政府在社会权力关系体系中，在处理各种公共事务的时候，公共行政权力的属性、程度、范围、方式的定位问题，即在社会公共事务的处理过程中，政府与社会的权限划分问题。行政理念的更新是行政机关行使行政权力的根本，关系到一个国家的政府在新的社会历史时期，随着行政环境的变化在权力配置上的调整，直接决定了一个国家的公共行政实施的有效性。其次是政府职能的调整。依据行政权力的配置，政府到底应该具有哪些职能，履行什么样的职守，承担什么样的责任？这些都是行政改革中关于职能调整的主要内容。从理论上讲，不管是行政权力在宪政结构上的变化，还是政府与社会的权限关系的变化，都会引发政府行政职能的转变。例如，在市场经济条件下，政府将原有的对经济的计划权力还给市场，政府对经济的直接控制权力减少而转向间接调控、宏观控制等方面，会直接影响到政府行政职能的调整。

行政改革的操作层面。如果说行政改革的法理层面主要涉及的是政府宪政结构中的调整，属于典型上层建筑中变革的话，那么行政改革要取得实效还有赖于行政改革的操作层面。在操作层面，行政改革大体包含这样一些内容：一是调整行政组织。主要表现为重新划分政府管理类别，从我国历年来的行政改革的实际情况来看，中央政府直属的部门的合并、撤销都是调整行政组织的具体例证，其调整的依据是行政改革在法理层面的变化，尤其是行政权力的配置结构。二是提高行政效率，这一内容已经在上一节中有所探讨，在此不再赘述。三是改进行政方法。与专业行政相联系，改进行政技术是行政改革中的重要内容。这是因为，新的技术革命都会直接影响到行政系统的各个方面，甚至包括政府的研究技术方法也不可避免地受到技术革命的影响。如何在新的技术条件下，调整行政技术使其更符合行政环境的变化将是行政改革具体实践的重要内容。

回顾前文对行政网络的论述，不难发现，行政网络对行政改革有着直接影响的内容会主要局限在行政改革的操作层面，特别是行政技术的改革以及对行政办公效率的影响。但是，如果说行政网络所指代的信息技术对行政改革的法理层面有着直接的影响，那么显然不太符合实际。符合事实的是，行政网络对行政改革的法理层面有着间接的影响，这种影响是由于信息技术在人类社会中广泛应用所导致的，即信息技术的广泛应用促成了公共行政环境的变化，而行政环境的变化要求行政系统作出相应的调整以符合现实需求。换言之，行政网络的应用为行政改革提供了一个契机，基于这个契机进行行政改革将有利于行政系统更好地适应信息化社会环境；反之，行政系统固步自封，将与信息化社会环境格格不入。由此看出，行政网络与行政改革之间是一种复杂的关系，行政网络对行政改革既有直接的影响，也有间接的影响。评价行政网络对行政改革的实际效用，必须从客观、实际、全面的角度出发，任何夸大信息技术的改革功能、想象以信息技术的应用获得行政系统的全面调整的预想都是不太现实的。事实上，以世界各国的电子政务建设实践为例，行政网络所指代的信息技术对于各国公共行政的改革的作用都是有限的。这要求公共行政理论对信息技术的实际作用进行反思和批判性的思考，正确认定信息技术的实际效用，在行政改革中对信息技术和行政改革的实质性内容进行重新排序，如此才能真正以信息技术促进行政改革的实现。

综上所述，行政网络指代的信息技术确实存在这样一种潜质：可以影响行政组织内或者跨组织的协调和生产过程。这种潜质既不能夸大也不能轻视，对这种潜质的正确认识能够帮助我们恰当地处理行政网络与行政系统之间的关系，正如简·芳汀所言："信息技术的进步对官僚机构产生的一个主要的潜在影响是构造信息处理和信息流动的能力，这种构建是通过互联网而实现的，而非通过对角色、组织关系和运行程序进行严格的界定而完成的。但是在实践中，（行政组织）效率和有效性的增长主要依赖组织的结构和设计，而不是技术的基础设施。"①

① ［美］简·芳汀．构建虚拟政府——信息技术与制度创新．北京：中国人民大学出版社，2004：39-40.

第三章
行政网络与网络行政

上一章中已经揭示了行政网络对行政系统影响的有限性，本章将通过一个概念——网络行政，重新厘清信息化时代公共行政的发展趋势以及信息技术应有的作用。网络行政包含这样几层含义：一是网络行政中行政组织的形态是网络化的，这是网络行政的真正含义。行政组织形态的网络化不仅仅源自技术网络的产生与发展，还拥有着更为深刻的社会历史背景，尤其是社会网络的形成。二是网络行政中所蕴含的行政价值取向的变化是现代公共行政的发展趋势，同样这种趋势与技术的产生与发展的关联度并不高，实际上，网络行政中行政价值的取向是传统公共行政历经数次变革之后的产物，即是对传统公共行政价值取向的扬弃与发展。三是网络行政的成型有赖于行政网络的应用，反言之，行政网络的具体应用将对网络行政的发展有着重要的支撑作用。依据网络行政的含义，本章将从行政网络效用的有限性入手，分析发挥信息技术良性效用的载体，进而探讨网络行政的社会背景及其由来，最后总结行政网络与网络行政的关系，这种关系将揭示现代公共行政发展的一般趋势。

一、行政网络对公共行政的效用有限性分析

在人们预测行政网络时代的信息技术对公共行政的影响时，其预测的角度是从技术本身出发的，即把信息技术当做一个决定性的因素，分析和预测信息技术所能产生的效用。这样的视角无法解释一个关键的历史事实，既然信息技术具有如此巨大的社会效应，那么信息技术自诞生的那一天或者在短时间内就应该影响到公共行政，并在行政系统中产生积极的促进效用。显然，历史的发展告诉我们，信息技术在行政系统中的应用并非如人们所想象的那样，信息技术的诞生到信息进入行政系统之间相隔了几十年的时间。这其中信息技术的发展与应用的逐渐成熟是一个方面的原因，更重要的是信息技术在行政系统中应用的滞后性还有着其他更为深刻的原因。如果我们换一个视角——行政系统对技术使用的视角来看待行政网络的应用，我们不难解释行政网络对公共行政效用的有限性。

1. 行政网络是一种被执行的技术①

在解释被执行的技术（Enacted Technology）之前，有必要对几个词义相近的术语进行相应的解释。在简·芳汀的著作《构建虚拟政府——信息技术与制度创新》中，还使用了 Enactment 和 Enabling 这两个词语，仅从中文的翻译角度来看很难区分。作者对此进行了解释，Enactment 具有社会构建的成分，它并不能预测技术如何被使用，它关注的焦点是影响组织感知、设计和实施技术的诸多因素的来源及其类型。而 Enabling 一词所表达的意思是，技术

---

① 美国学者简·芳汀在其著作《构建虚拟政府——信息技术与制度创新》中明确地将人类社会历史中所创造的各种技术进行了分类，她将公共行政中应用的各种技术包括信息技术在内称为被执行技术。参见［美］简·芳汀．构建虚拟政府——信息技术与制度创新．北京：中国人民大学出版社 2004 年第 1 版，中文版序一：4-7。

使得某种组织行使和结果成为可能，但不一定成为必然。① 显然对Enact一词被动语态的使用强调了对技术的选择，这也是本文所认同的主要观点。

人类社会历史发展过程中所创造的各种技术可称之为客观技术(objected technology)，客观技术这一概念强调的是对各种实体技术的存在的肯定。无论这种技术是否有用，是否能够帮助人类改善劳动条件并促进经济的发展，甚至能否影响到人类社会中的上层建筑，只要某种技术一旦诞生，它就是一个客观的存在。不管如何证明某项技术的无效或者应用领域过窄、不能产生深远的影响，都无法否定该项技术的客观存在。被执行的技术则是客观技术的一个组成部分，它包括了使用者对技术的理解以及技术在特殊情境中的设计和使用。换言之，被执行的技术是经过人们选择之后的客观技术，所有被执行的技术都是客观技术，但是并非所有的客观技术都是被执行的技术。被执行的技术这一概念将人们的主观选择强加在了客观技术的内涵里，这将导致客观技术在应用过程中有可能无法完全展现其本身的面貌。从现实来看，人们使用某种客观技术是为了达到某种目的，也许该技术本身对人们预想的目的并不太支持，但是经过人们的加工与使用就能够实现人们的愿望，这些被利用的技术就是被执行的技术。如果人们的愿望是科学的、合理的，那么这些被执行的技术就产生了良好的效应；反之，如果人们的愿望是不合理的、甚至是非理性的，那么这些被执行的技术就成为了罪恶的帮凶。当我们将视角从具体的个人转向一个国家的公共行政时，被执行的技术所产生的效用将取决于公共行政的选择，只不过与个人使用客观技术不同，在公共行政中，对技术的选择不是具体的、个人的选择，将有可能是一种聚合之后的选择意见，但绝对不会是零散的个人选择的简单加总。我们暂且将从个体的选择到集体的选择的形成过程放在一边，从公共行政对客观技术的选择中，至少可以得到这样一个结论：由于公共行政对技术的选择是一种聚合之后

① 参见［美］简·芳汀．构建虚拟政府——信息技术与制度创新．北京：中国人民大学出版社，2004：15-17.

的选择，那么这种聚合的选择将可能在执行的时候再次被拆散，变成带有聚合选择内容的个人选择。依据这个结论，可以很好地解释如下的现实：同样是在一个国家的公共行政系统中，同样是采取信息化手段，但是各个部门之间的使用信息化的过程和结果都会有所不同，在理论上可以称之为抱着不同目的的个人或组织会使得被执行的技术产生完全不同的结果。

基于上述公共行政对客观技术的选择的认识，再回到本书的主题上，从公共行政的视角出发，行政网络所指代的信息技术具有何种性质呢？应当说，行政网络首先是一种客观技术，它所指代的信息技术是人类社会自上个世纪起随着芯片、计算机和网络的先后诞生、发展之后形成的一种客观技术，在当前人类社会中已经产生了广泛的影响，人类社会也因此进入了信息化社会。其次，行政网络更是一种被执行的技术。虽然本文在使用行政网络这一概念时，将其作了广义和狭义的界定，并且本文大部分的章节使用的是广义的行政网络，但是如果具体探讨行政网络的效用时，狭义的行政网络以及行政网络这一概念字面的含义可以帮助人们更好地分析和评价在行政系统中应用的各种信息技术。行政网络可以简单地理解为是公共行政选择之后的技术网络，及其应用该技术网络上的各种信息技术。从事实出发也能证明行政网络的这一特性：在信息技术发展史上，技术网络的诞生有着一个不为人知的技术特征，那就是技术网络的原型 ARPANET 诞生的初衷是为了抵御核武器对军事设施的毁灭性打击，进而在军事设施布置上采取了分散化的布局，通过技术网络来实施有效的沟通和控制，技术网络因而具有非常明显的非中心化特征。按照技术决定论的观点来看，这种具有非中心化特征的技术网络在行政系统中应用之后，理所当然应当促成行政系统中权力中心化的消解。但是，从各国的行政网络应用中不难看到，行政系统中权力中心化的现状并没有发生根本性的变化，技术网络在一定程度上帮助公共行政维护了现有的权力配置状况，技术网络的自身特点在经过公共行政的选择和应用之后，并没有完全地显现出来。

由此可见，行政网络是一种客观技术，更是一种被执行的技术。要引发整个行政系统的重大变革，仅仅依靠行政网络的技术特征是无法实现的，行政网络对于行政系统的变革所产生的效用也是有限的。如果要实现行政系统变革的目标，还得依靠行政网络之外的其他因素。

2. 行政网络效用的滞后性与必要的载体

在上一章的分析中已经揭示行政网络所指代的信息技术对行政系统影响的间接性，此处将要讨论的是信息技术对于行政系统的这种间接影响还有着明显的滞后性特征。历史事实证明，人类社会发展过程中的任何一项技术从诞生到产生广泛的影响都存在一个明显的时间差。比如1881年发明的电机，30年之后才得到充分应用。20世纪50年代一些学者就预见到中层组织在计算机应用到复杂组织时的消逝。但是过了半个世纪，组织结构的变化并没有预想的那样明显。美国从20世纪70年代开始大规模应用计算机，其效果到20世纪90年代才显示出来。① 如此看来，当一项客观技术在人类社会中开始应用的时候，其潜在的、间接的、广泛的社会效应需要相当长的一段时间才会显现出来，尤其对人类社会的上层建筑中——政治与行政的影响将会相当缓慢。更进一步讲，此处所提到的潜在的、间接的、广泛的社会效应或者影响，实际是指一种制度上的变化，包含了组织、规则和具体操作方法的全面调整。显然，这种全面调整是无法通过某项具体的客观技术的应用就可以在短时间内实现的。具体到行政系统中，当前占据人类行政系统主流的官僚制系统具有一种人类本能的倾向，官僚制总是试图增大自己的权力，并扩充自己的权益。这样的倾向一方面会导致行政系统在面对技术变革时会具有一种天然的选择性——官僚制及其官僚们害怕技术的引进对自身的权益造成损害，技术因而变成了被执行的技术；另一方面，官僚制系统面对技术变革还可能产生如下的选择：如果一项具体技术的应用无法有效地扩大他们的权益，那么官僚制系统有可能对技术变革采取一种保守的态度，延缓技术对于他们利益的

① 陶文昭．电子政府研究．北京：商务印书馆，2005：19.

影响。按照制度经济学的解释，上述行政系统的种种措施可以称之为典型的路径依赖，即某些占优势的偶发和瞬时状态在历史中能产生持续的影响，它甚至能使系统具有不可逆转的自我强化趋势。沿着既有的不同路径，制度的变迁与创新既可能良性循环不断优化，也可能恶性循环不断恶化。因此，初始制度选择的差异决定了不同社会的不同发展路径。

此外，如果以行政学的视野对上述现象进行解释，渐进主义理论可以为我们提供有力的证明。渐进主义理论是一种决策方法，它表明政治家经常在决策过程中采取渐进式的方法进行小修小补以避免错误的发生。将渐进主义理论进行扩展来解释行政改革同样也是切实可行的。人类社会发展的现实表明，一种行政制度一旦形成并开始运转，那么这种行政制度便很难实现一种颠覆性的变革，世界各国多次的行政改革实践也说明了渐进式调整的普适性。在这样的行政改革实践中，初始的行政制度状态决定渐进式行政改革的发展方向，换言之，即使某个行政制度存在着不足，渐进式的行政改革却不能阻止实践者朝着错误的方向前进。这是因为心理学通过大量的数据证明：当决策者在心理上、经济上和政治上忠于某个错误行动路线的时候，受该路线引导的行动会通过一系列的小动作而不断升级，在这样的情况下，行动者会发现改变路线将变得越来越困难，即使他们已经收到消极的反馈。① 同样，在行政系统对行政网络进行选择性应用的过程中，同样是一种较为典型的渐进式改革过程。行政系统出于自身的考虑，缓慢地选择并使用信息技术，并力图使这些技术的应用有助于维护行政系统中原有的价值，这将是一个缓慢的过程。如果要使得行政系统中原有的价值发生变化，那就意味着在行政系统中进行较大幅度的调整，同时是在行政网络得到充分应用的情况下才会逐渐显现出来。上述的理论解释和历史现实都表明，行政网络效用具有明显的滞后性。

当我们在论证了行政网络指代的信息技术对行政系统具有间接

---

① ［美］简·芳汀．构建虚拟政府——信息技术与制度创新．北京：中国人民大学出版社，2004：101.

的、滞后的影响的同时，我们也肯定了行政网络所产生效用的确定性，只不过这种确定性必须通过某种载体才能显现出来。持技术决定论的学者，往往将信息技术的影响首先归结为对个人的影响，他们认为信息技术对组织行动者的影响能够提升为结构的变化，但是这样的研究视角得出的结果是非决定性的、相互矛盾的。① 有鉴于此，一些学者另辟蹊径，寻求新的技术效用解释模式。布林约尔松（Brynjolfsson）1997年针对600家大公司的研究，显示了技术、组织变迁和生产力之间的关系。他的研究焦点是组织结构对于电脑与生产力之间关系的冲击。整体而言，他发现对信息技术的投资与更高的生产力有关。但是公司之间会因为管理实务的不同，而在生产力增长上有极大差异："相当明显，使用信息技术而拥有最高生产力的公司，结合了顾客导向的企业策略，以及分散化的组织结构两者的合能效果。相反，只是把新技术应用在旧结构上（或者反其道而行）的公司，生产力明显较低。"② 虽然布林约尔松的研究是对企业研究的结果，但是他的研究结论具有一般性并能有力地揭示出，信息技术的效用是通过与组织的整合以后产生的，进而言之，行政网络对行政系统的影响必须借助行政组织这一载体才能产生相应的效用，行政组织结构的变化趋势将决定行政网络应用最终所产生效用的性质。如果行政组织在结构上不进行任何调整，保持官僚组织的原有状况，那么行政网络所指代的信息技术在行政系统中的应用所产生的效用将会仅仅限于办公效率的提高，而无法对行政系统产生深远的影响，更无法促进行政改革的进程。因此，现代公共行政理论要揭示行政网络的改革效用，就必须将研究的重心放到行政网络产生影响的必要载体——行政组织上来。

3. 一个模型的解释

上述的理论推导表明了行政组织研究的重要性，以下将通过一

---

① ［美］简·芳汀．构建虚拟政府——信息技术与制度创新．北京：中国人民大学出版社，2004：102.

② 转引自［美］曼纽尔·卡斯特．网络社会的崛起．北京：社会科学文献出版社，2003：106-107.

个简单的理论模式的构建，从行政改革的成本角度分析行政网络与行政组织的密切联系。

行政改革必然会涉及行政组织的改革，没有行政组织结构的变化就无法实现行政改革中对行政权力和行政职能的重新调整。明确现代行政组织的结构将有助于我们更清楚地认识行政改革的发展方向。如果说当前各国行政组织具有一个共性的话，那么就是各国行政组织基本都是按照官僚组织的形式来构建的。正如马克斯·韦伯所言："官僚行政组织，从正规的技术观点来看，一直是最理想的组织模式。就今天大规模行政管理的需要而言，官僚制行政组织是不可或缺的。在行政领域，选择只能在严谨的官僚制和松散的管理体制之间做出。"① 既然各国的行政组织都可视做是官僚组织的各种表现形式，那么，各国行政组织之间的差异也可视为官僚组织成熟程度的不同，由于成熟度的影响，不同的官僚组织将对行政网络的效用产生不同的影响。按照韦伯对官僚制的经典描述，我们可以构造以下模型来说明官僚制的成熟程度。

依据官僚制内容的不同，可以将官僚制的主要构成划分为硬件条件和软件条件。其中硬件条件包括：（1）专业化。韦伯认为，组织规模越大、越复杂，官僚制度就发达，其中专业化是官僚组织发达的重要表现。（2）等级制度，官僚组织中实行机关等级制和职务等级制原则，按权力自上而下排列成严格的等级层次结构体系，按照不同的等级赋予不同的权力，每个层级中的官员都受到严格的监督。（3）稳定的官僚。与其他组织不同，官僚制的良好运行离不开相对稳定的官僚，即离开了人，整个官僚制是无法运转起来的，并且官僚在整个官僚制中的地位是相对稳定的，这保证了组织的稳定性和连续性。软件条件则包括：（1）理性精神。官僚组织中理性精神可分为目的合理性与形式合理性。目的合理性，关注行为的后果是否合乎伦理、道德或功利方面的要求；形式合理性则是把行为的手段、程度当作可以量化计算的。由于官僚制的理性精

① Max Weber. The Theory of Social and Economic Organization. New York: Oxford University Press, 1947: 337.

神由两方面构成，从组织的角度来看是效率的绝对保障，然而组织是由不同的个体集聚而成，不同的个体目的理性是不同的，如果仅仅从功利角度来考虑，那么官僚制的理性实际表现为一种典型的工具理性。（2）法治精神：法治精神实际是强调官僚制在制度规则上的严谨性。要求组织严格按照法律规定设置，官僚按照法律要求办事，在工具理性的基础上，保证组织的机械高效，禁锢个体的发展。（3）科学精神：在微观层面，科学精神可看作是专业分工在个体心理层面的具体反应；在宏观层面，科学精神则是组织运行的规则必须是科学的、严格的。

上述对官僚制所包含的硬件条件和软件条件划分，可以使得官僚制在某个具体内容上进行简单的高、中、低的状态衡量，不同的硬件条件和软件条件的组合可视为一个确定的官僚制发展状态，并能与世界各国的行政组织形态进行对应。我们以 H1，H2，H3 表示官僚制硬件条件发展程度中的低、中、高三种状态，S1，S2，S3 表示官僚制软件条件发展程度中的低、中、高三种状态，以这两组变量的组合可以构成一个矩阵，用图形表示则成为一个九宫格，其中每一个方块都可以代表官僚制某一种发展状态。①

S1H3	S2H3	S3H3
S1H2	S2H2	S3H2
S1H1	S2H1	S3H1

举例来说，S3H3 这个方格代表的是官僚制非常完善发达的状况，无论是硬件条件还是软件条件都极为健全，可以和世界上工业化发展较早的发达国家形成对应，像美国、德国都是这一类的代表；反观 S1H1 则代表了官僚制的初级状态，无论硬件条件还是软件条件都存在着明显的缺陷，专业化程度低、官僚职业不稳定、法

① 该模型的构建可参见杜治洲．电子政务、官僚制与政府管理模式创新．中国行政管理，2006 年第 4 期：56-59.

律制定不健全、科学精神尚未树立等都是官僚制初始状态的具体表现，可以和世界上落后国家形成对应，像非洲大陆上的部分国家就是如此。处于 S2H2 方格中的国家可以视为官僚制已经建立但不完善的国家，包括了大多数发展中国家和一些新兴工业化国家。

依据前文的分析可以得知，行政组织对行政网络的选择性使用将会产生两种不同的结果，一种是利用行政网络的间接影响，促成行政改革的实现；另一种是利用行政网络加强对当前行政制度的巩固。显然，人们愿意看到的是前一种结果。那么，哪一种官僚制发展状态将有利于实现行政网络的改革效应呢？

一般而言，处于上图中 S2H2 这个方格以及周边的四个方格所代表的行政组织状态将有利于实现行政网络的改革效应。这是因为，这些方格所代表的行政组织发展状态正处于一种中等发展水平，官僚制本身存在着不同程度的不足，行政网络的应用将能够弥补和完善官僚制的不足，行政网络应用的成本将成为行政改革成本中的一个组成部分而予以落实，并且改革成本适中，因而能够推动行政改革。从电子政务建设的现实中可以看到，一些新兴工业国家在利用电子政务推进行政改革的过程中所取得的成功超过了发达国家，像新加坡就是这方面的代表。

除了上述第五个方格中所代表的官僚制发展状态有利于行政网络产生积极的改革效应外，其他四个方格所代表的官僚制发展状态都不利于行政网络改革效应的发挥，相反会产生固化现有行政组织结构、行政流程的作用。这其中又分为几种情况：一种是官僚制处于萌芽状态的国家，其官僚制能否在行政系统中发挥应有的作用尚未肯定，转而实现行政网络的应用，将会出现一种行政组织与行政网络相互隔离的发展状态。另一种是官僚制极为发达的国家，这些国家的官僚制的硬件条件和软件条件非常成熟，在行政组织的运行中已经形成了固定的模式和具体流程，行政网络所指代的信息技术应用会受到官僚制的强制性约束和条块限制。如果要使得行政网络产生巨大的改革效应，那就意味着原有行政组织的全面调整，这将会使得行政改革成本异常巨大，让实践者望而却步。最后一种是官僚制的硬件环境或软件环境有所欠缺的国家，这些国家中官僚制尚不成熟，但是官僚制中某些缺陷会因为硬件环境或软件环境中某个方面的过度发达而显示出来，因此对于这样的国家而言，行政网络能够得到合理的应用首先取决于对自身官僚制缺陷的克服，即行政组织的改革。这些国家在行政组织改革取得成功之前，行政网络的改革效应是无法体现出来的。

二、网络行政的兴起

前文对行政网络的探讨产生了一个新的议题：行政网络产生改革效应的载体——行政组织，在信息化社会中，行政组织的变化将决定行政网络的改革效应能否得到全面发挥。从历史的角度看，行政组织的结构形式出现过几次较大的变化，但是任何一次组织形式的变化都不及在应对信息化社会时所产生的变化，这种变化就是行政组织的网络化。行政组织网络化不仅仅是由信息技术尤其是技术网络的诞生所引起，它还有着更为深刻的社会背景——社会网络的产生与发展。社会网络的出现恰好填补了行政网络产生改革效应滞后性的时间空白，也就是说，当行政网络开始逐渐影响人类社会的时候，人类社会的组织形态也开始向网络化形态转变，组织网络形态的逐渐成型为行政网络的进一步应用奠定了组织基础，即行政网络产生改革效应的载体。本节将对网络行政的社会背景进行分析，并推导出网络行政的确定内涵。

1. 社会网络的产生与发展

在解释社会网络之前，先对网络给出一个明确的界定。网络是一组相互连接的节点，节点是曲线与己身相交之处。① 这就是说，网络实际是一种形态，它可以是具体实在的，比如技术网络的确定组网形式；同时，它也可以是模糊虚幻的，比如组织结构的网络化，这种虚幻的网络化必须借助某种实体才能产生作用。网络这种

① ［美］曼纽尔·卡斯特．网络社会的崛起．北京：社会科学文献出版社，2003：570.

特殊形态显示出，如果两个节点都处于同一个网络之中，那么由网络所界定的拓扑结构决定了这两个节点之间的距离，要比处在不同网络中两个节点之间的距离要短。如此，任何两个节点之间的距离将在零至无限大之间灵活变化，网络因此具备一种非常强烈的包容与排斥能力。依据上述对网络的理解，回顾人类社会的发展，我们可以发现几乎与技术网络开始在社会中应用的同时，人类社会的组织形态也开始发生网络化的变化，并且这种变化是从经济领域中开始的。这也印证了马克思主义理论中关于技术影响生产力，并在经济基础中产生影响，进而影响到社会上层建筑的论断。以下将对社会网络的产生与发展过程作简单的总结。

卡斯特在《网络社会的崛起》一书中指出，“网络企业”是信息化时代中最适应需求的组织形式。这里的“网络企业”不仅仅是基于技术网络的一种互联，更多是指组织形态的变化。卡斯特认为对于一个企业而言，不论是大公司还是小的商业公司，如果不是网络的一部分，要想生存是越来越不可能了，而推动这种网络过程发生的是技术网络的应用与发展。在企业经营领域，最能反映组织网络化形态发展倾向的是外包、产业的垂直化解体与网络化。

外包是指企业为维持组织核心竞争能力，并因组织人力资源不足的原因而将组织的非核心业务委托给外部的专业公司，以降低运营成本、提高品质，集中人力资源及提高顾客满意度。企业有效地运用外包策略，不仅可以避免组织的无限膨胀，更能达到精简、专注专业的目标。在企业经营的趋势中，外包策略越来越受到企业经营者的青睐，并给企业的业务增加了灵活性、弹性与替代性。

产业的垂直化解体与网络化则是一对互为因果的发展趋势，正是由于产业的垂直化解体，才会有产业网络化的结果。所谓产业的垂直化解体是指垂直一体化的企业将原来在企业内部的纵向链条上的生产过程分离出去，或者说从价值链体系的某些阶段中撤离出来，转而依靠外部供应商来供应所需的产品、支持服务或者职能活动。在实施垂直化解体的时候可以有两种方式：一是分拆方式，即将企业内部的某个生产环节分拆出去形成新的独立企业；二是出售方式，即将企业内部的某个生产环节出售给其他企业。产业组织垂直解体后，并不是简单地从一体化的科层形式回到市场，而是形成网络化的关系。在这里，网络指的是企业之间形成的介于企业与市场之间的一种交易与合作关系。根据网络中的企业在价值链（或生产的纵向链条）中所处的层次差异，可以将网络大致分为水平网络和垂直网络两种。所谓水平网络，是指网络中的企业处于价值链的同一层次，生产相同或者相似的产品或服务，在同一层面进行合作和竞争，跨国公司为了进行优势互补、加快创新步伐和降低风险而结成的技术联盟就属于水平网络；所谓垂直网络，是指网络中的企业处于价值链上下游的各个不同层次，生产各不相同的产品或服务，一家企业的产出是作为另一家企业的投入出现的。垂直解体后形成的企业网络属于垂直网络。垂直解体的过程就是原有产业组织形式被打破的过程，如果说垂直解体是"分"的话，那么网络化就是"合"。在这一分一合之间，就形成了熊彼特传统上的"创造性破坏"的过程。①

如果说外包、产业的垂直化解体与网络化仅仅对于单个企业而言有效，并就此断定社会网络的成型，未免有些为时过早。随着社会、经济的进一步发展，单个的、局限于某个领域的经济活动开始产生连锁反应，促成了经济全球化的到来。经济全球化的出现使得全球的经济活动都紧密联系在一起，形成纵横交织的、错综复杂的组织网络关系。卡斯特在描述经济全球化时写道："尽管主要的企业中心提供必要的人力资源和设施，以管理复杂的全球金融网络，但是资本的实际运作发生在联络各企业中心的信息网络里。资本流动成为全球性的，同时逐渐独立于经济体的实际表现之外。"② 可见金融资本的全球化流动，在技术网络和通信技术的支持下，使得全球的组织形成了一个沟通及时、组织松散、灵活的网络，融入这个网络意味着获得更大的发展生机，排斥在这个网络之外则意味着

① 参见李晓华．产业组织的垂直解体与网络化．中国工业经济，2005年第7期：28-35.

② ［美］曼纽尔·卡斯特．网络社会的崛起．北京：社会科学文献出版社，2003：125.

组织逐渐走向衰亡。经济全球化的到来显示在全球化的过程中，企业组织已经不再是唯一的活动主体，国家的介入使得经济全球化产生了广泛的影响，同时宣布了社会网络的成型。简单说，经济全球化的出现使得单一民族国家的主权受到削弱，在世界范围内形成了各种跨地区、跨国家的国际性组织，这些组织通过技术网络紧密联系在一起，共同管理着全球性的公共事务，而这些全球性公共事务的出现对各国的公共行政带来了全新的挑战。

上述对组织形态发展变化以及产生效应的简单描述，展示了社会网络的产生与发展。具体而言，社会网络是指的一种社会组织网络化形态，这种网络形态由于技术网络的催生而最先在企业组织中得到实现，随着企业组织化的逐渐成功与在经济领域的扩大化影响促成了经济全球化的发展，并逐渐影响到了人类社会中的上层建筑，因而在全球人类社会中，组织网络化形态成为了一种基本趋势。由此可以确定信息化社会（网络社会）的具体含义，信息化社会实际是由技术网络（包括行政网络，实指行政网络的狭义理解）与社会网络的结合形成的，其中技术网络提供了物质支撑基础，社会网络则创造了网络效应发挥的载体，并促成了人类社会中经济、政治的网络化形态。

2. 社会网络理论

由于社会网络理论的产生与发展都是在社会学的研究领域之内，限制了其理论影响，因而其研究价值直到近年来才为其他人文社会科学所重视与借用。

有关社会网络理论（Social Network Theory）最早的研究开始于20世纪60年代，有关社会网络的最初概念始于20世纪60年代，是指“人与人之间、组织与组织之间由于交流和接触而发生、存在的一种纽带”。一般来说，社会网络具备以下几个主要特征：第一，社会网络由具有一定特征的社会关系联结而成，既可以看做是一套关系联结在其中，也可以看做是一套以一定模式运行的个体、团体和组织之间的关系。第二，联结网络的社会关系包含着重要的资源与信息，可以创造价值，并通过某种形式的关系以及网络模式帮助企业获取资源，如技术流动、人员吸引、信息获取、资金筹措、企业合作、业务推广等。第三，社会网络不是静止不变的，而是在互动中不断演进、扩展以及重新构建。从研究现状来看，目前关于社会网络的形成主要有两种不同的理论观点，社会资本观点和结构空洞观点。社会资本论认为，社会资本是一个用来强化个体或企业之间行为规范的手段，可以产生两方面的作用：一方面，社会资本可以充当一种资源，以网络的方式促进组织之间的合作，帮助企业获取资源。另一方面，社会资本代表对各方合作的一种规制要求，强化各方对这种网络的依赖，并按照已有网络的特征与规范，去继续搜寻符合这种特征与规范的新的合作者，以增加组织的社会资本。结构空洞论则认为，一个网络中最有可能给组织带来竞争优势的位置处于关系稠密地带之间的稀疏地带，并将之称为结构空洞。由于存在结构空洞，就为活动于结构空洞中的个体或组织提供了机会，带来了信息，并使资源通过这种新联结而流动，从而增加了社会网络的价值。①

近年来社会网络理论的研究不再将视角仅局限在企业及其经济活动领域，开始逐渐涉足人类社会的其他领域，比如个体自我网络研究、政治网络研究等，并逐步形成了一些初步的共识②：

（1）联系经常是不对称地相互作用的，其内容和强度不同。资源通过联系和网络（包括更多的物质商品）得以流动。资源可以包括关于个人环境的信息，资源也是联系的组成部分——诸如通过被喜欢而获得感情的满足。

（2）联系间接或直接地将网络成员连接起来，因此，必须在较大的网络结构内对联系进行分析。不对称联系的盛行引发了对下述唯意志论假定的讨论；联系之所以存在是由于二人互动的双方成员愿意彼此交往。一种联系的特定性质是被它所在的较大网络界定

① 参见 http：//www. ecoedu. cn/Article/ShowArticle. asp？ArticleID = 390，2006. 11. 15.

② 参见［加］巴里·韦尔曼．网络分析的某些基本原理．载苏国勋，刘小枫．社会理论的诸理论．上海：上海三联书店，2005：460-466.

的；小的、密切联系的团体同较大的呈网状的网络中的亲密朋友关系是相当不同的。

（3）社会联系结构创造非随机的网络，因此产生了网络群、界限和交互关系。这种关系可以从以下两个论证不充分的假定出发。首先，网络中的联系是经常过渡性的。如果A与B和B与C之间存在一种联系，那么A和C之间发生直接联系的可能性就会增加。这种过渡性假设可运用于所有网络。如果转换是有代价的，那么这些联系中的每一个交点都要消费某些流动资源，因此，网络中的成员发现维持直接联系是更有效的。其次，一个个体可以维持的联系的数量和强度具有特定的界限（大多数个体接近了这个界限）。所以若不放弃全部或部分现存的联系，多数人不可能增加许多新的联系（或不可能增加同现存联系相关的新线索）。过渡性和互惠性，使得两个有联系的网络成员经常吸引其他人同他们结成一个联系群。

（4）并互联系将集群和个体连接起来。网络的交点并不一定是个体的人，它们可以是有联系的集群、群体、民族—国家或者其他离散的单位。这些交点之间的联系是由于某些人是几个集群的成员或某些人与网络的其他部分具有“异质的关系”而产生的。同时，有形的联系可以存在于个体之间，它们的结构重要性正像集群之间的联系一样。对于公共行政而言，集群与个体之间的并互联系给公共管理者提供了容易接近许多可以信赖的私人公司的机会，私人公司可以把工作转包给第三者来做。因此，公共和私人的法人实体之间的相互联系是清晰的，虽然特殊联系是代表公共和私人团体并掌握领导权的个人之间的联系。

（5）不对称联系和复杂网络分布在不同的稀缺资源中。资源并非均匀或随机地在具有不对称联系和受限制的网络集群的社会系统中流动。集群的密度、集群界限的严密性和集群之内与之间联系的模式规定了资源流动。由于一个社会系统中成员的位置不同，他们获得资源的方式也极为不同。实际上，不平等地获得稀缺资源依次增加了联系的不对称性。不对称的联系和集群在获得稀缺资源时结成了具有累积差异的等级网络。这些网络并不完全是单线等级。

它们包括在两种方向上传送资源的互惠联系和具有多种循环途径的复杂结构。然而，网络的不完全等级的、累积的结果应该是不平等地分配资源。

（6）网络产生了以获取稀缺资源为目的的集体和竞争行为。有组织地通过竞争获取稀缺资源是一个社会系统所固有的功能。在一个具有有限资源的系统中，利益群体为了获得资源而竞争。在一个具有不对称联系的非随机的等级网络中，成员必须运用协作或补充联系去获得资源。一个网络内的集群将这些联系组成或多或少有限的集团和联盟。

上述社会网络理论中的六个基本共识为组织结构的变迁提供了一个有效的研究方法，特别是在信息化时代，当单一的组织在争取稀缺资源分配过程中越来越力不从心的时候，组织寻求帮助或者加入某个联盟就成为了必然的选择。然而社会网络理论告诉我们，组织之间（包括组织内部）所形成的网络化联系是非常松散和脆弱的，即社会资本是一种缺乏强制力的约束条件。一个组织拥有的社会资本越多，就意味着这个组织有更多的机会参与各种稀缺资源的分配，但是社会资本的丰富并不能保证组织能够确定地获得这些稀缺资源，一旦社会资本产生变数，组织的获利行为将有可能发生较大的转变。

3. 网络行政的内涵

在明确信息化社会的具体含义和对社会网络理论的基本分析之后，就可以对网络行政给出一个确定的理论界定了。网络行政是在技术网络催生社会组织形态由孤立的科层制向复杂的网络化形态转变并产生全球化效应的环境中，政府公共行政过程中的政务的判断与推行。换言之，网络行政一词中的“网络”具有两层含义，一是技术网络的应用所引发的社会环境的变化；二是社会网络的发展对公共事务所产生的影响，并且社会网络将起到主导性的作用。在这两种网络的基础上，公共行政的内容及其价值选择都会发生相应的转变，并且最终会反映到制度层面上来。

在网络行政的理论界定中，技术仅仅充当了诱因，真正触发行政系统进行改革的是行政组织的变化。这样的界定包含了对行政组织认识的转变——组织行为观转向组织文化观。在公共行政理论中，组织变革被称为组织发展，是组织行为观下的组织变革管理。组织行为观认为组织发展并非是组织中单个项目的改革，而是指以提高组织效能、改善问题解决机制和实现自我更新为目的的，由高层管理支持的、着眼于长远的、有计划的、整个组织的共同努力。组织发展所关注的是有计划的、不会严重破坏组织关键规范的一般变革。例如，在公共行政改革中相当流行的全面质量管理就从组织发展理论中借鉴了不少重要的观点和思路。除此之外，组织行为观将组织发展的目标与组织中个人的目标联系在了一起，因为组织行为观的前提假设是组织中的个人都是负责的，是忠于组织、善于学习的，并且既能独立完成任务又能进行团队合作。基于这样的前提假设，组织行为观自然会将组织中个人自我实现抛在了一边，逐渐成为管理者用来操纵员工以实现其管理目的的一套高度控制化的社会压力和精神工具。① 应当肯定的是，组织行为观对组织的认识有其称道的地方，为组织管理领域带来了一种崭新的变革，并且在一定程度上正确描述了工业化时代中崇尚物质主义的组织管理："当组织和个人之间的适应程度非常高时，双方均能受益；个人会发现工作很有意义，并对工作感到满意，组织则从个人那儿获得它们所需要的智慧和能量。"② 同时，我们也应当看到组织行为观存在的不足，这种不足一方面源于该理论前提假设的缺陷，另一方面则是在组织发展中所采取的渐进主义措施。显然，在信息化时代中，行政环境的快速变化要求行政组织做出快速、准确的反应，而对官僚组织的进行小修小补的渐进式组织发展无法满足现实的需求。

组织文化观的出现填补了人们在信息化时代中组织认识论的空白，并将对组织的关注集中在组织文化的构成上。组织文化是指在

① ［美］菲利普·J. 库珀，等. 二十一世纪的公共行政：挑战与改革. 北京：中国人民大学出版社，2006：248.

② Lee G. Bolman and Terrence E. Deal. Reframing Organization: Artistry, Choice, and Leadership. San Francisco: Jossey-Bass, 1991: 121.

社会化过程中逐渐形成的假定、信念、意识形态、价值观、真理与现实相互交织的混合物。① 尽管在同一组织中不同的职能领域或不同层级所包含的社会结构有所不同，但是一个组织中的基本信念、价值观和行为准则是相同的。甚至在同一个社会中不同的组织也会有着相同的价值理念，因为一个组织文化的形成必然受到所处社会中普适的文化价值的影响。并且，组织文化观将组织视为一个社会中的小型社会，但这个小型社会只是一个相对的概念。事实上，有许多组织，无论是规模大小，还是复杂程度，甚至预算方面，都远胜于一些国家。基于上述的认识，组织文化至少可以提供以下几种重要功能：首先，它为组织成员提供了理解不确定性、事件和符号的工具。在某种意义上说，当组织成员面对不确定的事物时，组织文化能为其提供一定的心理安慰。其次，组织文化有助于界定是非对错，尤其是在问题不甚明了的时候。最为典型的是，组织的道德体系就是组织文化的组成。再次，组织文化能够降低组织对权威、规则和控制的依赖程度，因为它本身就是一个强大的行动指挥机制。尤其是当组织文化已经深深根植于成员的潜意识中的时候，管理者无须利用权威就可以控制组织成员的行为。② 按照组织文化观的指导，行政组织中的领导者与其采用严格的规章制度对下级进行规制，还不如在组织中积极培养一种良好的行政组织文化氛围，比如行政道德的建设、学习型组织氛围的形成等，引导下级开展工作，并且可以充分发挥组织中成员的创造性，实施更加灵活的组织管理。当然也应当看到，组织文化不是万能的，它不光有创造灵活管理的潜力，还有着相当明显的负面效应：组织文化能起到维持现状的作用，但与此同时，它可能也破坏组织适应动态环境的能力。进而言之，组织文化会使组织成员产生思想和行为上的惯性，很难作出改变。如果组织及其文化的形成过程过于顺利的话，那么危险

① [美] 菲利普·J. 库珀，等. 二十一世纪的公共行政：挑战与改革. 北京：中国人民大学出版社，2006：251.

② [美] 菲利普·J. 库珀，等. 二十一世纪的公共行政：挑战与改革. 北京：中国人民大学出版社，2006：251.

也就随之而来。在组织文化的维持作用下，组织将不断地复制、克隆已有的成员的原型，使得组织进一步陷入僵化。组织文化的负面效应显示，在组织文化观指导下所开展的组织变革要产生积极的效应，符合信息化社会环境，就需要通过组织文化的变革实现组织性质的转变，这是一种较为激进的改革方式，然而从实践过程看，组织文化的变革需要较长的时间，不可一蹴而就。无疑，成功的组织文化变革是一个复杂的过程。

回顾网络行政的理论界定，如果将视角集中在组织行为观上，那么组织变革就成为束缚组织成员的具体工具，技术网络在被选择性执行的过程中进一步异化为对传统组织固有价值的理念的保护工具，社会网络的效应由于社会网络被传统组织的吸纳而无法得到有效的发挥，基于组织行为观的网络行政认识必然会陷入到技术决定论的困境之中。反之，如果以组织文化观的视角来看待网络行政，技术网络成为了在新的组织文化因素引导下用来设计灵活管理的工具，社会网络的逐步成型则成为了新的组织文化形成的必然构成，组织文化的变革将对传统组织的固有理念形成挑战，最终促成行政组织的巨大变革。由此可见，在组织文化观的视野下所界定的网络行政，摆脱了工业时代中科学管理的束缚，适应了当前信息化社会中的现实需求，必将成为公共行政发展的未来趋势。

三、行政网络向网络行政转变的必然性

行政网络所指代的信息技术在公共行政中的应用并不能有效地促进行政改革的进程，而以行政网络为技术支撑并以社会网络为基础的网络行政能对现代公共行政带来巨大的改革效应，并将成为公共行政的发展趋势。从行政改革所追求的目标来看，网络行政代表了公共行政的未来，行政网络的应用是公共行政发展历程中的一个必要组成，行政网络的应用向网络行政的转变具有历史必然性。

1. 网络行政的必然内容

基于组织文化观的认识，网络行政实施的结果将会是一种激进

式的公共行政变革，这种激进变革必然在当前公共行政领域中增加新的管理内容和管理方法。换言之，在网络行政中，传统公共行政所包含的内容面临着由于行政环境的变化而产生的转变，除此之外，网络行政必然包含着一些全新的行政管理内容。

（1）公共行政全球化

传统公共行政的界定，往往是指对一个单一民族国家内部公共事务的管理。在网络行政中，单一民族国家的公共事务因全球化的影响而急剧增加，政府无论是在组织结构上还是在职能设定上，都不可避免地参与到全球性公共事务的管理过程中来。因此，公共行政自身的含义将由原先狭义的国家内部公共事务的管理转为广义的公共行政全球化，具体而言包括以下表现①：

在全球化进程中，作为行政管理对象的社会公共事务日益国际化、全球化，这已是一个不争的事实。例如全球性的公共卫生事件、全球性环境污染问题、全球性金融危机问题、全球性恐怖主义问题等，对于这些全球性公共事务，只有通过建立一种全球性的机制才能使之获得解决。

随着全球性公共事务的增加，不但出现了具有全球性公共行政管理职能的机构，而且这些机构在当今的全球公共事务中发挥着越来越重要的作用。例如2003年全球应付突发性“非典”危机过程中，世界卫生组织在各国之间进行信息传递、组织协调、检查监督过程中发挥着全球性公共管理的重要职能，充当着全球性行政管理机构的作用。

全球各国政府间的关系和行政管理方面的协作日益加强。比如在反对恐怖主义的斗争中，美国作为一个全球性超级大国，仍需要中国、俄罗斯、法国、德国等国家和政府的合作与参与才能与恐怖主义进行对抗。现实表明，在全球化的影响下，各个国家、各国政府相互依赖的程度将越来越高，在行政管理方面的合作将会越来越频繁。

① 参见胡象明．行政管理全球化特点、动因及其意义．中国行政管理，2005年第12期：19-22.

在全球范围内日益形成并得到国际公认的行政管理规则将成为公共行政规则的发展趋势。当前，“与国际接轨”是全球化时代各国政府修改自身行政管理规则的一个重要理由，也是一个很时髦的口号。当前全球各国政府都在进行行政规制的改革，并且这种改革基本上都是在“与国际接轨”的背景下进行的，其结果必然是全球各国行政管理规则日益走向一致化，逐渐形成一套国际公认的行政管理规则。

在全球范围内随着各国政府和行政管理机构交往的增多，一些全球性的行政价值和行政伦理也正在趋同。世界文化是多元的，必然使得全球各国的行政价值、行政伦理也是多元的，这种多元的性质表明不同国家的行政价值、行政伦理之间是有差别的，但它们之间的差别并不排斥彼此之间的共同点。随着全球化影响的加剧，各国政府面对共同的行政管理问题增多，各种政府及其行政管理之间的交往增多，全球行政价值、行政伦理的共性被凸显出来，逐渐形成了共同的行政价值与行政伦理理念。

（2）行政组织间的网络管理

传统的公共行政争论是基于指挥命令统一性假设的，然而 20 世纪 60 年代后政府管理战略发生了根本变化：政府在供给公共物品和服务时对多机构、政府间以及公—私—非营利伙伴关系的依赖日益增加，从而颠覆了现存的理论；1997 年，奥图勒（O. Toole）则提出公共行政学研究应该认真地对待网络①，而实际上早在 20 世纪 60 年代，研究组织与公共政策的学者就注意到，在地方—社区层次公共投资的公共服务中，一个重要的问题就是进入服务供给网络的组织间一体化和协调。20 世纪 90 年代，随着公共行政中组织间网络问题研究的逐渐增多，威纳预言组织管理和组织间管理将成为公共行政理论中平行发展的趋势；鲍威尔发现在非营利和公共部门中，组织间管理日益转变成为多种形式的合作性联盟，以此作

① O. Toole, Laurence J Jr. Treating Networks Seriously: Practical and Research—Based Agendas in Public Administration. Public Administration Review, 1997, (1).

为提高其竞争力和有效性的方法，而通过传统的市场或科层制的治理机制是不可能的；① 其他学者则提出网络管理完全区别于科层制管理：普鲁梵与米尔沃德证明至少在一些政策领域，如果缺乏网络层次分析的理论建构，就不能充分理解公共行政的绩效②；而弗雷德里克森（Frederickson，1999）认为虽然网络安排会因维度多样化而不断变化，但对于网络在供给重要的公共服务中发挥的关键作用则很少有争议；2001 年，罗伯特·阿格罗夫与米歇尔·麦克格雷（Robert Agranoff & Michael McGuire）进一步提出：由于网络管理已经成为治理的核心任务，因此，在公共行政学研究中必须将其作为基本的考察领域放在前沿。③ 这表明，在当代西方的公共行政学研究中，组织间网络理论作为一种新的研究视野已经出现。组织间网络既是对市场化治理机制的替代，也是对科层制治理机制的替代，它在一定条件下能够通过市场协调与组织内部协调的互相转化和替代机制，在既能降低组织内部管理成本、又不增加市场交易成本的情况下，提高资源配置的效率；组织间网络比市场稳定，但又比科层制组织灵活，是一种克服市场失灵与组织失灵的新型治理机制，代表了未来社会发展的基本趋势。

（3）公共行政与社会资本

社会资本是社会网络中的一个核心概念，它是指存在于社会网络中信息共享、信任及其互惠的规范。基于社会资本，社会网络中的各个节点之间会产生广泛的联系，并为组织及组织间管理的灵活性奠定了坚实的基础。社会网络理论原属于社会学的一个分支，社会学家常用社会资本来解释以个体为中心的关系网络的形成，并以

① Edward T. Jennings, Jr. and Jo Ann G. Ewalt. Inerorganizational Coordination, Administration, and Policy Performance. Public Administration Review, 1998, Vol. 5.

② Provan, Keith G, Milward, H. Brinton. Do Network Really Work? A Framework for Evaluating Public-Sector Organizational Networks. Public Administration Review, 2001, Vol. 4.

③ Big Question in Public Network. Understanding State Enterprise Zone Partnerships. Journal of Public Administration Research and Theory, 2002, Vol. 12.

此判定一个个体的权力或权威的形成过程。社会网络理论的发展将社会资本的分析范围逐渐扩大，形成了一种以社会为中心的社会资本观。以社会为中心的社会资本关注集体行动（团体、组织、社群或国家）的结构特征，以结构特征分析一个组织内部或组织之间凝聚力或共同利益的达成。社会资本视角由微观向宏观的转变，使得社会资本介入公共行政研究成为可能。因为公共行政活动从本质上来讲，都是涉及公共利益的集体行动，加上社会网络向公共行政的逐渐渗透并造成公共行政网络化趋势的增强，社会资本这一独特的视角就成了网络行政分析中必不可少的构成。

从世界各国公共行政的实践来看，现代公共行政活动都在追求一种民主行政的理念，各国都在努力建立一个能够容纳广泛公民参与的民主行政体制。在政治学视野中，公民及其公民团体的参与能够培养民主行政所需的技能与知识，并能够形成对公共利益的认识。但是政治学理论并没有解释公民是否有足够的意愿与能力参与公共行政活动。在公共行政理论中，对于公民基于简单的投入—产出的经济衡量就得出“理性的无知”的结论，即公民经过比较发现参与公共行政活动所带来的收益要小于他在参与过程中的投入，那么公民就会基于理性的判断而选择放弃参与公共行政，民主行政中公民参与的难度之大由此可见一斑。

社会资本在回答公民是否有足够的意愿与能力参与公共行政活动这个问题上，可以提供一种有益的解答。社会资本从本质上看，是指个体之间、个体与组织之间以及组织之间的一种关系，这种关系取决于彼此之间的信任而无须强制性的契约保证。当我们把这种关系当做一种资本来看待的时候，就会发现社会资本与其他形式的资本有着巨大的差异：一方面，社会资本是越用越多的，并没有其他形式的资本所拥有的折旧率这一特性。一旦彼此之间的关系结束，社会资本也随即消失。社会资本只需在平时加以维护并经常使用，就会产生巨大的效用。另一方面，社会资本强调关系中的互动。社会资本的实现必须借助成员之间的互动来创造共同价值，若成员从相互连接的社会网络中退出，既有的社会资本就将化为乌有。相反，成员之间若存在密切的联系，并形成互动，社会资本就能减少成员对私利的竞逐，有利于集体合作的产生。正是由于社会资本具有上述的特征，可以有力地解释公民参与公共行政的这一问题：孤立、零散的公民无法形成对公共利益的认识，因为公共利益不可能是个体利益在社会层面的简单加总。社会资本能够帮助公民形成广泛的联系，并且这种联系是以公民彼此之间的互动为基础。无论这种联系是在公民个体之间的，还是在公民与组织之间的，甚至是在组织与组织之间的，社会资本都能帮助进入到社会网络中的成员形成对公共利益的共识，这种共识将有力地促进公共行政中的公民参与。换言之，基于社会资本形成的社会网络将有力地促进公民社会的逐渐成熟，为民主行政的实施提供有利的社会环境。由此可见，基于社会资本产生的社会网络各节点之间的互动，将会形成公民以个体或者团体形式参与特定的社会活动，当公共行政依赖这一自愿性活动来维持政策运作的时候，社会资本就成为了潜在社会支持的动力来源，即社会资本积累越多，公民支持政策的程度也会随之增加，公共行政的展开因得到公民的支持而愈加顺利。普特南（Putnam）在评价社会资本的时候就指出：当一个社会积累了足够的社会资本，那么达成共同目标的情形将比缺少社会资本的社会来得更为容易。①

社会资本以其独特的视角帮助人们认识到公共利益的存在，推动了公共行政的顺利展开。然而，值得注意的是，社会资本并非是一剂灵丹妙药，其自身的缺陷还可能产生许多负面的影响。社会资本自身的缺陷在于，维系社会资本的关键是社会网络中各个节点成员之间彼此的信任，而信任在本质上涉及个人的心理状态，因而具有多面性的特征。当社会网络中各节点成员的集体行动取得成功时，成员之间会建立起高度的信任关系，增加社会资本的总量。反言之，高度的信任使得人们有较强的意愿与他人进行互动或共同行动，个人之所以信任对方，是因为相信对方所采取的行动将对自己产生有利的结果。然而，信任关系中充满着不确定的因素，由于个

① Putnam, R. D. The Prosperous Community: Social Capital and Public Life. American Prospect, 1993, Vol. 3: 35-42.

人无法完全掌握有关合作者行为的全部信息，信任关系就存在一定的风险，甚至会导致个人利益受损。在这种情况下，社会资本不但不能帮助彼此互动的个人或组织形成共识，反而使得彼此利益受到损害，再次形成集体行动的可能性将微乎其微。此外，社会资本还可能产生其他的负面影响：维护和建立联系所需付出的成本难以预计，即社会资本形成过程中其他形式的资本投入是难以预料的；过分强调社会资本的稳定性，将有可能限制个人的自由；固定的社会资本中所包含的各种行为规范，有可能导致网络组织的创新能力降低；组织之间互动的过于频繁，时间一长，将会形成众多的既得利益团体，其结果将是这些团体为了维护特权而抗拒改革，以及拒绝与其他团体分享稀缺资源。① 可见，如何避免上述社会资本自身的缺陷以及负面效应的发生，同时使社会资本产生良性的循环效应，成为公共行政活动展开的基础，是一个值得理论家和实践家共同思考的问题。

2. 行政网络对网络行政的支撑

由于技术决定论的观点陷入关注技术自身的研发，而无法产生积极的行政改革效应，要求我们必须转换视角正确认识信息化社会中公共行政的发展态势。以组织文化观为基础的网络行政在技术与制度变革之间架起了现实的联系，即组织形态的网络化，并且指明了公共行政的发展趋势。正确地认识到信息化社会应有的含义之后，必然涉及行政网络与网络行政两者之间关系的探讨。从因果关系来看，行政网络对网络行政具有支撑作用。

行政网络引发了网络行政产生的社会环境——全球化。行政网络所指代的信息技术自诞生之后，在极短的时间内对社会的各个层面产生了广泛的影响。从影响的先后来看，行政网络所指代的信息技术首先影响了人类社会的经济基础，促进了社会生产力的发展，并在经济领域中形成了巨大的知识经济效应。托夫勒指出：“如果

① Montgomery, J. D. Social Capital as a Policy Resource. Policy Sciences, 2000, Vol. 33: 227-243.

一种崭新的，以知识为基础的经济确实在取代大烟囱工业生产，那么，我们就会看到一场历史性的斗争。这场斗争将重建我们的政治机构，使之适应革命性的后批量生产（post-mass-production economy）。”① 信息技术进而影响了人类社会的生活领域，最为突出的表现是：信息技术帮助人们摆脱了现实社会中人与人之间面对面交往的直接性，以及活动范围受制于物理时间和空间的狭窄性。② 人类社会因此而进入到信息化社会，行政网络指代的信息技术使得世界成为一个地球村，传统的边界在网络的虚拟世界中荡然无存。信息化社会的到来催生了全球范围内的广泛联系，不仅仅是个人之间的联系，还有组织之间的联系，而这种广泛的联系正是网络行政所处的现实社会环境。

行政网络为社会网络奠定了现实的技术基础。随着经济领域中产业垂直解体和网络化的发展，全球经济活动被吸收在一张巨大的网络之中，经济活动中的生产、交换与消费等环节通过组织网络化进行重新组合，并且促成了劳动力在全球范围内的流动。卡斯特评述到：（经济全球化）之所以成为全球的，乃是因为生产、消费与流通等核心活动，以及它们的组成元素（资本、劳动、原料、管理、信息、技术、市场），是在全球尺度上组织起来，并且若非直接进行，就是通过经济作用者之间连接的网络来达成。至于此种经济是网络化的，则是因为在新的历史条件下，生产力的增进与竞争的持续，都是在企业网络之间互动的全球网络中进行。这种经济会在 20 世纪最后 25 年里出现，乃是因为信息科技革命提供了不可或缺的物质基础。正是经济的知识、信息基础、全球性的触角、以网络为基础的组织形式，以及信息科技革命之间的历史扣连，才催生了一个新而独特的经济系统。③ 社会网络的成型意味着组织网络化

① ［美］托夫勒．权力的转移．北京：中共中央党校出版社，1991：268-269.

② 刘建国．网络社会的特性及其哲学思考．学术研究，2002 年第 2 期：51-55.

③ ［美］曼纽尔·卡斯特．网络社会的崛起．北京：社会科学文献出版社，2003：91.

形态的产生，网络行政因而才会有组织形式的保证。

行政网络有利于社会资本的增长。社会资本对于社会网络的产生与发展有着重要的作用，但是社会资本自身也存在着脆弱性，这是由于社会资本的形成有赖于社会网络中成员彼此之间的互动及信任。在没有行政网络指代的技术之前，社会资本的形成是通过人与人之间的直接对话、沟通形成的，此时，社会资本的储量和作用都十分有限。在信息化时代中，基于信息网络的沟通使得人们的交往活动扩大化，并形成了交往实践的全球化。所谓交往实践全球化是指多极主体间通过信息化、网络化技术交往结构的中介对世界进行变革和改造的活动，是相互联系结成普遍交往关系的过程，这种交往实践关系及其活动范围达到了全球规模。① 显然，基于信息网络的频繁交往活动将极大地增加人类社会中的社会资本，推进社会网络形成的进程，为网络行政奠定良好的组织基础。

3. 网络行政是行政网络产生改革效应的组织保证

在前面两章的分析中显示出行政网络指代的信息技术具有改革效应，但是基于对技术决定论的批判却得出了信息技术要产生改革效应必须借助一定的载体的结论。显然，网络行政是行政网络产生改革效应的组织保证是上述结论的一个推论。进一步讲，要探讨行政网络在行政改革中的具体效应，就必须从组织形态网络化方面进行分析。

阿尔蒙德就曾指出：科层制交流模式往往是封闭的、不自主的，这种交流结构似乎存在着潜在的病理倾向，它的信息交流结构会导致失真：第一个解释是，一个组织在一定时期内处理信息的能力是有限的；第二个解释是，流经各个等级结构的信息，往往因其中地位较高者的意愿和敏感同地位低下者的屈从而被歪曲。② 上述

① 王焕斌．“网络社会”：内涵及其特征探析．江西社会科学，2003 年第 2 期：149-151.

② ［美］G. A. 阿尔蒙德．比较政治学：体系、过程和政策．上海：上海译文出版社，1987：189-190.

论断揭示出由于传统公共行政组织的层级制特点，信息的利用有限和信息的失真是普遍存在的，进而会影响到公共政策的制定与执行。网络行政中组织结构是网络化的，这种网络化形态会带有明显的扁平化趋势，即组织内部的结构将会由传统的等级森严的状态向平面化的方向发展。在这样发展趋势下，组织对于信息的控制将不由自主地放松，组织内部的信息交换与信息共享将成为一种共识，并促成组织职能的转变与组织规章制度的调整。同时，考虑到社会网络的广泛影响，组织管理不再仅仅涉及组织内部，而且还会与其他组织之间形成合作。同样，这种合作需要单一的组织将原来属于组织内部的部分信息（社会网络理论仍然强调组织保留核心信息是保证组织竞争力的前提）拿出与合作组织分享，以促成组织之间信任的达成。当且仅当上述趋势得以实现的时候，行政网络所指代的信息技术的应用才有利于制度变革的实现，也就是说，只有是在组织形态发生变化的前提下，行政网络的改革效应（实际是一种间接效应）才能得到真正地体现，从而摆脱信息技术在传统行政系统中应用仅仅提高行政办公效率、固化传统行政制度、难以承担改革重担的尴尬局面。由此可见，行政网络所指代的信息技术并不能直接促成组织形态向扁平化方向发展，甚至在极端情况下，信息技术具有的信息传递优势还可能被层级制组织所利用，加强了组织的等级制度。反言之，没有组织自身形态的变化，信息技术所拥有的潜在的改革效应就无法真正地体现出来。

第四章
网络行政权力

公共行政离不开权力的使用，不论是从行政组织实现其功能的角度还是从国家宪政结构赋予行政系统各种功能的角度看，行政系统的运行都与权力有着天然的联系。正如诺顿·E. 朗所言：“行政管理的生命线就是权力，权力的获得、保持、增长、削弱和丧失是实践工作者和研究者不能忽视并承受不了这种后果的问题。其后果几乎总是丧失现实性和导致失败。”① 进言之，权力有着不同的分类，不同的组织系统中所运用的权力会有所不同，公共行政所关注的是行政权力。本章将分析在信息化社会中，基于技术网络和社会网络复合形成的网络行政权力的一般内容和最新发展态势。

一、网络对行政权力的影响

行政权力是政治权力的一种。政治权力是指某一政治主体依靠

① 诺顿·E. 朗. 权力和行政管理. 载竹立家，等. 国外公共行政理论精选. 北京：中共中央党校出版社，1997：167.

一定的政治强制力，为达到某种目标而在实际政治过程中体现出来的对于政治客体的制约能力，凭借这种制约能力，政治主体拥有对于社会价值的支配手段。行政权力作为政治权力的一种，是国家行政机关依靠法定的强制手段，为有效执行国家意志并依据宪法原则对社会公共事务进行管理的一种能力。

当人类社会进入到信息化社会，人类的社会环境发生了重大的转变。技术网络作为一种物质基础将人类社会紧密地联系在了一起，社会网络则作为组织基础促成了人类社会组织包括行政组织功能的转变，上述两者共同构成了网络行政中权力发展的动因。

1. 行政网络对现代行政权力的冲击

现代行政权力是指以官僚制为组织结构的权力配置情况，是与工业社会相适应的。现代行政权力具有自主性和在组织内部的权威性，并且在结构上有着静态结构和动态结构的划分。行政网络所指代的信息技术给人类创造了一个信息化环境，在此环境中，社会中的个体能够接触到越来越多的新鲜信息并以此进入到一些未知领域，封闭而独立的行政组织领域就属于对个体而言的未知领域中的一部分。对于处在行政组织中的个体来说，行政网络为他们提供了一个新的信息交流平台，借助这些平台可以提高行政组织的办公效率，并且能够逐渐接触到个体原来无法接触的行政组织层级。上述对不同个体的具体表现都会引发行政权力结构的改变，具体而言有以下几个方面：

（1）行政网络对行政权力的分配有辅助作用。首先必须明确，行政组织的结构和行政权力之间并非是线性关系。在机械式的组织中，一般认为组织层次越多，权力就会越集中，即集权趋势越明显。实际这两者关系并不大，例如在相同的行政组织结构中，有些组织将权力下放到基层，有些则全部集中在高层，即相同的组织结构会有不同的权力配置情况。其次，行政权力分配不能简单地视作分权或集权，而要考虑权力对组织绩效的重要性。例如行政管理经常可以遇到的行政审批，就是一种典型的程序化行政权力，这些权力再怎么集中，也不能称之为行政集权。在上述两个认识前提下，行政网络对行政权力分配有着间接的影响，但并非是决定性的影响，也就是说信息技术可以帮助行政组织对权力进行重新配置，原因是：第一，对行政权力起决定性作用的是组织所处的环境以及组织的发展战略。当前行政组织所处的环境是信息化社会，由于信息技术的广泛应用，行政组织能够及时地与外部环境进行沟通，促使行政组织自身的功能和战略发生了相应的变化，显然行政权力的分配也应该体现组织的功能和战略。第二，行政网络本质上是一种技术工具，其发挥的效用是由行政组织中的人员决定。行政组织引入信息技术以后，组织成员对其应用范围、深度与其他功能都能作出设定，这种设定虽然可以不断变化，但是其影响力会基本在成员能够控制的范围之内。米克尔（Milker）就认为，不同类型的组织运用和强调的信息是有所区别的，而信息技术仅为组织权力分配的改变提供可能。① 可见，行政网络为行政权力的分配提供了可能，但并不是必然。

（2）行政网络对行政权力的程序化和集权化提供了支持。行政网络改变了传统的信息加工和处理方式，运用计算机强大的计算能力，不仅增加了信息的处理量，也加快了信息的处理速度，并提高了其准确度。在这种情况下，传统行政组织中作为信息传递环节的中间层级会逐渐消失，中间层级所拥有的权力也将被分化出来形成向上和向下的转移。一般认为，中间层级的权力会向下转移至底层组织，这样会有利于组织中的底层执行人员能够将执行过程中的问题直接反映到决策层，即让执行人员参与到组织的决策中来。但是，我们也不能忽视被分化出来的中间层级权力向上转移的倾向。在传统行政组织中，处在决策层中的行政人员往往会因决策信息在组织层级中的传递失真而苦恼不已，制定的决策也因此不可避免地带有这样或那样的问题而得不到执行人员的支持。信息技术的应用可以将传统行政组织中传递信息的失真问题降到最低，决策者因而可能作出较为满意的决策。如此，决策者就将决策权力尽量集中在

① Milker, D.. Configurations of Strategy and Structure: Towards a Synthesis. Strategy Management Journal, 1986, Vol. 7: 233-249.

自己手中，避免因决策权分散而导致的决策难产问题。劳勒(Lawler)曾指出：错误的组织结构将损害组织绩效，在环境不断变化时，战略层的决策要集中，而战术层的决策要分散。① 这一结论为当前处在信息化社会中的行政组织提供了一个有益的启示，即集权是分权的前提，只有在集权到位的情况下，才有可能去探讨分权的问题。弱势的集权会让下级感到有机可乘、有空可钻，容易产生"分散就乱，一统就死"的怪圈。此外，在信息技术得到广泛应用的情况下，行政组织中的决策层也倾向于从确定的渠道来收集必要信息，通过技术来完成传统中间层级应当完成的信息加工任务，如此将形成行政权力的程序化倾向。

(3) 行政网络使得行政分权成为可能。行政权力的分权是有前提的，它要求行政分权前组织必须是管理正规化、制度明晰化、职务专业化、下属成熟化的，同时当组织面临的环境相对稳定、信息技术应用已经达成一定的共识，在这种情况下，行政组织可以利用行政权力的分化来完成更多的功能。安德森和西格斯（Anderson & Segars）对50个公共组织的调查表明，信息技术可通过增加内部交流从而支持分权化的决策，并导致更高的财务绩效。② 行政分权的重要性在于灵活。在分权结构中，组织结构中的任一节点即为决策单位，都有权对出现的问题与外部环境进行协调、迅速解决问题，只有在问题不能解决的时候才会寻求信息的平行方向或垂直方向的沟通。这样既降低了高度集权时所带来的信息超量问题，也降低了集权时必须由高层与外部进行接触而浪费的各种协调成本。同时，分权还可以降低对信息技术的高度依赖，提高组织成员主观能动性发挥和快速反应能力。信息技术指出的分权必须做到可控性、规范性、标准化和高速化。分权不但要做到权力确定下放，还要进

① Lawler, E.. Substitute for Hierarchy. Organizational Dynamics, 1998, Vol. 17: 447-491.

② Anderson T. & Segars A.. The Impact of IT on Decision Structure and Firm Performance Evidence From the Textile and Apparel Industry. Information & Management, 2001, Vol. 39: 85-100.

行不断的反馈、支持、协调和对错误范围的容忍与控制。这些分权的措施与理念必须在利用低成本的信息技术对组织中所有成员进行培训的过程中予以贯彻。

2. 行政分权是行政权力发展的必然趋势

一般而言，行政权力的合理分配和利用，在很大程度上影响着一个国家的政治构造和经济发展。在理论上，行政权力的集中有着一定的优势：行政权力集中有利于更高层次行政改革目标的实现，促进社会变革和经济变革；有可能使得行政系统发挥整体性优势，保证行政命令的顺利执行；能够做到规范统一，避免行政活动中不必要的交易成本，合理配置各种稀缺资源，消除行政活动所带来的经济外部性并使之内在化。以上行政权力的理论优势必须在一定的现实条件下才能够完全实现：中央政府必须具备足够的权威，拥有完整、精确、充分的信息，决策没有太多的失误，如此才能让集中的行政权力实现理论上的各种优势。然而，在信息化社会中，行政权力所面对的行政环境已经发生了巨大的变化，简单的权力集中并不能应对当前社会形势，因而，传统行政国家中的权力集中现象开始出现各种形式的分化，行政分权已经成为了一种现实的需求和必要的措施。

(1) 行政分权的必要性

行政环境的变化。从现实环境来看，信息化社会中的行政环境与工业时代的行政环境大不相同：在信息化社会中，行政环境中传递的信息数量和传递速度已经远远超过了人们的普通想象。大量信息的涌入，使得传统层级结构的行政组织应接不暇，无法作出理性的、甚至是有限理性的决策，因而行政活动明显滞后于现实环境的变化，行政权力的运行也就失去了应有的效应。由于行政环境的剧烈变化，行政权力的集中不再具有高效的特征，所以将集中的权力向下进行分授就成为了必然。行政分权带来的最大的好处在于能够让行政组织具有较高的灵活性和应变能力，各个层级组织的权责一致、各司其职。此外，决策权向下的分化，有利于政策执行者能够将执行活动中所遇到的各种问题尽快地反映到决策层，使得决策的目标设定和实施措施更加符合社会的现实需要。最后，行政分权有利于在处理中央与地方之间的关系时，避免因权力过分集中使得中央政府束缚了地方政府的积极性，为地方政府的行政活动提供有益的动力机制，从而促进地方政府的创新。

民主行政的挑战。在公共行政中追求民主是当前各国公共行政所努力追求的一个目标。作为一种可以接受的行政模式，民主行政并非是公共行政一开始就追求的理想模式。威尔逊就曾指出："行政应存在于恰当的政治范围之外，行政问题并不是政治问题，尽管政治确立和决定行政工作，但政治不应当操纵行政。"① 古德诺将威尔逊的观点进一步演化为政治是"国家意志的表达"，行政则是"国家意志的执行"。这种政治与行政二分的观点，使政府公共行政被定义成具体事务的执行，不涉及执行事务背后的价值探讨，而民主则被当作是意志的表达放在了政治的领域。可见，在人们关注政府行政并使之科学化的过程中，民主价值理念并不在公共行政所追求的目标之列。随着官僚制的弊端逐渐显现，民主行政才开始为人们所重视。沃尔多于1968年召集几十位公共行政领域的学者和官员，在《迈向新公共行政：明诺布鲁克观点》的论文中提出了新公共行政观点，即打破传统公共行政的效率观，建立以民主、公正为价值取向的新公共行政。沃尔多提出了建构"顾客至上的官僚"、"参与式官僚"、"代表式官僚"等观点。强调参与是新公共行政的主要观点之一，"新公共行政提供在公共事务中广泛程度的公民与公务员参与，它寻求增加在组织事务和公共政策形成过程中所有公共部门员工的参与。它鼓励公民以个体或集体的形式广泛地参与公共行政，从而使公共行政更响应公众呼声和以顾客为中心"②。可见，民主行政模式中非常强调行政中的参与活动，而不论何种类型的参与形式都会对传统行政组织中的官僚所拥有的权力

① Woodrow Wilson. "The Study of Administration". Political Science Quarterly, Vol. 2: 210.

② 魏娜．公民参与下的民主行政．国家行政学院学报，2002年第3期：19-22.

形成冲击，进一步促进集中的行政权力向行政分权的方向发展。

(2) 行政分权的主要形式①

考察20世纪80年代以来西方分权改革的实践可以看到，行政分权的主要形式有：

第一，就横向分权而言，行政组织中的权力体系逐步由单纯的直线型权力关系向直线权力关系和参谋权力关系并存的状态转变。这表明随着行政管理事务的日益复杂化与专业化，行政咨询部门在行政系统中的地位正在逐渐提高。

第二，就纵向分权来说，上级授予下级的权力在增加：中央政府向地方政府分权；地方政府向基层政府分权。当前，西方各国的各级地方政府的权力都在增加，地方政府在较大程度上能够独立自主地决定其辖区内的公共事务管理。

第三，政府向社会组织分权。政府作为各类社会组织的管理者，作为各项社会事业发展的调控中心，对社会事务的管理方式决定了它与其他社会组织的权力作用关系和作用方式。随着政府对社会的管理主要转向宏观管理，行政组织势必要将大量具体社会事务管理工作委托、转交给相应的社会组织来完成。近些年兴起的各种非政府组织就是政府委托、转交公共事务管理权的一个重要对象，它们在一定程度上缓解了政府在管理公共事务中的负担，并能够提高公共服务的质量。

第四，政府向公民分权。卢梭等法国思想家都指出，政府的一切权力都来源于人民，换句话说，政府管理社会公共事务的各种权力都来源于公民的让渡。这种权力让渡在官僚制中被固定在行政组织当中而无法返还，政府因此获得了集中的行政权力。然而，当前民主行政模式表明，正确认识行政权力的本质来源是政府在行政活动中得到公民支持的基础，政府向公民分权正是将权力还给了权力本身的主体——公民。公民在获得了政府的分权之后，才能够利用这些权力有效地参与公共行政活动，反映他们的现实需要。显然，

① 参见顾丽梅．信息社会的政府治理．天津：天津人民出版社，2003：149-150.

民主行政模式中政府向公民的分权一方面充实了公民应有的各项权利，另一方面也使得公共行政的目标更接近于公共利益。

上述西方国家行政分权的主要形式表明，行政分权是当今世界各国行政改革的主流趋势。不同的分权形式背后有着相同的理念：回归权力的本质，同时政府作为行政分权的实施主体，在分权的同时保留在必要的时候回收权力的责任。这正是网络行政权力的现实表征。

（3）行政分权并非行政权力分散化

行政分权在行政改革中占有重要的地位，它可以有效消解科层制中的种种弊端，调动地方积极性，促进公民参与。但是行政分权的这些优势也很容易形成一种错误的认识：既然分权，干脆一分到底，即行政权力分散化。历史事实表明，任何一个国家中行政权力的过分集中和过分分散都不可能有好的结果。就行政集权而言，会导致公共行政体系僵化，缺乏必要的活力；就行政权力分散化来说，这样的认识的前提是错误的：行政权力分散化强调的是权力的分散，即行政权力是一个权力的集合体，因此行政权力是可分的，这就忽视了行政权力本身的完整性。前文已经指出，在一个完整的行政权力形成之前，是不可能有行政分权的，这就说明认识行政权力首先必须承认它是一个完整的权力，不完整的权力本身就不具备分化的可能。由此可见，行政权力分散化是一种不切实际的实践指导，它只会使得一个国家的行政权力零散化，并使得中央政府具有丧失权威的可能性。因此，从严格的理论界定上来说，行政分权实际是指的行政授权，即政府将手中已有的权力向不同的、可能的行政主体进行授权，同时政府还应承担着明确的授权责任。基于这样的分析，我们清楚地认识到行政分权的应有作用：适当的分权是必要的，能够让行政系统应付当前快速变化的行政环境；但是行政分权绝对不是过度分权，过度的分权只会给公共行政带来混乱。有学者就指出行政分权存在潜在的弊端："分权和增加管理的灵活性有利于提高效率，但也导致本位主义、分散主义、保护主义以及公共开支和行政成本的提高；半自治的执行机构成为管理、服务水平的促进因素，但未达到减少检验、控制与协调的初衷，而出现了一系列的失调和失控。”①

由此可见，行政分权是当前公共行政改革中的必然趋势，它所追求的是一种适度的分权。行政分权并不是否认行政权力的完整性，而是要在行政分权与行政集权之间寻找一个切实的平衡点，以此促进公共行政改革的实现。

3. 基于网络的行政权力重构

在探讨了行政网络时代的信息技术对行政权力的影响，以及行政权力自身发展的一般趋势之后，还剩下两个无法回避的问题，那就是社会网络对于行政权力有怎样的影响，并且这种影响和前述的内容交织在一起又会形成怎样的结果。

对于第一个问题，社会网络对行政权力的影响实际表现为两个相反的趋向，即社会网络的形成与发展使得行政分权成为可能，同时也增加了行政集权的内涵。首先从社会网络的结构来看，社会网络是指的这样一种状态：社会组织形态的普遍网络化。网络化的组织形态与层级制的组织形态相比，最突出的莫过于组织的层级减少，组织结构趋向扁平化。在这种情况下，原来处于层级结构中的底层组织由于中间层级的减少，有可能与层级结构中的顶端组织形成接触。组织结构的扁平化促成了原来很难形成接触的上层组织与下层组织之间的交流，为上层组织向下层组织的分权提供了可能。其次，在社会网络中，由于组织之间的联系依赖的是彼此之间的信任，形成合作也来自于组织自身的社会资本，因此组织之间的合作在一定程度上带有随意性和不稳定性。进一步说，社会网络所形成的动态管理本身就有一定的混沌特点，但是对于公共行政而言，追求管理的有序、维护公共利益是其不可推卸的责任，这就要求政府在运用行政权力的过程中有意识地保持社会网络的有序性。具体而言，一是对社会网络进行有效的监督，避免组织间合作的随意性对公共利益所造成的损失；二是对社会网络中不稳定的组织间关系进

① 国家行政学院高级合作交流部编译．西方国家行政改革述评．北京：国家行政学院出版社，1998：10-11.

行控制，在强调组织的灵活性的同时，更强调组织的稳定性；三是在社会网络的灵活合作中，组织之间的利益关系可能会产生各种冲突而造成组织在合作上的僵持，这时候需要政府出面进行协调，换言之，政府在社会网络中的协调权力将得到极大的增强。要实现上述具体功能，只有在行政权力得到集中的情况下才能达到。相反，如果行政权力是分散的，那么社会网络中零散的、缺乏规制的活动就会造成社会公共事务管理的混乱，公共利益也就得不到有效的保证。

对于第二个问题，信息化社会中技术网络和社会网络，以及行政权力自身的发展趋势交织在一起将形成一种复合结果，其合法性最终取决于人们的认同，这决定了网络中行政权力的重构。从权力的本质上说，权力实际是一种影响力：一个人要对他人产生影响，就必须得到他人对其能力的认同，否则就无法产生影响。同理，对组织而言也是如此。然而，权力合法性的原始含义是，在民族国家中，由于法律的至高无上的地位，权力运行是否合法取决于法律条款的认可，这样陈旧的认识在信息化社会中已经不合时宜。在信息化社会中，权力合法性最终回归权力的原始来源，即人们的认同。认同与认可不同，认同是指人的心理认识，是人们意义与经验的来源。卡洪就说："每个人都有名字，所有的语言和文化都在其中有某种区别自己与别人、我们与他们的方式……对自我的知识——总是被'建构'的，虽然有时看来很像是被'发现'的——永远无法与他人独特的、用来了解我们的说法分开。"认同在人们的心理认识中占有优先位置，对特定的个人或群体而言，可能有多重的认同。然而这种多元性对于个人的自我表现和整体社会行动而言，都可能是压力和矛盾的来源。虽然认同可以由支配的制度产生，但是只有在社会行动者将其内化，且将他们的意义环绕着这个内化过程建构时，它才成为认同，因为认同涉及了自我建构及个别化的过程。① 从认同的含义上可以看到，当一个国家并不能得到强而有力

① 参见［美］曼纽尔·卡斯特．认同的力量．北京：社会科学文献出版社，2003：2-3.

的认同、或是无法为社会中各种利益联盟提供空间，使它们能在建构认同时强化自身的力量，那么一种被特殊认同（种族、领域或区域）所定义的社会/政治的势力将会取代国家，并使得认同具有排斥性的特色。① 同样，网络行政权力也是如此，作为政府管理公共事务的权力来源，如果不能促使人们形成对网络行政权力的认同，其合法性就会失去根基。换句话来说，行政分权也好，行政集权也好，如果变化的结果最终没有得到人们的认同，那么行政权力的发展就存在一定的问题，并将形成行政权力结构的再次变化。上述内容与民主行政模式所追求的目标是并行不悖的：民主行政模式下就是要求在政府的领导下所开展的公民对公共事务管理的广泛参与，因而带有明显的分权与集权并存的特征。

由此可以得出网络行政权力的理论界定：网络行政权力是指在网络（技术网络和社会网络）的影响下，由公民认同产生其合法性并呈现集权与分权并举的趋势的，为政府应用于对社会公共事务进行管理的一种能力。

二、网络行政权力的特征与实现

哲学家 E. 拉茨格曾指出："在 20 世纪末和 21 世纪初，规定世界上权力与财富性质的游戏规则已经改变。权力不再以诸如某个办公室或某个组织的权威之类传统标准为基础，财富的含义正在从诸如黄金、货币和土地之类有形的东西转移开去。一个比黄金、货币和土地更灵活的无形的财富和权力基础正在形成。这个新基础以思想、技术和通信占优势为标志，一句话，以'信息'为标志。"② 拉茨格这番话为我们指明了信息化社会中行政环境发生变化的根本因素，也是我们探讨网络行政权力特征与内容的基本出发点。

---

① ［美］曼纽尔·卡斯特．认同的力量．北京：社会科学文献出版社，2003：317.

② ［美］E. 拉茨格．决定命运的选择．上海：三联书店，1997：6.

1. 网络行政权力的特征

（1）权力知识化

信息化社会的根本影响在于信息对于社会的影响，信息不仅是承载着行政组织之间的联系，更是行政组织中权力形成的基本来源。在农业社会和工业社会里，由于皮鞭、刀棒、导弹等常常可以改变人们的意志和行为，因而拥有武器的人或组织就会拥有强制性的权力。强制性的权力不仅难以维持，而且容易招致反抗。黄金、白银、货币等也可以影响人们的行为和意志，但是以这些经济因素为基础形成的权力是通过收买来完成的，代价较高，而且缺乏持续拥有的效力。以信息、观念、逻辑等为基础的知识权力则不同，它是一种非强制的权力，或者与前面的“硬权力”相对而言，知识权力是一种“软权力”，它依靠引导、吸引和劝服而不是收买和胁迫改变人们的行为和意志。中国“学而优则仕”的古训就深刻地说明了知识与权力之间有着密切关系。不过，应当说长期以来，在暴力、金钱和知识三合一的权力来源结构中，知识是较弱的一个方面。然而，信息社会的到来，根本地改变了这种状况。知识和信息逐渐成为最重要的权力源，而武力和财富则越来越依赖于知识和信息。今天的军事力量完全是“物化了的思想”。因而，“在现代世界上，对信息的处理和控制是实行征服的最重要的武器之一”。而“书中自有黄金屋”这句俗语，在今天也表现得最为充分，比尔·盖茨利用自己的头脑几乎在一夜之间成为世界首富，富可敌国的比尔·盖茨由此获得了巨大的经济乃至政治权力。这说明，知识和信息作为权力来源的作用已经充分凸现。可以说，“知识的控制是未来世界上每一个人类机构争夺权力的斗争之关键所在”①。对于行政权力而言，传统行政权力所具有的强制性特征仍然存在，只不过所依赖的基础正在软化，网络行政权力正以一种全新的面貌展现在人们面前。例如在全球性危急事务的处理中，各个国家之间的相互合作不是依赖各自所拥有的武器的数量或财富所进行的胁迫，而是

① ［美］托夫勒．权力的变移．成都：四川人民出版社，1991：19.

充分利用各自所拥有的信息共同应对人类面临的危险和困难。又比如，政府要对技术网络上的各种不良信息进行控制，一方面是制定相关的法律预防不良信息的传播，以法律的形式防止技术网络中人们的越轨行为；另一方面则是通过相应的技术，对不良信息进行过滤，利用对信息的筛选以实现正面信息的共享。

由此可见，权力知识化不仅改变了权力的形式，也改变了权力的运用方式。具体而言，首先是知识权力能够控制信息的生产和流动。在信息化时代，信息是知识的支柱，也是权力的衍生器。生产和传播什么样的信息，决定了人们的所见所闻，并制约人们的所思所想。其次，知识权力可以推销自己的价值观念。价值观念是一套判断善恶、是非、美丑的标准，也是文化的产物。在价值观念上征服对方，是真正的“不战而屈人之兵”。文化，将日益变成权力的载体。利用知识产品——那些凝结了价值观念的书刊、影视、游戏等，是推销价值观念的重要手段。再次，知识权力是争夺“博弈”规则的支配权。规则是在信息和价值的基础上得出的公认的道理。对信息的取得和支配占得上风的一方，毫无疑问地就在制定规则时处于有利位置，因为蒙在鼓里是不可能取得主动的；在平等享有信息的条件下，以“主流”价值观念出现的一方又处于有利位置，因为他可以运用自己的概念和逻辑去主导甚至直接制定规则。① 但是，值得注意的是，权力的知识化无论在一个国家内部还是在世界范围内都会产生这样的悖论：平等和民主的国内和国际社会需要知识化的权力游戏，而权力的知识化最终却很有可能在现实中拉大原有的或造成新的强弱差距。例如，西方发达国家由于在信息技术上的领先，因而在权力知识化过程中取得了先机，在拉大与发展中国家之间技术上差距的同时，又加强了它们在传统领域中的优势，比如军事力量。

（2）权力分散化

权力分散化在很多学者的论述中都曾涉及，大多是将信息化时

---

① 参见范士明．权力知识化和信息时代的国际关系．战略与管理，1999年第6期：112-115.

代行政权力分散化与信息技术联系在一起，认为由于信息技术减少的行政组织的中间层级而引发了行政权力的分散。① 这是一种不完全的认识，事实上，信息化时代中行政权力的分散化特征是由于行政组织结构的变化和技术透明化所致。

前文已经分析了行政组织在信息化时代将呈现出一种网络形态趋势，一方面是由于信息技术的应用，可以将原来中间层级的职能向下或者交由自动化设备来完成从而导致了中间层级日趋消失；另一方面，社会网络的发展使得行政组织不再孤立于一般社会组织之外，而是在组织内部的管理和组织外部联系形成广泛的网络，通过协作来实现行政组织职能。这两方面的原因使得行政组织结构扁平化、行政层级减少，为权力分散化奠定了组织的基础。换句话说，如果没有组织基础的保证，行政权力的分散化也是不能实现的。关于行政权力分散化的理论预测先于实践的发展，许多公共行政学家的著作中都曾提及，例如奥斯本在《改革政府——企业精神如何改革着公营部门》中就认为分权的机构较之于集权的机构有许多优越性：①它们比集权的机构更有灵活性，它们对于情况和顾客需求的变化能迅速作出反应。②它们比集权的机构更有效率。在第一线工作的人接触的问题和机遇最多，他们随时都知道问题的所在。如果得到管理者的支持，他们常常能构思出最好的解决问题的办法。这就给参与性管理的机构以极大的优势。③它们比集权的机构更具有创新精神。好的思想观点常常来源于实际工作、同顾客打交道的雇员。④它们产生更高的士气，更强的责任，更高的生产率。② 奥斯本甚至提出了"合作式组织"，即围绕着某一个具体的项目，通过不同职能的组织形成合作式攻关小组来完成任务。应当说，奥斯本在推广企业家政府模式的时候非常清楚行政组织权力的发展趋势，即分散化，而且分权并不等于放权，但是他所提到的合

① 参见曾祥正．信息网络社会权力分配趋向．新视野，2002 年第 1 期：62-66.

② 参见［美］戴维·奥斯本，等．改革政府——企业精神如何改革着公营部门．上海：上海译文出版社，1996：235-236.

作式组织仅仅只是体现行政权力分散化的行政组织形式的一种，并不具备普遍的适用性，因此在实践中所产生的影响也是有限的。可见，网络行政权力分散化是与行政组织形态网络化联系在一起的：扁平式的、网络化的行政组织结构强调信息共享，重视横向的沟通与协作，重视自我管理和民主管理，以及人力资源的合理开发，以上种种都必然导致行政权力的分散。

造成网络行政权力分散的另外一个原因是技术透明化。值得注意的是，此处技术透明化中的技术是指适用于公共管理的一切技术，即公共行政人员行使行政权力实施社会管理过程中的各种技术，其中包括先进的信息技术。由于行政网络所指代的信息技术在公共行政中的广泛渗透，行政系统的公开与透明变成了现实，传统公共行政中官僚利用手中所掌握的技术与技能实施的暗箱操作的情况已经失去了现实的基础，技术网络使得专业知识在全社会范围内的共享成为可能，某些领域专家对知识、技术的垄断被打破，他们所拥有的技术权力也将逐渐失落。例如在公共医疗领域，传统的医患关系是一种典型的权力不对等关系：医生牢牢控制着医学知识不放，具有绝对的权威，病人则只能听之任之。甚至在出现公共卫生危机时，政府和病人也只能听从权威医学专家的建议，一旦医学权威固执己见将很有可能造成极大的人财物的损失。然而在知识共享的信息化时代中，“病人可以接触大量医学知识，只要有个人电脑和调解器，任何人都可以从家里查阅‘医学索引’之类的数据库，得到一切病症的医学论文，……查到关于某一疾病及其治疗的资料。”① 技术网络上的知识共享使得传统医患关系中信息不对称局面被打破了，医学权威所拥有的专业技术权力也不再像过去那么神秘而不可接触，医患关系将有可能变成一种对等关系。同理，如果我们把传统公共行政中的官僚看作是技术官僚的话，那么基于知识共享的技术网络将使得技术官僚手中的专业技术及其技术权力逐渐回归于普通大众，即行政权力向公民的分散。行政权力向公民的分散，有利于公民更清楚地认识政府的行政活动，向政府提出自己的

① ［美］托夫勒．权力的变移．成都：四川人民出版社，1991：6.

合理诉求并得到满足。

总之，行政组织网络化使得行政权力在组织内部形成下移或向外部组织转移，为行政组织寻求外部协作提供了组织保证；而技术透明化使得行政权力有可能向公民分散，这种权力分散是公民参与公共行政的根本前提。

(3) 权力集中化

在信息化时代，与行政权力分散化并存的是权力集中化，这实际强调了行政权力作为一个整体的本质特性。单就信息技术而言，其本身就带有集权和分权的双重潜质，“如果新技术有一种分散的效应，这同样可以增强中央的权力，而不是削弱它”①。这是因为，信息技术使收集大量数据，并进行精确分析成为可能，从而有利于行政组织上层的权力集中。除开信息技术的双重潜质，信息化时代网络行政权力的集中化还有另外两个突出的表现：基于协作的权力集中和基于控制的权力集中。

从宏观的角度看，基于协作的行政权力集中有两种形式：首先是公共行政全球化要求行政权力的集中。前文已经论述了，随着全球化时代的到来，全球性的公共事务逐渐成为各国公共行政关注的新焦点，各国公共行政在全球范围内的紧密协作已经成为理论家和实践家的共识。在这种新的历史条件下，各国公共行政必须将原有局限于本国范围之内的行政权力拿出一部分，与他国之间共享并形成合作关系。就一国行政权力本身而言，这种共享与合作是行政权力分散化的表现，但分散的背后也意味着行政权力集中的必要。换言之，公共行政全球化在一定程度上形成了全球范围内的管理共识，但是共识并不是让单一的民族国家放弃自身的实际国情，而向着他国靠拢，正所谓“求同”还得“存异”。全球化背后西方中心主义的威胁正是单一民族国家加强行政权力的集中的现实原因，拉尔夫·达伦多夫就曾指出：“用‘股票持有人还是利害共享人’的行话来表述，这（全球化）意味着直接参与分享企业利润的人享

---

① ［美］京特·弗里德里奇，亚当·沙夫．微电子学与社会．北京：科学普及出版社，1986：167.

有一切好处，间接与企业生存利害攸关的人承担一切损失。世界市场吞噬着寻求参与伙伴关系的人，又使那些拥有股份的人的利益不受损害。"① 从全球关注的环境保护政策来看，推行的环境保护措施以及各种环保标准都是西方发达工业国家制定的，例如保护原始森林、各种植被免受工业污染等，这难免与大多数发展中国家的现实国情有着较大的差距，因为不少发展中国家的国民经济的支柱正是本国自然资源的输出。如果寻求公共行政全球化效应，那就意味着这些发展中国家放弃自身的实际利益而使得本国的经济陷入困境，显然，大多数发展中国家不会放弃自身发展的机会而求助于西方发达国家的支援。因此，"全球化的副作用造成了许多问题，这些问题很难用正常的民主方法来解决。于是，为了维护法律与秩序，几乎不可避免地需要采取独裁主义的措施"②。

其次，基于协作的行政权力集中还有另外一种表现形式，即在一个国家之内的区域公共管理中的行政权力集中。区域公共管理是近年来一个热门话题，同时也是促进一个地区经济发展、社会进步的一个重要手段。在我国就有珠江三角洲、长江三角洲等比较典型的区域经济存在。从实际操作层面看，区域公共管理是基于不同地方政府进行的一种广泛的协作。如果承认各个地方政府都有着自身的利益，那么在区域管理中就不可避免地出现在协作过程中出现地方政府彼此竞争的情况，仅凭地方政府自身是无法解决这一问题的。马斯格雷夫就认为，分配与稳定政策无法由地方政府承担，因为对于分配政策而言，受政策不利影响的人会外迁，使得某地区成为贫民区，而富人纷纷搬出。对稳定政策而言，地方政府的稳定政策带来的收益往往会外溢到其他地方。③ 这也就是说，在地方政府彼此协作、竞争的过程中，中央政府必须充当强而有力的仲裁者，

① 拉尔夫·达伦多夫．论全球化．载［德］乌尔里希·贝克，等．全球化与政治．北京：中央编译出版社，2000：209.

② 拉尔夫·达伦多夫．论全球化．载［德］乌尔里希·贝克，等．全球化与政治．北京：中央编译出版社，2000：214.

③ 参见陈瑞莲．区域公共管理导论．北京：中国社会科学出版社，2006：61.

较之于传统行政权力而言，中央政府在区域管理中的协调能力不再是分散而是进一步集中，因为只有行政权力的集中才能有效解决不同地方政府之间的纠纷，避免人财物的等社会资源的浪费。

基于控制的行政权力集中则是一种微观层面的权力集中表现。对于权力分散而言，其背后的潜在效应是传统行政权力所形成的行政权威消失，不论是对中央政府还是地方政府来说，这都会是一种潜在的威胁。因为，政府实施公共行政的目的之一就是维护社会秩序的稳定，对社会当中各种越轨行政实施严格的规制。离开了权威的行政权力，稳定的社会秩序就难以达成。然而，信息化社会所引发的权力分散，以及技术透明化都给社会秩序的稳定带来了全新的挑战。举例来说，黑客技术原来是掌握在技术精英手中的垄断知识，在技术网络上的扩散使得黑客技术透明化，普通人不但可以轻易地接触到黑客技术，甚至可以利用傻瓜式的黑客软件对私人领域或者公共领域进行破坏，窃取他人的隐私、密码甚至财物，这将会对社会秩序的稳定形成极大的隐患。有学者就将技术网络可能对社会秩序造成的威胁称之为网络无政府主义，它有着两种不同的类型：一类是传统的无政府主义团体运用互联网作为新的组织和传播工具，另一类则是伴随互联网发展而出现的新式无政府主义。如果说前者是无政府主义的信息化，后者则是信息化的无政府主义。①无论是哪一种形式的网络无政府主义都会对现实社会造成较大的负面影响，并且都是由于权力分散化所造成的，而传统行政权力对于这种新的威胁又无法形成有效控制。因此，在新的历史条件下，有必要形成新的行政权力集中，对信息化社会中各种潜在的社会威胁进行有效的控制。

2. 网络行政权力实现的政府职能

从动态的意义上看，网络行政权力的实现与政府的行政职能密不可分，即政府通过行使一系列职能为网络行政权力的实现创造条件。为实现网络行政权力创造条件，政府需要行使以下几个方面的

① 陶文昭．网络无政府主义及其治理．探索，2005 年第 1 期：48-51.

职能：

（1）政府的投资职能

信息化社会最直接的表现是信息技术在社会中的广泛应用，而这些应用离不开坚实的信息基础设施投资。应当说，信息基础设施建设所需的投入相当大，特别是承载一个社会的信息技术应用的基础设施所必需的资金投入，是任何一个企业都不可能独立承担的。在这种情况下，政府就应该积极地投身其中，举全国之力，为信息化社会的主要要素领域投入更多的财政资源，例如国家信息的基础结构、教育与人力资源开发、新技术的开发和利用等。虽然在现代信息化建设中，各国政府普遍寻求的是与企业合作的形式共同完成对信息化基础设施的投资，但应当看到的是，不论是何种形式的合作，政府都将处于主导地位。换言之，在社会信息基础设施建设中，政府有着义不容辞的投资责任。这一点对于发展中国家有着重要的指导意义，发展中国家不但经济欠发达，而且在信息技术产业上也落后于发达国家，政府作为投资主体不光是简单的资金投入，更重要的是制定信息发展规划引导本国的信息产业走上良性的发展道路，形成本国国民经济中新的增长点，促进信息化社会中基础设施目标的达成。

（2）政府的知识管理职能

在知识和信息成为基本要素和重要资本的知识经济时代中，对知识和信息的生产、分配、使用等方面的有效管理成为各类组织获得竞争优势的手段。以有效利用知识为目的的知识管理也因为知识经济的到来而产生了巨大的发挥空间，更为重要的是，知识管理已成为各类组织迎接知识经济的力量源泉。知识管理的目的是使知识更好地在经济、社会生活中各个领域发挥作用和创造价值。因此，知识管理将作为组织和个人迎接知识经济的手段，渗透到社会的各个层面。对于政府而言同样如此，行政权力知识化的特征已经清楚地表明，任何政府行政权力的转变有赖于成功的知识管理。具体而言，政府必须在适当的时候把相关的信息与知识传送到适当的人员，使其能够有效地利用信息与知识，采取行动，产生效益；力图做到将最恰当的知识在最恰当的时间传递给最恰当的人，以便使他们能够做出最好的决策，为信息化时代行政权力的转变打下牢固的知识基础。

（3）政府的制度保障职能

这是政府传统职能在新的历史条件下的延伸。在信息化时代，新的社会公共事务的不断涌现，政府必须为社会提供制度、法律、政策，并进行相应的执行，维系社会的稳定，促进社会的发展。同时，信息化时代引发的行政权力集中和分散并存的发展趋势，也要求政府制定相应的制度规则，保证网络行政权力得到顺利执行。当前，可以预计的法律制度和政策包括：公民、法人和其他组织在信息获取、传递、使用中的权利和义务；知识产权法；信息安全法；电子犯罪与控制法案；保护个人隐私的法案；区域公共管理中税收政策、投资政府和产业政策的制定；行政分权相关法案等。

（4）政府的诚信表率职能

在社会生产力发生极大变革的时候，社会往往会处在一个转型时期，其深层次原因在于社会劳动分工的再结构。社会转型时期必然会有许多不安定的因素，社会诚信是一个值得关注的问题，尤其在信息化时代，诚信无疑是人们平等交流的一个决定性因素，组织间网络形态的出现也有赖于组织之间的彼此信任。换句话说，诚信是社会网络形成的必要基础。如果说私人领域中，组织之间的协作是基于经济利益的信任，那么在公共领域中，政府的诚信将直接影响到整个社会中广泛信任的形成。网络行政的实施，是政府展现诚信的一个重要手段，通过政务信息的公开和政务活动的透明，塑造政府形象，并起到表率象征的作用，以此促进社会诚信的增长。

（5）政府的整合与协调职能

政府的整合与协调职能是网络行政权力分散和集中并存的直接反映，一方面，权力分散有助于形成广泛的协作，并能够灵活地完成各种公共事务的管理，同时，不同组织之间的协作还蕴含着彼此之间的矛盾和冲突。为了化解矛盾、解决冲突，政府必须利用集中化的行政权力，行使协调职能，保证公共管理的有序进行。另一方面，在信息化时代中，行政权力分散形成了行政主体多元化的局面，但是不管行政主体有多少，不同主体的共同协作完成的都是一个目标：有效管理社会公共事务。也就是说，主体多元化并没有改变政府在公共管理中的主导地位。虽然政府、社会、私人的共同投资、共同治理将是信息化时代解决复杂公共问题的重要途径，但是政府作为主导者也必须在整合民间和社会，甚至国际力量时，将这些不同主体的活动纳入到国家建设和发展的共同网络之中，以此实现公共管理目标。

通过以上的探讨和分析，我们可以简单地勾画出网络行政权力的结构图：就一个国家而言，网络行政权力的结构就像一个拥有单一核心的网络，这个单一的核心决定了一国公共行政的发展方向，网络中的各个节点都是为单一核心服务的；就世界范围而言，网络行政权力的结构则是一张拥有多个核心的网络，不同的核心代表不同国家公共行政的诉求，各国公共行政在寻求协作的同时还会存在冲突，并且世界性网络行政权力结构中的节点可以打破国界的限制而进行广泛协作，不论是私人领域还是公共领域都是如此，但是每个节点仍然会受到本国行政权力核心的影响。

第五章

网络行政的核心功能

正如格兰登所言，公共行政是世界上最古老的职业①，其发展历程与人类社会的发展历程相当，其职能和范围与诞生之时相比已经发生了巨大的变化。在近一百年的发展过程中，公共行政作为一个纯粹的知识领域逐渐展现出多样性和多变性的特征，然而作为实践领域的技术及其实现的功能，各国公共行政的发展都不约而同地体现出了一些共性，正如有些学者所总结的，“任何组织化的社会均需要某种公共的权威以维护公共的秩序，需要公共的权威进行社会稀有价值的分配，需要公共机关提供某种公共的服务”②，这些正是公共行政存在并得到不断发展的根本原因。换言之，在公共行政近年来的发展中，理论上的百家争鸣为实践提供了各种不同的指导性意见，但是在实践层面，任何一个国家的公共行政都是围绕几

① 参见［美］戴维·H. 罗森布鲁姆，罗伯特·克拉夫丘克. 公共行政学：管理、政治和法律的途径. 北京：中国人民大学出版社，2002：1.

② 参见［美］戴维·H. 罗森布鲁姆，罗伯特·克拉夫丘克. 公共行政学：管理、政治和法律的途径. 北京：中国人民大学出版社，2002：2.

个核心功能展开的。这些核心功能的目的指向比较明确，虽然在理论解释上会有所不同，但是在实践中抛弃它们就会使得公共行政失去应有的治理含义，同时，公共行政的核心功能还会随着行政环境的变化而进行方法和技术上的调整。笔者认为，公共行政的核心功能应当包括：公共服务的供给、公共政策的制定和对社会公平的维护。不论是在传统公共行政时期，还是在现代的新公共管理中，上述三个方面的内容都是一国行政系统对社会公共事务实施管理的主要内容。本章将在信息化时代的前提条件下，对公共行政的核心功能展开探讨，揭示由于行政环境的转变对这些核心功能造成的影响，以及新的历史条件下维护这些核心功能所应采取的必要措施。

一、网络行政中的公共服务

网络行政显然不同于传统公共行政，传统公共行政在技术网络和社会网络的双重影响下，行政系统在提供公共服务的过程中必然寻求某种形式的转变。本节将从公共服务的理论综述出发，解释公共服务应有的含义和内容，具体探讨在信息化时代中公共服务的新内容与新形式，主要包括两个方面：一是受技术网络影响而产生的公共信息服务；二是在公民需求多样化和服务主体多元化的前提下所形成的网络化公共服务供给形式。

1. 公共服务的理论诠释

从理论界定上说，公共服务是政府的一项基本职能，有具体的内容和形式，并能够与政府的其他职能区分开来。具体而言，政府的服务与管理不同，政府的服务是能够满足公民的直接需求，而那些间接满足公民需求的政府行为则可称之为管理，这也是为什么近些年在我国的政府工作报告中经常提到“中国政府的职能应转变到经济调控、市场监管、社会管理和公共服务”。显然，公共服务是与其他三项政府职能并列的政府职能之一。应当指出的是，公共服务是在公共行政的发展过程中逐渐为人们所重视，在传统公共行政理论中，管理是第一要义，服务则往往被忽视。自 20 世纪 80 年代以来，西方发达国家掀起的“新公共管理运动”在重拾管理主义的同时，开始关注政府公共服务职能。例如在戴维·奥斯本的企业家政府理论中，就指出政府应该具备“顾客意识”，“民主政府是为它们的公民服务而存在的”①，但是传统的公共行政理论指导下的政府往往是“顾客盲”，政府的“顾客”——公民因被动地等待政府为其提供服务而不受重视。因此，奥斯本认为在政府的新一轮改革中，政府应当像企业一样具备“顾客意识”，为公民提供高质高效的公共服务。

然而，新公共管理理论自身的不足也招致了多方面的质疑，美国学者哈伯尔和格林就指出，企业家政府模式引用法国经济学家萨伊对企业家概念的定义并试图将这一定义简单推广为任何人、任何公务员或公共组织可以效仿的行为准则，这是对美国政府及其治理模式的极大偏离，这些偏离将会引起涉及诸如“三权分立”体制中的制度关系、法治、制度稳定与整合、分配效应以及富有活力的政治社群的维持等传统的基本政治问题。② 具体到公共服务这个领域，新公共管理理论中兴起的管理市场化取向并不能保证政府公共服务的有效供给。简单地说，顾客取向是较为典型的私营部门为获取更大商业利润而采取的普遍做法，企业会基于利润的考虑在自己的顾客群体中进行排序，按照获利的大小区别对待不同的顾客群体。如果将这样的顾客意识引入到公共部门，政府提供的公共服务就有可能在平等的公民中产生不平等的分配，从宏观层面损害了社会公平的实现。可见，新公共管理中公共服务模式并不是一种理想的公共服务供给模式，公共行政理论必须为日趋重要的公共服务寻找可靠的理论解释。

基于对包括企业家政府在内的新公共管理理论进行反思和批判，罗伯特·登哈特提出了一种替代性理论——新公共服务理论。

---

① ［美］戴维·奥斯本，等．改革政府——企业精神如何改革着公营部门．上海：上海译文出版社，1996：138.

② 转引自丁煌．西方行政学理论概要．北京：中国人民大学出版社，2005：370.

登哈特的新公共服务理论以公民权理论、社区与公民社会理论、组织人本主义与新公共行政理论、后现代主义理论为理论源泉，总结了七项能与新公共管理实践相区别的崭新理念：（1）服务于公民，而不是服务于顾客：公共利益是就共同利益进行对话的结果，而不是个人自身利益的聚集。因此，公务员不是要仅仅关注“顾客”的需求，而是要着重关注于公民并且在公民之间建立信任和合作关系。（2）追求公共利益：公共行政官员必须促进建立一种集体的、共同的公共利益概念。这个目标不是要找到由个人选择驱动的快速解决问题的方案。更确切地说，它是要创立共同的利益和共同的责任。（3）重视公民权胜过重视企业家精神：致力于为社会做出有益贡献的公务员和公民要比具有企业家精神的管理者能够更好地促进公共利益，因为后一种管理者的行为似乎表明公共资金就是他们自己的财产。（4）思考要具有战略性，行动要具有民主性：满足公共需要的政策和项目可以通过集体努力和合作过程得到最有效并且最负责地实施。（5）承认责任并不简单：公务员应该关注的不仅仅是市场；他们还应该关注法令和宪法、社区价值观、政治规范、职业标准以及公民利益。（6）服务，而不是掌舵：对于公务员来说，越来越重要的是要利用基于价值的共同领导来帮助公民明确表达和满足他们的共同利益需求，而不是试图控制或掌控社会新的发展方向。（7）重视人，而不只是重视生产率：如果公共组织及其所参与其中的网络基于对所有人的尊重而通过合作和共同领导来运作的话，那么，从长远来看，它们就更有可能取得成功。① 从上述内容可以看出，登哈特的新公共服务理论并不仅仅局限于公共服务领域，而是从公共服务领域入手探讨了一种可以替代新公共管理的公共行政模式。在新公共服务模式中，登哈特特别强调了管理过程中的价值取向，这种价值取向是建立在公民权益和公共利益基础之上的，公共服务正是这种价值取向最为明确的实现领域。登哈特的新公共服务理论批判了新公共管理中推崇管理主义的倾向，并

---

① 参见［美］罗伯特·登哈特，等．新公共服务——服务，而不是掌舵．北京：中国人民大学出版社，2004：40-41.

且为公共部门指明了公共服务职能的内容和范围。具体而言，在当前一个国家的公共服务体系中，公共服务可分为一般公共服务与具体公共服务。在普遍的公民主权的基础上，如果国家的性质与职能是为公民及其公共利益服务，政府是公共服务型政府，那么所有的国家公职人员和政府工作人员，不论其所从事工作的内容和形式如何，都是在提供公共服务，所有使用了国家公共权力和国家公共资源的社会过程都属于公共服务。这就是一般意义上的公共服务。具体的公共服务则是依其内容和形式而定的。具体公共服务分为直接公共服务和间接公共服务。间接公共服务是指为满足公民及其被监护人（如未成年子女）生存、发展、生活以及从事生产活动和社会活动的某种间接需求而不是直接需求、使用了国家权力和国有资源的社会活动过程，如经济调控、市场监管、社会管理。直接公共服务则是为满足公民生存、发展、生活以及从事生产活动和社会活动的某种直接需求的、有国家权力、政府行为和国有资源介入的社会生产过程，是市场经济条件下政府的主要职能之一。①

2. 公共信息服务

信息技术对行政系统的渗透，在行政系统内部表现为各种信息技术手段的使用，在行政系统外部则表现为政府向公民所提供的各种信息服务。因此，从公共行政实践的角度来看，各种信息技术和信息系统的应用最直接的产出就是公共信息服务。公共信息服务源于对公民知情权的保证，之所以成为一个热门研究领域并非是因为信息技术对行政系统的渗透，而是因为信息技术的应用为实现公民知情权提供了一个有利的契机。从理论上看，公共信息服务与全球民主的发展密不可分，在确保国家安全、法人利益和公民隐私不受侵犯的前提下，政府提供的信息服务、实行信息公开，是对公民知情权的基本尊重。最早提出知情权的肯特·库珀（美联社编辑）认为：公民应当享有更加广泛的知情权，不尊重公民的知情权，在一个国家乃至在世界上便无政治自由。进言之，知情权虽然是法学

① 参见赵黎青．什么是公共服务．学习时报，2004 年 11 月 22 日版．

对人权的基本概括，但在与公共信息服务联系在一起的时候，知情权往往是一个特定的政治学概念，它与政治民主、政治自由联系在一起。美国总统林登·约翰逊就认为，只有当人民能够在国家安全许可的范围内获得一切公务信息的时候，民主制度才能保持最佳的运作状态。① 由此可见，公共信息服务对于各国公共行政来说有着十分重要的现实意义。

(1) 公共信息服务是政府一项重要的服务职能

公共信息服务是公共服务的内容之一，需要由政府来提供。原因在于，公共信息是纯公共物品，纯公共物品的非排他性和非竞争性使公共信息的自愿供给出现“囚徒困境”问题，即公共信息的自愿供给不足处于纳什均衡状态。假定甲和乙两个人自愿来提供公共信息，他们在提供过程中有两种可选择的战略——提供与不提供。如果两者均选择提供，各获得的效用为5。若有一方选择不提供而另一方选择提供，提供者因对方不合作而损失的效用为-3，不提供者因无需花成本而获得8个单位的效用。如果双方均选择不提供，双方各获得的效用为0。双方博弈的收益矩阵如表1-1所示：

乙 / 甲	提供	不提供
提供	A (5, 5)	B (-3, 8)
不提供	C (8, -3)	D (0, 0)

表1-1：公共信息自愿供给博弈②

在该博弈中，战略组A、B、C均具有不稳定性。对于战略组B来说，甲有变更选择的动力，因为这时如果他也选择不提供，那么战

① 参见 http://cache.tianya.cn/publicforum/Content/news/1/19557.shtml. 朱庆华．美国信息公开制度的建立与发展动向，2004-2-16.

② 博弈矩阵参考了张维迎．信息、信任与法律．上海：生活·读书·新知三联书店，2003. 邓集文．纳什均衡对我国公共管理的启示．中国人民大学复印报刊资料，管理科学，2003年第8期.

略组合就会变成D，他就会减少3个单位的损失。同理，对于战略C来说，乙有动力选择不提供。对于A来说，任何一方均有动力去改变选择，因为若一方不变，改变的一方将增加3个单位的效用。而战略D是一个具有稳定性的战略组合。这时博弈双方处于纳什均衡状态，即两方中只有一方改动而另一方仍保持不变，则改动的一方不能获得比原有状态更大的效益。如果乙的战略不变，甲的选择发生变更，那么战略组合就是B，甲的损失就增加-3。反之，如果甲的选择不变，乙变更战略，那么乙的损失就会增加-3。甲和乙理性决策时都以自身的最大利益为目标（甲想要C，乙想要B），其选择的最终结果就是D。

该模型假定公共信息的提供者只有两个，不过这并不影响结论的可靠性，因为这一假定对模型分析的结论不仅没有负面影响，反而有积极影响。原因是在多个人之间由于共谋合作的交易费用更高，投机的机会会更大，理性合作的可能性只会更小，更可能陷入囚徒的困境。如曼瑟尔·奥尔森所述，在大型的社会或团体中依赖自愿遵从行为，会导致搭便车现象，导致公共物品的供给不足或无供给现象。① 既然公共信息物品自愿供给会出现“囚徒困境”问题，这就需要政府机构来提供公共信息物品，以避免该问题的发生。

总之，政府需要承担提供公共信息物品或服务的职责。在当今信息化时代，资源有效配置的一个前提条件是信息的充分性，无论是提高国内市场对资源的配置效率，还是应对激烈的国际竞争，都要求政府能及时提供可以使本国国民在竞争和贸易摩擦中处于有利地位的公共信息。因此，公共信息服务是当前政府职能转变中要重点加强的一个领域。基于信息资源已成为经济全球化时代决定社会经济发展的重要战略资源，为提高国内市场资源配置效率、增强企业国际竞争力，各国政府都把公共信息服务作为一项主要的服务职能。

---

① ［美］曼瑟尔·奥尔森．集体行动的逻辑．上海：上海三联书店，1995：12-13.

（2）公共信息服务的主要功能

首先，政府公共信息服务有利于增强政府合法性。政府合法性是人们对政府权威的认可（或曰承认、认同）与服从。按弗兰克·帕金转述韦伯的观点来讲，合法性是下层的赠品。① 人们对政府权威的认可与服从来自于人们的信任。诚如戴维·伊斯顿所指出的，“最稳定的支持还是来源于成员相信，对他来说，承认并服从当局、尊奉典则的要求是正确的和适当的”，“不管成员对当局行动是否明智有何感想，服从都将从对政治秩序适当性的某些起码信任中产生”。② 也就是说，社会成员的信任是合法性的源泉。③ 而信任与信息有着密切关系。在这方面，彼得·什托姆普卡的论述颇为精辟：“信任的理由有一种知识论的性质：它们归结为信任者获得的关于被信任者的一定的知识和信息”，“正确地给予信任的可能性随着关于被信任者的信息的数量和种类的增加而提高。”④ 尼克拉斯·卢曼的表述也富有见地：“一般说来，信任者在他关于世界的主观图像中寻找关于信任是否得到证明的某些客观线索。若没有任何以往的信息，信任几乎是不可能的；恰恰因为它对信息进行透支，它依赖于信任者已经熟悉某些基本特点，已是见多识广的，即使这些信息还不完全，不可靠。”⑤ 依此而言，政府向公众提供权威的和可靠的信息有利于增强公众对政府的信任，而人们对政府的信任带来人们对政府的认同，即政府合法性。所以，政府公共信息服务有利于增强政府合法性。

① ［英］弗兰克·帕金，马克斯·韦伯．四川：四川人民出版社，1987：113.

② ［美］戴维·伊斯顿．政治生活的系统分析．北京：华夏出版社，1999：335-337.

③ ［美］戴维·伊斯顿．政治生活的系统分析．北京：华夏出版社，1999：346-347.

④ ［波兰］彼得·什托姆普卡．信任——一种社会学理论．北京：中华书局，2005：94.

⑤ ［德］尼克拉斯·卢曼．信任——一个社会复杂性的简化机制．上海：上海人民出版社，2005：42-43.

其次，公共信息服务有利于提高政府透明度。在自然科学中，透明意味着物质的性状或状态可以让光线从中顺利传播，它被借用来描述一种自由诚实的信息交流状态。① 透明度则是实现完美信息和完全信息的制度安排，它表明了具备一定质量的信息被各个主体共享的程度。② 从现代政府治理的角度看，公民（选民）是委托人，政府是代理人，尽管政府是游戏规则的制定者，但它同样必须接受公民（委托人）的监督。如果政府向公众隐瞒信息企图为自己或某些利益集团牟利，游戏规则的公正和透明必然受到影响。这便有了政府透明度的问题。政府透明度的制度安排目标是政府公共信息的完全对称。信息的完全对称包括两个含义：完美信息和完全信息。完美信息（perfect information）是指一个参与人对其他参与人（包括虚拟参与人“自然”）的行动选择有准确了解的情况，即每一个信息集只包含一个值；完全信息（complete information）是指自然不首先行动或自然的初始行动被所有参与人准确观察到的情况，即没有事前的不确定性。③ 可见，政府透明度就是政府在规定的时间按照规定的频率将政府过程中的政务信息和它管理的公共信息在政府部门内部或者向社会公众公开的程度。简言之，政府透明度就是政府公共信息公开或披露的程度。如前所述，政府公共信息服务是指政府为满足公众对公共信息的需求，通过多种途径和方法，收集、加工、传输或公开公共信息的职责、行为及其过程。很明显，政府公共信息服务，特别是其中的政府公共信息公开服务与政府透明度之间有着直接的关联。政府公开或披露的公共信息越多，政府透明度就越高。反之，政府公开或披露的公共信息越少，政府透明度就越低。并且，只有政府不断地公开公共信息，政府透明度才会提高。就此来说，政府公共信息服务有助于提高政府透

---

① ［韩］Heungsik Park. 韩国的行政公开改革研究．参见刘恒，等．政府信息公开制度．北京：中国社会科学出版社，2004：222.

② 参见刘谊，刘星．我国政府信息透明度的现实思考．中国软科学，2004 年第 9 期：24-31.

③ 张维迎．博弈论与信息经济学．上海：上海人民出版社，1996：49.

明度。

再次，政府公共信息服务有利于提高政府效率。政府公共信息公开服务通过明确公开政府拥有的权力以及规范政府管理人员正当使用权力，能使社会公众对权力予以信任乃至认同。社会公众对政府的信任在提高政府效率方面具有积极功能，罗伯特·D. 帕特南曾指出，对于政治稳定、政府效率甚或是经济进步，社会资本，如信任、规范和网络，或许甚至比物质和人力资本更为重要。① 社会公众对权力的认同有利于政府权力的贯彻和落实，即有利于增强政府权力的合法性。而合法性的增强能节省政府成本（政府的投入）。“如果大多数公民都确信权威的合法性，法律就能比较容易地和有效地实施，而且为实施法律所需的人力和物力耗费也将减少。”② 政府成本的减少对政府效率的提高有着直接的作用。政府公共信息服务有利于提高政府效率，还表现在政府公共信息公开可使政策得到有效执行。依据系统论的观点，整个政府管理过程是由一个个的政府行为构成的。政府管理的效率来自于每个政府行为的有效性和各个政府行为之间的协调运作而达到的整个系统的高效运转。政府管理系统具有整体性。政府行为不是孤立的，它是高级系统中的次级系统。一个政府行为与其他政府行为之间是相互联系的。政府公共信息不公开，影响政策制定的因素相对少一些，因为减少了冲突。但是，从整个政府过程看，由于政府公共信息不公开，政府决策过程缺乏利益充分表达的冲突协调过程。这势必增加政策执行的难度，进而给政府效率造成不利影响。相反，如果能把政府决策过程公开，让公民积极参与，就能制定出更科学、更符合公民需要的政策。“获取政府统计信息支持公共政策的确切表达。”③ 由于政策的制定权衡了方方面面的利益，因而政策更容易

① ［美］罗伯特·D. 帕特南. 使民主运转起来——现代意大利的公民传统. 南昌：江西人民出版社，2001：199-215.

② ［美］加布里埃尔·A. 阿尔蒙德，等. 比较政治学：体系、过程与政策. 上海：上海译文出版社，1987：36.

③ G. David Garson. *Public Information Technology: Policy and Management Issues*. Idea Group Publishing, Hershey, London, 2003: 96.

被接受并得到有效执行。所以，从政府决策的全过程看，政府公共信息服务有利于提高政府效率。

最后，公共信息服务有利于防止腐败。在公共权力的委托—代理关系中，公众的目标函数是追求公共利益的最大化，要求政府官员充当“公仆”角色。但政府官员也是独立的经济人，他们的目标函数是追求个人利益的最大化。这就决定了在作为公共决策人的政府决策时，公共利益和具体决策人的私人利益之间存在着矛盾。当政府决策的组织成本和收益与具体决策人的私人成本和私人收益存在差异和背离时，具体决策人会做出两种公众不期望的行动：一是失职或渎职；二是以权谋私，如侵吞公共财产和收受贿赂等，这便是腐败。作为委托人的公众要维护公共利益最大化的目标，就必须防止和纠正作为代理人的具体决策人对公共利益最大化目标的背离，这催生了各种各样的监督方式。“监督（surveillance）是信息方式中一个主要的权力形式。”① 监督的内容本身并不是物质或能量，而是信息；监督的执行也不是物质或能量的流动，而是信息的流动；监督是监督者通过获得监督对象的信息，并将反馈信息传输给被监督者，达到干预被监督者行为的目的。监督的实现取决于“获得并反馈信息”和“反馈的信息能干预被监督者的行为”两个环节。反馈的信息能否干预被监督者的行为主要取决于委托—代理契约的权利和义务的约定，而按照公共权力委托—代理的隐含契约，代理人必须按委托人反馈的信息纠正自己的代理行为。这样，公共权力委托人监督的效力就落脚于“获得并反馈信息”。② 然而，在公共权力的委托—代理运行中，广大民众之间私有权利的相互冲突与相互制约性，导致民众对公共权力执行掌握的信息不充分。③ 公众与政府官员之间的公共权力执行信息分布的不对称性加

① ［美］马克·波斯特．信息方式——后结构主义与社会语境．北京：商务印书馆，2000：118.

② 潘文良．公共权力的电子化监督．学术论坛，2005：48-50.

③ 郑利平．腐败的经济学分析．北京：中共中央党校出版社，2000：69.

大委托人监督的信息成本，影响监督的积极性，使公共权力委托—代理运作出现失灵。没有监督的积极性，监督的效力肯定会受到消极影响。政府公共信息服务则能使公众获得公共权力运行的足够信息，进而能加强对公共权力的监督，防治政治腐败。

3. 网络化公共服务

网络化公共服务与前面的公共信息服务不同，网络化公共服务是指公共服务供给的一种形式，这种形式由于与组织网络化形态相契合而被称之为网络化公共服务。从实践的情况来看，网络化公共服务可以看做是组织间在构成网络关系的基础上所提供的公共服务，并且政府应当承担起重要的职责。本节将从网络化公共服务的源头推导其历史发展必然性。

（1）公共服务民营化的不足

在一定意义上讲，网络化公共服务脱胎于一个过时的概念——公共服务民营化。民营化大师 E. S. 萨瓦斯认为："民营化不仅是一个管理工具，更是一个社会治理的基本战略。它根植于这样一些最基本的哲学或社会信念，即政府自身和政府在自由健康社会中相对于其他社会组织的适当角色。民营化是一种手段而不是目的；目的是更好的政府，更美好的社会。"① 在这样的理念指导下，各国公共行政改革中普遍实施了公共服务民营化的措施。以美国为例，民营化的主要方式有：一是委托授权，即以合同承包、特许经营、补贴、法律直接授权等方式将公共事业委托给民间力量经营；二是政府撤资，即以出售、无偿赠与等方式将政府财产转让给企业、公众、雇员或消费者；三是政府淡出，即政府逐步放松规制，从特定的公共管理领域退出而由民间力量补缺。值得关注的是，美国民营化的适用范围极其广阔，除了公用事业之外，包括监狱管理、戒毒戒酒、消防、铸币甚至军务在内的事项也不同程度地吸收私人部门参与。根据粗略计算，如今美国至少有 200 种服务是由承包商向政

① ［美］E. S. 萨瓦斯．民营化与公私部门的伙伴关系．北京：中国人民大学出版社，2002：350.

府提供的。① 受英美民营化成功经验的影响，自 20 世纪 80 年代中期以来，德国、法国等西方工业化国家，日本、韩国、我国台湾等东亚新兴工业化国家和地区，拉美的墨西哥、巴西、智利等发展中国家，甚至俄罗斯及东欧前社会主义国家都展开了大规模的民营化改革运动。环顾当今世界，民营化正以范围的扩大化、方式的多元化及运作的法制化而席卷全球。应当说在新公共管理运动中，民营化占有重要的位置，它在一定程度上体现了现代公共行政致力于放松规制、提高公共服务效率的理念，但是同新公共管理理论自身存有缺陷一样，公共服务民营化也有着无法回避的弊端，主要表现有：②

公共服务民营化的经济性缺失。所谓经济性缺失，指民营化造成国有资产的损失，它既可以直接指政府财政的损失，也可以表现为国有企业的亏损，最终，它是公众利益的损失，也远离公共事务管理的公共性出发点。民营化，正如新公共管理所主张的，以提高效率（经济效率与管理效率）为出发点和根本特色，但是由于民营化改革往往容易偏离最初的宗旨，其结果可能是政府在民营化中获得了财政危机的暂时解脱，企业也通过某些非正当手段取得了相当可观的利润，而最应该保值增值的国有资产却在民营化中悄悄流失。以民营化较为普遍的公私合营方式为例，一般情况下，政府会把一些公共服务项目如供水、污水处理、基础设施建设等拿来与非国有资金合作，双方各占一定比例。由于政府国有资金短缺，所以只能以固定资产折价来抵充合资比例，形成外资实际出资，国有固定资产“以产抵资”的合作形式。在这种常见的民营化方式中，由于改革者缺少必要的知识与技能，没有完善的监督制约机制，缺乏科学的评估方法等，使得国有资产要么因为管理者的腐败行为而直接流失，要么因为过低的估价而间接流失。这种情况在民营化初

① ［美］E. S. 萨瓦斯. 民营化与公私部门的伙伴关系. 北京：中国人民大学出版社，2002：75.

② 以下内容参见王乐夫，陈千全. 我国政府公共服务民营化存在问题分析——以公共性为研究视角. 学术研究，2004 年第 3 期：69-73.

期并不少见，特别是对于那些效益不好的国有企业更是如此。民营化带来的经济缺失还可能是由于政府在民营化改革中的不当或不科学作为引起。实际上，民营化是一个需要科学对待的改革过程，但在我们一些习惯于拍脑袋决策的政府管理者那里，决定往往可以凭经验做出，问题往往可以简单化处理，至于由此而来的责任，则多半是无人来承担。

公共服务民营化会引发社会不公平现象。公共服务具有非选择性，公共服务对公众是不可缺少、不可替代的，所以就要求公共服务供给做到公平与公正，体现公共性，公共服务必须具有普遍意义而不是为少数人享有。传统上，公共部门在公共服务供给中，生产者与消费者之间是间接关系，公众集体付费，政府集体供给，在排除特权与腐败的情况下一般不会存在差异。但在市场条件下，单一的供求关系可能被打破，一是生产者以盈利为目的，它会按照市场竞争法则去选择有利于其获利的服务项目，对于那些不能很好获利但又不能不提供的服务，则有可能消极供给；二是对消费者而言，它无须集体性统一地消费，因而可以选择不同服务或不同层次的服务，但对于那些生活困难者来说，却是没有选择权可言的。当一部分人被剥夺了某些选择权时，很难说是社会公正的表现。例如公共交通方面，公交是一般市民上班出行必不可少的交通工具，在这方面，住在市区的人和郊区的人不应该有所差别。国有公交不能因为住户少，地方偏，不挣钱而不开通郊区线路。但在公交系统民营化之后，私营公司出于效益考虑不会积极主动去开辟“冷线”，相反却争先恐后地去抢“热线”。特别是不能享受补贴的民营公司都从谋利出发，争夺财源，而置百姓生活需要于不顾。公共交通不是私人物品，而是一项社会公益性事业，必须从机制安排上保证公共利益得到维护，其次才是如何提高运行效率。

公共服务民营化引发的公共责任缺失。政府在进行民营化改革过程中，更多考虑的是解决财政与投资问题以及减少政府管理职能，减少人员编制等，而对于民营化后可能存在的公共责任空白可能估计不足。这都会引发公共部门的责任危机，最终损害公共利益。无论是承包还是特许经营，民营化之后政府都不应该把公共服务当成包袱甩掉，它仍然需要政府承担相应责任。即使国外民营化比较彻底的地方，政府也没因为服务外包而推卸责任，毕竟，公共服务可以民营化，但公共责任不能民营化。公共行政理论认为，政府是一种委托代理机构，它必须对其委托人即公众负责，确保公众利益得到维护是政府职能中的重要组成部分。与此同时，市场行为只有在满足利润的前提下才会对消费者负责，如果没有利润，或者市场行为不受市场竞争机制约束，如垄断，则即使是公众不可缺少的服务，市场也可能不会完善供给。这里的供给不完善是指服务质量难以保证，服务价格较高，甚至根本不供给，等等。休斯指出，"责任机制将政府的行政部分与政治部分结合在一起，并最终关系到公众本身。责任机制说到底是民主制度"。因为"公民与政府的关系可以看成是一种委托—代理关系，公民同意推举某人以其名义进行治理，但是必须满足公民的利益并为公民服务"。所以"政府与公民之间的关系形成了责任机制"。① 由于管理主义的责任机制来源本身就存在责任问题，所以就无法期望公共机构在确立一种新的责任制时不忽略或削弱另外的一些责任。

公共服务民营化可能引发新的社会稳定问题。公共服务在民营之后确实在效率上有所提高，但与此同时却带来新的问题，突出表现为大量裁员，引起社会不稳定，对此应该具体分析。传统的公共服务机构之所以效率不佳，有两个关键因素：一是这些机构承担了大量公共福利功能，二是承载了沉重的就业负担。而一旦实行民营化，私营机构就没有上述义务，除非它愿意承担。事实上，在利益驱使下，企业接手公共服务之后，裁员是最好的选择，也是最容易立刻见效的方式。这一负面现象不仅是理论上的分析，而且在民营化改革的实践中，已经有不少事实显露。必须承认的是，仅在人员使用和就业安置上，公共部门与私营部门在经营上并不具有公平竞争的基础，不能单纯地比较其效率高低，也不能简单地由此得出民营化的市场机制优于国有化的政府机制。那些只看到民营化后出现

① ［澳］欧文·E. 休斯．公共管理导论．北京：中国人民大学出版社，2001：264-268.

的短期效率提高，资金运转顺畅就主张大力推进改革，而较少关注由此而来的社会问题的片面态度，其实是不负责任的。要超前考虑和妥善处理好企业现有在岗人员及离退休人员的安置问题，防止因宣传发动不到位或处理不善而导致内部不稳定因素的出现。在公共服务民营化过程中，职工的稳定、企业的稳定，就是社会稳定的基础。对于民营化可能带来的企业裁员与工人失业问题，我国一些地方政府已经充分估计到，并有针对性地采取在合约中明令规定不得裁员等措施。但是，由于政府对企业的监督不力，或者企业运营本身有这样那样的问题，很难保证也不应该简单要求企业在较长时期内维持员工现状不变，所以裁员等问题难免存在，社会不稳定的因素就会一直潜在。

总之，上述公共服务民营化的弊端是各国公共行政实践中不争的事实，但是不能就此否定公共服务民营化的积极意义。对于现代行政国家来说，公共服务民营化的实践至少提供了一种有益的启迪，即公共服务并非必须由政府单方面承担，实践表明，现代的公共服务正以一种服务主体多元化的局面展现在人们面前。

（2）网络化公共服务的主要内容

从实质上讲，公共服务民营化反映了公共部门与私营部门之间的合作，只不过在新公共管理运动中，这种合作被看做是将私营部门的管理运作方式向公共部门的简单移植。公共服务民营化遵循的是这样的观点：政府从公共服务领域退出以实现瘦身，私营部门对公共服务领域介入以实现经济利润的追求，两者共同构成了公共服务的市场回归。与此完全相反的观点则是，政府要使得公共服务保质保量的提供，就必须遵循“最好的供给方式就是亲历而为”这样的格言，① 如此保守的观点只会让有效的公共服务提供途径被挡在政府层级结构之外。这两种相悖的观点在现实中都会遇到各种麻烦。事实上，现代公共服务的提供必须依赖于公共部门与私营部门

① Stephen Goldsmith, William D. Eggers. Governing by Network: The New Shape of the Public Sector, Washington, D. C., Brookings Institution Press, 2004: 3.

之间的合作，在微观层面可能表现为两个组织或者说不同组织之间的合作，在宏观层面则可能表现为“合作企业、策略联盟、企业团体、特许制度、研究团体、关系合约、委托外包协议”以及政府的结构间安排和部门间安排。① 形成上述趋势的原因有两方面：一是公众需求的多样化。公众需求是政府提供公共服务的动力源泉，在信息化时代中，公众需求不再满足于简单的生理需求，而是随着社会的发展与进步产生相应的变化。特别是在私营部门的运营过程中，出于对经济利润的追求开始推行的定制化服务越来越为公众所接受，这其中包含一个前提，即顾客能够获得商家所提供的产品的完整信息。定制化服务的普及满足了公众基于自身利益的独特需求，但同时也给公共服务的提供带来了挑战。传统公共服务的提供在遵循社会公平的指导下，对公众提供的是一种均等化的公共服务。然而在信息化时代中，随着公共信息服务的逐渐发展与成熟，公众对政府的了解也越来越深，公众有可能向政府提出定制化服务的要求，而这正是公众需求多样化的具体表现。显然，传统公共服务的提供模式无法满足公众多样化的需求。二是社会网络的逐渐成型为网络化公共服务提供了必要的组织基础。政府公共部门与私营部门之间的合作自古有之，最早在古希腊时期，城邦中就有收税外包，特许经营城邦矿产的先例。② 然而历史上没有任何一个时期，政府会像现在这样依赖于大量的、结构复杂的非政府部门的合作者，这些合作者包括私人承包商，州和地方政府的授权者和电子合作者，他们使政府具备更高的灵活性和定制公共产品的能力，这些可以确保政府更好地满足公民的需求。面对这种状况，政府所缺少的是一种如何将这些合作整合在一起的现实基础。社会网络的出现为政府提供了一个有利的契机，它能够帮助政府在寻求广泛合作的同时，保证公众多样化的需求得到满足，同时还能减轻政府的财政

① ［美］简·芳汀．构建虚拟政府．北京：中国人民大学出版社，2004：76.

② S. E. Finer. The History of Government: Ancient Monarchies and Empires, Vol. 1. Oxford University Press, 1999: 351.

负担。原因在于以技术网络为支撑的社会网络，在信息流动的基础上展开广泛的合作，可以使得社会网络中的每一个节点都能发挥应有的作用，政府只需要在网络中进行必要的协调而不必承担整合合作者所需的财政成本。由此可见，在公共服务民营化逐渐被人们指责并走向衰退的情况下，网络化公共服务将成为政府提供公共服务的必然选择。

网络化公共服务的独特性质。借助技术网络的有效沟通，网络化的组织安排在世界范围内随处可见，不论是私营部门还是公共部门都是如此。例如，到2002年为止，美国最大的1000个公司之间的战略联盟，其收入占这些公司收入总和的35%；1980年，联盟的收入不到公司总收入的2%。有分析家指出，在1985年到1995年之间，战略联盟的数量正以每年25%的速度在递增。① 美国著名的兰德公司的分析家 John Arquilla 和 Dave Ronfeldt 更是指出，“美国在保护信息网络安全的时候，由于私营部门拥有85%到90%左右的基础设施，联邦政府必须成立相应的整合多部门的网络组织与私营部门之间进行合作，政府必须建立起与私营部门之间的网络关系，通过分享信息共同保卫美国信息网络的安全”。美国总统小布什在一次演讲中也支持兰德公司的言论，“美国赛博空间中安全战略的基石是而且必将是公共部门与私营部门之间的合作，……唯有公私之间的共同努力才能建立一个更加安全的赛博空间。”② 当网络化的公共服务正在成为共识的时候，有一个问题就不能回避：如果说公共服务民营化是政府改革过程中将公共服务推向市场的话，那么当前网络化公共服务又是遵循什么理念？换言之，网络化公共服务到底具有什么特殊的性质？显然，网络化公共服务的关键在于网络化，即组织的网络化形态。当人们把市场和政府所依赖的

① Peter Pekar Jr. and Robert Allio. Making Alliances Work—Guidelines for Success. Long Range Planning, 1994, Vol. 27, No. 4: 54-65.

② 参见 Stephen Goldsmith, William D. Eggers. Governing by Network: The New Shape of the Public Sector. Washington, D. C., Brookings Institution Press, 2004: 9-10.

等级结构看做是两种纯粹的组织形式时，网络化组织形式的存在就产生了一个难以定位的问题。Williamson 对企业组织形式的研究表明，如果把市场和等级结构连成一线，绝大多数的组织安排将聚集这根直线的两端，而不是直线的中间。① 网络化的组织形式正好填补了这条直线中间的空白地带，是提高创新、效率及适应能力的一种有益补充。Powell 则认为，网络应该被看做一种独特的组织形式，它在概念上和理论上等同于等级结构和市场，并且拥有自己的逻辑，网络所具有的比较优势是该组织形式与众不同的主要原因。② 由此可见，网络化公共服务的独特性质在于组织通过合作形成网络共同提供公共服务，这种服务介于市场和政府两种传统公共服务提供形式之间，具有极高的灵活性和应变能力。尽管网络化公共服务正在逐渐展现其优势，但是正如前文分析网络行政时对社会网络评价那样，社会网络中的核心在于组织的社会资本的积累与完善，社会资本不同于其他资本形式的特殊性质容易给社会网络带来极大的不稳定性，因此网络化公共服务还具备一定的风险，有学者就指出，网络失败的概率很高，网络“为参与者赢得竞争优势……当任何单个公司追求自己价值的商业目标时，它们发现要不就是困难太大，要不就是成本太高”③。所以，社会网络形成的速度很快，但是其失败的概率同样也很高。埃莉诺·奥斯特罗姆（Elinor Ostrom）通过公共池塘公私合作治理的实证分析进一步指出，成功的合作安排倾向于数目有限的行动者，这能够让社会资本在组织网络内部分享。合作网络的成功，要求行动者对长期性的网络关系予以高度重视，把资源和注意力转移到网络形成方面，并放

① Oliver E. Williamson. Comparative Economic Organization: The Analysis of Discrete Structural Alternatives. Administrative Science Quarterly, 1991, Vol. 36, No. 1: 269-296.

② Peter W. Powell. Neither Market nor Hierarchy: Network Forms of Organization. Research in Organizational Behavior, Greenwich, Conn.: JAI Press, 1990, Vol. 12: 116.

③ T. K. Das and Bing—Sheng Teng. Managing Risks in Strategic Alliances. Administrative Science Quarterly, 1999, Vol. 13, No. 4: 50-58.

弃短期的个人利益。一般而言，合作网络的边界与目标被清楚界定之后，就必须界定网络中的合作规则。运行良好的网络能够发展解决合作者之间冲突的机制，以处理那些不可避免的矛盾。① 总之，网络化公共服务供给具备传统公共服务供给方式所没有的优势，其特殊的组织结构性质既有引人注目的地方，也是其存在风险的原因所在。

网络化公共服务强调政府责任的重要性。网络化公共服务潜在的风险显示出，基于社会资本形成的网络组织如果没有任何规制的话，将极有可能走向失败。而公共服务的概念让人们意识到，公共服务并不同于私营部门提供的服务，它意味着服务应当具有公共利益和普适性的含义。在传统的公共服务供给途径中，政府几乎是唯一的提供主体，政府毫无疑问必须承担起相应的服务责任。公共服务民营化的实施，私营部门大量介入公共服务领域，使得政府有可能推脱公共服务供给中的责任。如果我们将网络化公共服务当作未来公共服务主要供给方式的话，那么政府就必须承担起网络组织中的相应责任，具体而言，政府必须承担网络组织中的协调责任，以防止网络化公共服务的失败。以下通过一正一反两个案例的简要分析，揭示网络化公共服务中政府责任的重要性。

案例一：2003 年哥伦比亚号航天飞机戏剧性的坠毁过程。当航天飞机穿过大气层返回美国西南部的时候，地面控制中心竭尽努力提升航天飞机，但是都无济于事。恐惧的观测中心人员眼看着航天飞机分裂成数千的碎片，同时全世界的电视观众也目睹了航天飞机悲惨的结局。调查者拼凑失事线索时发现，一部分泡沫绝缘体在航天飞机发射和关闭机翼的时候已经脱落。国家航天航空局的监视器发现了这一问题，但是工程师却认为这一问题不会造成严重的后果。他们错了。这一轻小的泡沫在机翼上凿出了一个洞，航天飞机在下降的过程中，热气涌入这个洞并造成航天飞机的分裂。国家航天航空局不仅要依靠下属承包商来解决航天飞机的技术问题，同时

① 参见埃莉诺·奥斯特罗姆．公共事物的治理之道：集体行动的制度演进，第六章．上海：上海三联出版社，2000：273-318.

还有赖于他们接受系统安全的批评意见。因为航空联盟及其庞大的呈现网络状态的承包商分享了航天飞机拨款中90%的预算。哥伦比亚号的失事让人们想起了1986年的挑战者号事件，当时同样是因为NASA（National Aeronautics and Space Administration）必须依靠承包商的技术支持，后来NASA承诺通过合同管理和组织文化来修补在技术上的无能表现，但现实表明NASA的这一承诺并没有实现。①

显然，这是一个失败的案例，航空联盟与其他承包商组成的网络组织与NASA共同承担着航天飞机的建设任务。在这个网络组织中，NASA作为政府的主管部门对网络组织负有不可推卸的协调责任，由于协调不利并过分依赖承包商的技术及其生产，航天飞机的坠毁让政府成为了公众指责的对象。

案例二：GGNRA（Gooden Gate National Recreational Area）公共服务的供给。在政府财政支持有限的情况下，当地的行政官员采取了与公共部门以外合作的方式来提供公共服务，结果非常成功。由于当地主管行政官员与当地部分私营部门业主的关系良好，并得到了他们的鼎力相助，网络化公共服务实施得非常顺利。非营利组织负责休闲区域的近海生物保护；特许权获得公司提供Alcatraz Island的游览服务；承包商负责公园的房屋出租；地产商运营一个国际中心，提供科学、研究和教育活动。这种有效的运行措施，不仅使得GGNRA的公职人员大量减少（仅占所有工作人员的18%），而且还提供了丰富的运营资金。GGNRA整体的公共服务供给形态呈现出一种相互关联的网络化的公私合作关系。这一机制实施的前提是：公园雇员无需做什么事情，因为社区可以解决一切问题。GGNRA的实践者解释说："我的工作就是找到合适的战略合作者，并把他们集结在一起激励他们，让他们成为服务供给系统

① 编译自Stephen Goldsmith，William D. Eggers. Governing by Network: The New Shape of the Public Sector. Washington，D. C.，Brookings Institution Press，2004，vii—x.

的有效组成。”①

与案例一相反，案例二向我们展示了一个令人欢欣鼓舞的景象：地方政府只在有限出资的情况，通过与私营部门、非政府组织之间的合作，就完成了整个 GGNRA 的公共服务供给。GGNRA 的实践者的一番话表明，要成功实施网络化的公共服务，公共部门就必须在网络组织中进行有效的协调。

上述两个案例清楚地反映了政府在网络化公共服务中的协调责任，实际上，从网络化公共服务自身性质上也可以得出同样的结论。网络不同于传统公共服务供给的组织形式，介于等级结构和零散化组织结构之间。换言之，网络化公共服务要求公私部门之间的灵活合作，政府不再是全部承担或者完全推卸责任，而是要在形成网络组织以及利用网络组织提供服务的过程中，进行有益协调以确保网络组织的良性发展。此外，网络组织中社会资本的完善同样有赖于政府的协调。因此，在网络化公共服务中，协调责任是政府必须承担的主要责任之一。

二、网络行政中的公共政策

托马斯·戴伊的名言——公共政策就是政府的作为与不作为②——显示，公共政策可以在很大程度上覆盖政府公共行政活动。任何一个时期的公共行政都离不开公共政策的制定、执行与评估，网络行政同样也是如此。与上文分析公共服务一样，本节也将从技术网络的影响和社会网络的影响两个方面来分析网络行政中的公共政策过程。

---

① 编译自 Stephen Goldsmith, William D. Eggers. Governing by Network: The New Shape of the Public Sector. Washington, D. C., Brookings Institution Press, 2004: 2.

② Thomas R. Dye. Understanding Public Policy, 9th ed.. Upper Saddle River, N. J.: Prentice Hall, 1998: 2-4

1. 行政网络对行政决策的影响

一般而言，行政网络指代的信息技术最先运用于一般商业领域内的决策并取得了成功，由于信息技术在信息处理、传递和存储方面的优势，传统工业社会中以纸张为载体的决策机制逐渐让位于自动化、智能化的信息系统。比如，现代许多企业大量使用 MIS 系统和数据库来研究市场发展动向。随着信息技术逐渐被引入到公共行政领域，信息技术在行政决策中得到了极大的应用，为人们实现理性决策的决策理想提供了技术可能。总体而言，信息技术加快了行政决策的速度，提高了决策的透明度，并有利于决策执行的监督。但是也应当看到，信息技术是一把双刃剑，在给行政决策提供便利的同时，也带来了一些消极的、负面的影响。

（1）信息技术扩大了决策议程的范围

按照公共政策过程的一般解释，公共政策的开始应该是决策议程的设定。当一个社会问题正式进入到决策过程中，就意味着决策议程的正式设定。但是并非所有的社会问题都会进入到决策的议程，甚至有些理应留给私人领域解决的问题因为错误地进入到行政决策过程还会招致公众的不满。例如在刑事犯罪方面，任何国家的中央政府都会高度重视控制犯罪率，但不可否认的是，最重要的还是在于地方政府甚至是地区政府的控制力度。① 哪些问题应该进入决策议程，哪些问题又不应该进入决策议程，是行政决策的一道难题。不管怎样，在信息技术广泛应用于社会各个领域之后，决策议程的范围扩大是不争的事实。简单地说，信息技术尤其是技术网络的应用，产生了一些新的社会问题，它们具备形成正式决策议程的潜力。例如在互联网上的电脑病毒肆虐、网络欺诈、电子赌博、暴力色情信息泛滥等现象一旦形成了社会规模效应，就会成为行政决策中的正式议题。从理论上讲，在技术网络虚拟世界中的各种社会问题只有形成了足够的社会压力之后，才具备进入决策议程的可

① ［美］菲利普·J. 库珀，等. 二十一世纪的公共行政：挑战与改革. 北京：中国人民大学出版社，2006：171.

能。约翰·金登指出：重大的事件通常会成为打开一项政策的“窗口”，而那些希望出台某项政策的人可能就会通过该窗口来推进政策的形成。① 可见，虚拟世界中的社会问题与现实社会问题一样，必须具备相同的条件才能进入决策议程。但是仅仅从议程的范围来看，由于技术网络所引发的社会问题都是信息化时代之前所没有的社会问题，这些新鲜事物的出现必然扩展了决策议程的范围。

（2）信息技术降低了行政决策的成本

行政决策的成本是指在行政决策过程中所必须投入的人力、物力和财力的总和。在传统行政决策中，决策成本的绝大多数被用于人力的投入。一般而言，决策的成本与决策的人数成正比，也就是说参与决策的人越少，公共政策的决策成本越小，当公共政策由一个人决策时，成本最小。相反，参与决策的人越多，公共政策的决策成本也越大，当一个社会所有的人都参与决策时，决策成本也达到了最大化。显然，全社会民主参与决策由于成本过高而无法成为现实，这也是民主必须付出的代价。暂且将信息技术对民主的影响放在一边，单就决策成本而言，信息技术的应用可以降低决策成本中人力和物力的投入。这是因为信息技术的快速发展所产生的规模效应使得使用信息技术的费用相当低廉，即只要具备一定经济基础的人都可以使用信息技术；同时信息技术能够快速处理、传递和存储信息，降低了传统信息传递过程中的时空转换费用。可见，当一个政府利用信息技术作为决策辅助工具的时候，信息技术可以明显地降低决策过程中的人力和物力投入，这也是世界各国行政系统积极应用各种信息专家系统的直接动力。例如，荷兰学者 Svensson 在研究法律专家系统对行政决策的影响时就指出，法律专家系统的应用不但可以降低行政决策成本，而且还能提高决策的质量。② 但是，正如前文探讨行政网络与行政效率的关系时指出的那样，在考

① John W. Kingdon, Agendas. Alternatives, and Public Policies, 2nd（公共管理学经典教材原版影印丛书）. 北京：北京大学出版社，2006：75.

② 参见 Åke Grönlund，等. 电子政府——设计、应用和管理，第 8 章. 北京：清华大学出版社，2006：128-141.

虑信息技术对决策成本的影响时也不能忽视政府为建设各种信息系统而投入的大量财力（沉没成本），这也是决策成本的一个重要组成部分。进言之，在行政决策中应用信息技术的初期，由于各种信息系统需要大量的资金投入可能不会使得决策成本有较大的改观，在随着信息系统应用的逐渐成熟与深入之后，信息技术在降低行政决策成本中的优势才会逐渐显示出来。

(3) 信息技术可以提高行政决策的质量

信息是行政决策的基础，科学化决策要有信息的质与量的保证。但是，我国目前行政信息工作的水平还不是很高，决策层获取信息的主要渠道之一，是下边一级一级汇报上来的书面材料（如工作汇报、调查报告、统计报表等）。这些材料的形成和上报过程要历经多个层级，这些层级的信息人员凭借信息传递渠道的单一，可能从局部或自身利益出发，报喜不报忧，对信息进行有选择性传递或利益倾向性的修饰，造成信息失真。同时，信息传递渠道单一与流通不畅，使得信息的收集工作落后，造成信息的缺失与不完整，而信息缺失、不完整造成了行政决策者的有限理性，这是决策科学化的禁忌。网络技术的发展对行政信息的汇聚与收集起到了不可替代的作用。首先，网络技术大大提高了信息保真率。网络技术在我国行政领域的推广，会极大地影响到现行信息传递模式与组织结构。一方面，基层工作人员或民众借助网络可将信息直接传至决策层，使信息传递渠道多元化；另一方面，中间层级功能的消退，导致现代组织结构向中空化方向发展。两大变化的实质在于中间层级信息传递功能的网络替代，这就消除了信息源与决策层之间的人为阻隔，使信息传递迅速、及时，有利于避免在信息传递过程中出现的信息失真。其次，网络拓展了行政决策信息源，有利于改善决策者的有限理性。赫伯特·西蒙认为，在管理决策过程中，决策者进行理性判断和抉择的能力是有限的；在有限理性下，决策只能达到满意化而不可能做到最优化。有限理性阻碍了行政决策科学化的实现，而造成人类理性有限性的原因主要是信息的缺失、信息量不足。在信息化时代，互联网将各终端用户都发展为潜在的行政决策信息源，他们的意愿、要求可以随时向网络上发送。由于网络终端交互联系，其意愿表达往往会牵发网上信息的集聚，即某种意愿的表达有可能带动其他用户就相关问题发表各自见解，表达各自意愿，从而能逐步实现在恰当的时候，把恰当的信息，提供给恰当的决策者，避免信息不完全产生的有限理性。

（4）网络技术能强化对行政决策执行的监督，降低决策执行变形的发生率

“上有政策，下有对策”等执行变形情况是当前中国行政决策执行中的主要弊端，造成这些弊端的主要原因在于行政监督不力。中国早已建成内外部相结合的行政监督体系，但是，这一体系的作用还未得到充分发挥，特别是民众监督，作为一种最能体现人民当家作主的重要监督形式，还要有立法监督、司法监督和政党监督的保障，其监督权利必须通过法律及各种政治力量的活动来实现和加强。而政治力量对民众要求、意见的整合难免会有一定的曲解。网络技术发展则有利于实现并强化这一监督机制的效用。因为：网络技术简化了监督信息反馈的传输渠道。现在的行政监督信息主要经过繁琐的行政流程输往决策层，监督者与决策者被人为阻隔。为应对这一状况的负面效应，我国许多地方开通了“市长电话”以利于民众的监督。伴随网络技术发展，这些“市长电话”将逐步为“市长网页”所替代，并相应会出现“县长网页”、“省长网页”，直至“总理网页”。这些行政首长的“个人网页”，直接与广大民众的网络终端相连，只要民众能拥有一个网络终端，便可以通过网络与行政首长进行直接“对话”。计算机网络对决策监督反馈环中的中间环节的替代，避免了反馈信息传输过程中的失真。监督能否到位就只取决于监督者的意愿，而不会出现“拦路虎”，这无疑有利于充分发挥民众的监督作用，形成强大的监督网络，规范政府行为。当然，目前有些行政首长已拥有了“个人网页”，只是还未经过有效方式让民众了解，从而难以发挥其作用。在网络发展的推动下，相信政府也会以积极有效的措施将这些“个人网页”渗透入民众的日常生活，以利于民众的监督。网络技术以“秘密投票”的方式确保监督者尤其是民众敢于监督。目前的监督方式与监督运行机制使受监者极易获知监督者情况，因此，监督者往往放弃监督

权或使监督形式化，造成监督缺位。网络上的监督反馈不会产生面对面的担忧和笔迹泄密的隐患，能更有效地保障监督者的利益，打消他们监督的顾虑。换言之，网络监督安全系数高，打击报复现象不易发生，为监督活动的顺利进行提供了保障。

(5) 信息技术对行政决策的负面影响

信息技术对行政决策的负面影响主要表现为两个方面：系统的意外故障和信息过载。首先，信息系统的意外故障可能阻碍决策过程的正常进行。目前，我国行政领域网络系统应用还限于较低层次，但信息系统故障的发生也会极大影响行政决策过程。可以设想，一旦网络系统出现故障，决策过程中的信息传递就会中断；如果决策层将各种决策所需数据、材料储存在计算机中，那么，决策本身就根本无从谈起。然而，社会的日益复杂多变使得政府在决策过程中对信息的依赖性愈益增大，信息成为行政决策的控制力量；网络技术的发展，又使行政系统越来越多地依赖网络进行信息的存储、利用与传输。因此，当前电子政务的建设与发展过程中，一旦行政机构建设的信息系统发生意外，就直接影响到决策过程的进行，而社会生活中需要行政机构发挥管理、控制职能的领域就会出现隐患。换言之，信息的集中化程度越高，决策过程就越易受到阻碍，相应地，政府对社会控制的脆弱性愈突出。其次，信息过载可能会引发“盲目决策”。信息过载是指信息技术提供的信息过量。虽然在行政决策过程中的失误现象多与信息量的不足有关，行政领导不注重信息的收集与整理，忽视决策的可行性论证，决策中盲目拍板等现象都会造成行政决策失误，但是信息过量的情况下，同样也不能实现有效的行政决策。在信息技术支持下，改变了信息量过少的弊端，但又易导致信息量过多，而信息量过多也会产生盲目决策。这是因为：一方面，信息过载会使方案抉择困难。在过量信息下，多种方案的利弊权衡更加困难，更难决定取舍，决策层由于无所适从，只能闭起眼睛“跟着感觉走”，从而使方案抉择过程呈现较多的随意色彩。另一方面，带有个人倾向性的过量信息，使决策者疲于应付。公众对决策层的信息输入，不可避免带有较强的个人倾向性，从而使信息出现偏差。因此，当大量信息汇聚决策中心时，信息中的夸张成分可能使决策者疲于分辨真伪，贸然决策。

2. 政策网络分析

社会网络的兴起使得公共行政处理的公共事务越来越复杂，跨国界、跨组织的网络行政应运而生。在多主体、多组织以网络的形式与公共行政相联系之后，不同的主体、组织直接或间接参与、影响公共政策就成为了现实，传统的各种“主义”或者政策模型无法对上述现象进行有力的分析和解释。这时，社会网络理论开始进入政策科学的视野，一种描述和解释动态的、复杂的组织间政策模型——政策网络分析，逐渐成为政策分析家分析工具库中的重要组成部分。在某种意义上说，政策网络分析的出现是网络行政逐渐成型的一个标志，它显示了公共政策理论在适应网络社会时所进行的必要调整。本节将对政策网络分析理论进行梳理与评价，以揭示政策网络分析与网络行政在理念、方法上的吻合。

（1）组织间政策形成理论

从微观的角度来看，政策网络分析将公共政策的视角由行政组织的内部转向了组织间关系对政策的制定与执行的影响，那么研究组织间政策的形成就成为政策网络分析的基本出发点。F. 沙夫（Fritz W. Scharpf）的《组织间政策形成理论》[①] 一文在这方面做出了初步的探索。将F. 沙夫的理论研究称之为理论可能有些言过其实，因为F. 沙夫的学术研究只是提出了为理解有关政策制定与政策执行的组织间关系机制所必需的方法和概念而已。

从研究视角上看，F. 沙夫的研究是基于这样的认识，即传统的公共政策理论模式中，要么是一种规范的、评价式的视角，要么则是一种实证的、经验式的视角。前者强调公共政策中价值理念的重要性，决策是一种典型的“有意识的活动”；后者则强调对政策事实的解释，将决策看成是一种“经验的过程”。这两种视角都在

① 参见 Fritz W. Scharpf. Interorganizational Policy Studies: Issues, Concepts and Perspectives, In K. Hanf and F. W. Scharpf, eds., Interorganizational Policy Making, Beverl Hills, Cal.: Sage Publications, 1978.

一定程度上解释了公共政策中的部分实质，但是两者从来都是彼此独立的，即没有形成理论上的收敛（theoretical convergence）。F. 沙夫主张在研究组织间政策的时候，必须将上述两种视角进行整合。显然，组织间政策形成理论在研究视角上进行了一定的创新：一方面用规范性的视角设定公共政策的评价目标；另一方面用实证性的视角研究公共政策过程中各种结构性和程序性的因素。除此之外，F. 沙夫还指出，传统的公共政策理论大多是以主体一元论为基本假设前提的：主体一元论可以是指单一的主体，也可以是指多个主体集结在一起的单一整合主体，这一假设前提在面对独立组织共同参与、形成政策的过程中无法作出有效的解释。换言之，当前网络行政中，行政组织的多元化、网络化以及行政权力的发展趋势，都使得传统公共政策理论失去现实的解释依据。因此，公共政策的制定和执行不能看做是单一的、结成一体的行为者的选择过程，而应该理解为具有不同利益取向的多个行为者相互作用的结果。

在研究视角上进行调整之后，F. 沙夫界定了几个涉及组织间政策的关键性概念。首先是作为分析基本单位的网络（Network），它是指参与政策制定和执行过程的各种组织之间相互关系、相互依赖的概念，进言之，网络是指组织间的联系、依赖的形态以及这些形态将个别组织的行为结构化的方式。显然，这一基本分析单位既不是单一的行为者，也不是零散的多个行为者的集合，而是一些彼此之间有联系的行为者彼此之间关系的集合。其次，F. 沙夫界定了另一个重要的概念：政策调整。政策调整可以分为相互调整和非相互调整。前者是指自愿的沟通和资源转移，后者是指单方向的适应。F. 沙夫用简单的两个组织之间的依赖关系来解释政策调整的不同可能性。两个组织之间关系的结构图如下：

		A 组织对 B 组织的依赖程度 高	低
B 组织对 A 组织的依赖程度	高	相互依赖	单向的依赖
	低	单向的依赖	相互独立

在单向依赖关系下，由于两个组织在利益关系上的不平等性，资源占优势的组织在政策过程中满足自身利益需求要容易得多，而资源弱势的组织在政策过程中很难实现自身的目标。虽然有可能在两个组织以外的第三方力量会改变两个组织之间的单向依赖关系，但是从政策调整的角度来看，单向依赖关系下的两个组织之间是典型的非相互政策调整。

在相互依赖关系下，两个组织所拥有的资源条件无法分出优劣，组织的利益诉求可能互补也可能有重合条件下的相互冲突，这种情况下组织间的政策就会出现典型的相互调整。换言之，两个相互依赖的组织之间形成的政策，最终取决于二者在政策过程中利益博弈的结果。

在相互独立关系中，两个组织彼此都具有相对的自主性，组织的目标在很大程度上没有相同之处，因此两者之间很难进行政策调整。但是，相互独立的两个组织在外力的协助下，就有可能在同一个政策过程中满足各自的利益需求，换句话说，两个彼此独立的组织之间存在着实施各种影响策略的余地。①

F. 沙夫所假设的两个组织之间的关系结构虽然简单，但是已经显示出组织间政策的形成与传统公共政策形成的不同之处。当进入网络的组织越多，或者说是网络的节点逐渐增多时，组织间政策的形成就会变得异常复杂且充满着不确定性因素。如果我们将视野转向前文所描述的网络行政中，上述涉及多个组织的复杂决策情况是随处可见的，这也是政策网络分析逐渐成为主流的公共政策分析方法的现实原因所在。F. 沙夫的初步研究成果虽然并没有形成完整的理论体系，但是他所界定的概念和研究视角的调整却为公共政策理论的发展与调整开启了一个可以预见的方向。

(2) 政策网络分析的基本框架

F. 沙夫的组织间政策形成理论的初步研究成果为政策网络分析提供了有益的启迪，并得到了不少人的支持。对于政策制定主义

---

① 参见［韩］金益植. F. 沙夫的组织间政策形成理论. 载［韩］吴锡泓，等. 政策学的主要理论. 上海：复旦大学出版社，2005：156.

一元化的质疑让人们开始重新审视政策制定主体之间的联结系统，有学者就认为："透过在专家影响下塑造的政策实例，有时可能发现由生产关系和私人资本运动所塑造的结构参数和动力，在福利国家政策转型中发挥着关键性的作用。但是，我怀疑对各种特定的政策变迁的讨论，是否都能够以这种方式加以简化。"① 随着社会国家化和国家社会化的进一步加剧，公共领域和私人领域之间的界限逐渐模糊，政府在制定公共政策的时候不得不为来自公共领域之外的组织或个人所影响，单一化的主体制定模式在解释现实状况时已经不合时宜了。传统公共政策分析模型中，往往将多元化的政策主体看做是不同的利益集团，它们会对政策制定起到或多或少的作用，但是很少关注这些利益集团与政府之间的联系结构以及这些利益集团之间的联系结构，这种缺陷使得传统公共政策理论在解释多元政策主体形成具有共识的政策时缺乏说服力。可以说，政策网络分析的出现正好填补了公共政策理论对现实描述性的不足，并且还具有价值规范性。简单地说，政策网络是分析国家与市民社会组织之间制度化的交换关系的工具，它反映特定利益在某一政策领域的相对地位或者权力，并能够影响到政策的结果。从实质上看，政策网络是一种建立在非等级的协调之上的、公共部门与私营部门之间相互作用而形成的一种特定治理结构，它区别于科层制和市场，是政府和市场之外的一种新的治理方式。

在政策网络分析中，参照组织间政策形成理论中对组织依赖关系的分析，依据组织之间依赖关系的强弱程度形成了两个关键分析单位：议题网络（issue networks）和政策共同体（policy community）。议题网络具备如下特征：规模大，模式多样化；成员之间的联系水平摇摆不定，共识程度低；可以运用的资源多寡不等，并且无法在集体的基础上对资源的运用进行管理；权力分布不均等。政策共同体的特点是：拥有相对有限的成员，经常是因为经济利益或专业利益而结合在一起，有时故意排除其他的利益；分享着价值并频繁地

① ［英］米切尔·黑尧．现代国家的政策过程．北京：中国青年出版社，2004：66.

互动；交换资源，而集团的领袖能够管理这种交换活动；组织成员所拥有的权力是相对平衡的。① 显然，议题网络和政策共同体是两个关系紧密的概念：政策共同体是比议题网络更紧密的一种形式，议题网络可以凝聚成政策共同体，反过来，政策共同体也可以分解成议题网络。其中最容易引起人们注意的是政策共同体，因为这种形式的政策网络很容易形成共同的政策价值观，因而减少了政策协商过程中的讨价还价现象；相反，议题网络则呈现出一种松散的网络结构，具有达成共识的可能性。

但是，学者关注政策共同体的时候也担心，政策共同体可能会破坏人民主权原则，将某些个人或者小团体的私利凌驾于公众的普遍利益之上。美国学者在研究本国公共政策形成过程时就发现，政策形成依赖于美国的利益集团、国会和政府在立法和管制问题上形成了相互的扶持体系。这种三方互利互惠的关系也被称为铁三角关系，是一种典型的政策共同体，他们对政策过程实行了严密的控制。在政策制定过程中，强势利益团体的势力串连国会议员进而掌控政府机关，使得政府机关无法保持中立，必然受到利益团体与国会议员的影响，三者形成密切、共生和对外封闭的铁三角关系。可见，以利益为纽带，利益集团和国会及政府之间形成了铁三角的网络关系，用他们自身建立的利益网络关系进行着权威性分配。特别是在诸如农业政策、能源政策乃至社会福利政策等分配性政策的政策领域中，被铁三角关系控制的“影子”政府享有高度的自主性，起着支配性的作用。铁三角最为显著的特征是关系的互相增援的属性。在利益一致的前提下，政府部门、国会委员会和利益集团有着相同的问题和目标，他们互相合作，各取所需。对于处在受管制地位的利益集团，作为管制者的政府不是采取强制性的手段，而是进行协商和妥协。三方合作的结果往往是各方都得到了利益，因此铁三角关系非常稳定。当然，铁三角未必始终表现出一种刚性和排他性的特征，也具有拆散的可能。由于铁三角理论内在地建立在各方

---

① ［英］米切尔·黑尧．现代国家的政策过程．北京：中国青年出版社，2004：68.

利益一致的合作基础之上，一旦合作各方出现了冲突，将意味着铁三角关系的崩溃。冲突的诱因首先来自铁三角之外。事实上，在铁三角关系的既定模式之下，总会有新的利益集团试图进入铁三角的内部，实现他们所要求的政策议程。这些新的议程要求对既定的铁三角关系产生了冲击，它们往往提出与原有的利益框架相冲突的问题。另一方面，国会委员会和政府部门之间也会由于某些基本观点的不同而产生冲突。而如果国会委员会和政府部门在某个问题上形成了冲突，难免波及其他问题，最终会导致铁三角的全面冲突。在冲突面前，铁三角要么被迫吸纳新的行动要求，放弃原有的政策计划；要么被迫宣布铁三角的瓦解，采取新的决策机制。在这种情况下，研究者提出，铁三角的概念已经弱化，议题网络的概念有取而代之的意味。在这个方面，休·赫克拉（Hugh Helco）做出了重要的理论贡献。赫克拉认为，利益的代表并不总是以制度化的形式固化下来的，铁三角的概念无法完全解释网络中的利益代表关系，这就是铁三角概念实用性减弱的原因所在。为此，赫克拉提出了议题网络的概念："观察者执迷于寻找少数强有力的行为者，却忽略了另一种网络关系形成的联结是观念或感情，通过观念或感情形成了议题网络。在议题网络的视野中，没有一个统一的支配公共政策的网络群体，没有谁能够真正地控制公共政策。"① 议题网络的提出，是从另一个角度提出对政策子系统的解释。在这里，直接的利益关系让位于观念或感情的联结。在议题网络看来，随着参与者的更换，政策过程充满着不确定性和流动性。休·赫克拉并不是否认"铁三角"的存在，他只是指出政策子系统的成员和机能并不像有些评论者所认为的那么封闭和刚性。为此，休·赫克拉把政策子系统设想为一个光谱，光谱的一端是铁三角，另一端是议题网络。铁三角的概念假定，一小群参与者成功地获得主导地位；议题网络则不然，它是由大量的参与者组成，这些成员之间的责任各不相同却互相依存。可见，铁三角是一种极端的政策共同体，与议题网络之

① Michael Howlett and M. Ramesh. Study Public Policy: Policy Cycles and Subsystems. Oxford University Press, 1995: 125.

间相反，并存在着被取而代之的可能。

虽然政策共同体和议题网络作为政策网络分析中最具特征的两个概念在政策分析中能够取得有益的结果，但是正如休·赫克拉所指出的那样，政策共同体和议题网络是处于光谱中的两个极端，在两个极端之间还可能分布着其他形式的政策网络形式。罗茨(Rhodes)就认为一共存在着5种政策网络类型：政策共同体(policy community)、专业网络（professional networks)、政府间网络（intergovernment networks)、生产网络（producer networks）和议题网络（issue networks)，其中政策共同体和议题网络经常为学者所论及，而其他类型的政策网络很少提及。① 在政策网络分析的视野里，不管政策网络的类型如何划分，政策网络都会具有以下显著特征：A. 主体之间的相互依赖。政策网络主体必须依赖其他主体获得实现自己目标的手段。它们之间的相互依赖性不是静态的，而是随着彼此间的互动而变化。B. 政策网络是一个过程。政策网络由各种具有一定资源和不同利益与目标的主体构成；其中没有任何一种具备足够驾驭能力来主导其他主体的战略性活动。政策网络就是这些主体利用各自资源，寻求实现各自利益和目标的相互影响、相互作用的动态过程。C. 政策网络的活动受到制度约束。政策网络主体因为相互依赖、相互作用而形成各种不同类型的关系和规则。这些关系和规则反过来会影响和制约它们之间的互动和相互作用，并使它们之间的互动方式得以持续，使它们之间的资源分配的方式得以形成，并在彼此间相互影响和互动中发生变化。②

尽管政策网络分析中某些概念的界定和特征的描述已经形成了一定的共识，但是在实际描述层面，由于各个国家的政治制度的不

---

① Rhodes, R. A. W.. Policy Networks in British Political Science, in R. A. W. Rhodes (Ed.), Understanding Governance: Policy Networks, governance, Reflexivity, and Accountability, Buckingham: Philadelphia Open University Press, 1997: 29-45.

② Klijin, E. H.. Analyzing and Managing Policy Processes in Complex Networks: A Theoretical Examination of the Concept Policy Network and Its Problem. Administration & Society, 1996, Vol. 28, No. 1: 90-119.

同，各国对政策网络分析的实际研究也存在着一定的差异。比如，美国学者比较强调微观层面上的人际关系的重要性，而英国学者则往往注重分析利益团体与政府之间的关系，甚至不太承认美国公共行政中的铁三角关系，德国的一些学者更是将政策网络分析与治理相联系，寄希望于形成一种与政府、市场相并立的治理过程。由此可见，政策网络分析是一个正在发展的理论模式，在研究领域和研究重点上还存在着较大的分歧，但是其描述的社会现状与应该解决的问题已经得到了学者们的肯定，正如有学者指出：政策网络是反映变化了的国家和社会关系的政治治理的新形式，……政策网络主要解决涉及复杂政治、经济和技术任务且资源相互依赖的各种政策问题，因此，需要以非常高的专业技术和其他专门化和分散的政策资源作为前提。政策网络是在政策决策、方案规划和执行能力分散于广泛的私营与公共主体背景下的一种政策动员的机制。①

（3）政策网络分析的不足与理论重构

作为一种并不成熟的理论模式，政策网络分析在发展过程中自然招致各种质疑。米克尔森（Milkkelson）就指出，政策网络分析在以下领域急需形成一定的共识：A. 关于政策网络的术语和性质，究竟决策结构是政策网络、认识上的社群还是倡导联盟？B. 关于网络特征，紧密还是松散，认识一致还是充满冲突？C. 关于网络结构对网络主体发挥何种作用以及发挥作用的方式。D. 关于分析单元，网络主体是个人还是团体？E. 关于政策网络的解释力，政策网络是自变量还是因变量？由于各国学者在这些重要方面的看法存在巨大的差异，政策网络因而变成了不同概念、观点的大杂烩，自然会遭受到各种批评。② 除了以上的意见不同之外，政策网络分析招致批评的最重要的原因在于：政策网络是对政治现实的一种描

① Kenis, P., & Schneider, V. Policy network and policy analysis: Scrutinizing a new analytic toolbox. In B. Martin & R. Mayntz (Eds.), Policy networks, empirical evidence, and theoretical considerations. Frankfurt am Main: Campus Verlag, 1991: 25-29.

② Mikkelson, M.. Policy Network Analysis as a Strategic Tool for the Voluntary Sector. Policy Studies, 2006, Vol. 27, No. 1: 17-26.

述或者一种比喻，缺乏足够的理论解释力，因而无法成为一种理论。但丁（Dowding）认为，政策网络的概念从比喻出发，更多地是一种描述性的工具，政策网络本身并不能成为政策研究的基本理论，因为政策网络对政策过程的解释能力主要来源于网络构成部分的特征，而不是源于网络本身的特征，而正是网络构成部分的特征解释了网络的特征和政策过程的特征，因此，但丁断言政策网络作为一个政策分析的一般性理论的潜力有限。① 但是部分坚持政策网络分析的学者对但丁的断言也予以驳斥，罗茨就指出：权力依赖是（而且永远是）政策网络的重要特征……网络内部资源的分布和类型解释主体间的相对权力……不同的资源依赖类型解释不同网络之间的差别，学者们可以修改政策网络分析的框架，以增强其理论的解释力。② 学者们关于政策网络分析的争论反映这样一个现实，即政策网络分析正发展到一个重要的阶段：一方面是坚持政策网络分析的学者对运用政策网络概念及其适用性持坚定的立场，并且政策网络分析在世界范围内的广泛研究、应用也是不争的事实；另一方面越来越多的学者也发现政策网络分析的不成熟性和局限性，尤其是政策网络对政策结果的解释力。

从上述西方学者们之间的争论可以得出这样的结论：

首先，政策网络分析是必要的，政策网络分析的研究至少满足了现实的需要。具体而言，政策网络分析满足了：①交流信息和意见的需要，技术网络的应用提供了现实的基础。②交换资源的需要，各成员参与政策网络是为了交换各种资源以达到自己的目的，包括资金、人力和服务等各种资源的交换。③结盟的需要，参与主体为了寻求拥有共同利益者并与之结成联盟，通过联盟保证个体利

① Dowding, K.. There Must Be End to Confusion: Policy Networks, Intellectual Fatigue and the Need for Political Science Methods Courses in British University. Political Studies, 2001, Vol. 49: 89-105.

② Rhodes, R. A. W.. Policy Networks in British Political Science, in R. A. W. Rhodes (Ed.), Understanding Governance: Policy Networks, governance, Reflexivity, and Accountability, Buckingham: Philadelphia Open University Press, 1997: 29-45.

益需求的满足。④追逐权力的需要，网络中的各成员寻求与有影响的主体建立关系，以期控制关键资源，建立权力网络，扩大自身的影响。⑤协调的需要，网络中的相关成员试图通过结成网络关系来协调彼此之间在观念、利益等方面的分歧，并在政策过程中采取一致的行动。①

其次，政策网络分析作为一种不成熟的理论必须进行相应的调整或重构，以增强自身的理论解释力。弗雷斯特（Forrest）通过研究政策网络进一步提出，有两个主要因素影响政策网络对社会主体的动员及其在政策过程中的作用。一是网络内部凝聚力和组织之间协调的程度。网络的凝聚力可以由网络中发挥推动作用的积极分子通过组织会议和研讨会来提高。就培育网络凝聚力而言，最关键的是在网络参与者之间建立高度的相互依赖，培育共同目标，形成信息共享和长期合作。显然，网络凝聚力的产生取决于技术网络和社会资本的双重作用。二是网络的封闭性。网络的封闭性是指网络对试图进入网络的新成员的开放程度。封闭性强的网络会通过有意识的努力或者非正式的行为模式，甚至是网络内部规则将潜在的新成员排除在网络之外。例如铁三角关系中美国的利益集团、国会和政府就是如此。值得注意的是，结构严密的网络，尽管本质上封闭性强，包容性较差，但是在实现政策目标方面可能优于封闭性较弱的网络。此外，特殊的政治和历史背景，建立信任和共同价值观的能力也是影响网络形成、发展的重要原因。要使得根本不同的社会组织之间能够合作、形成网络，就需要他们在根本价值观方面有相当程度的共识，并建立起相互之间的信任。然而，尽管信任是网络构件的必要基础，信任本身并不能够确保网络的延续性和具有强大的能力，因此，网络内部有效动员和协调组织资源都对网络内部稳定

① See Weible, C. M., Sabatier, P. A.. Comparing Policy Network: Marine Protected Areas in California. The Policy Studies Journal, 2005, Vol. 33, No. 2: 181-201.

起着至关重要的作用。① 马沙和史密斯（Marsh & Smith）则解释了政策网络对政策结果产生影响的复杂性，认为网络和政策结果之间的关系并是不简单的、单向的，而是互动的、辩证的。政策网络与政策结果之间存在三种辩证或者互动的关系：①网络结构与活动于其中的行动主体之间的关系。②网络与网络存在的背景之间的关系。③网络与政策结果之间的关系。要解释政策网络对政策结果产生何种影响，只有辩证分析上述三种关系在不同政策网络中的表现，而这只有通过实证分析才能够得出结论。②

总之，政策网络分析凸显出的是社会网络对公共政策的影响，而与技术网络之间并没有太多的联系，政策网络分析的目的是为了解释在现代公共行政中多元化主体之间的相互依赖，以及这种依赖关系对于公共政策过程的具体影响。虽然在政策网络分析中，部分概念的隐喻使得该理论缺乏必要的实际解释能力，需要进一步的完善，但是不能否认的是，政策网络分析具有强大的生命力，一旦政策网络与制度之间形成关联，那么政策网络分析也就具备了相应的规范意义。由此可以推断，在后官僚制时代或者说网络社会中，由于社会网络的成型与发展，加上传统政府决策权力的分散，政策网络分析必将成为一种有力的分析工具，并具有美好的研究前景。

三、网络行政中的公平与责任

1. 社会公平在公共行政中的回归

人类社会发展过程中，公平一直是一个无法回避的问题。从理论上讲，公平是一种抽象规定，它反映了对个人合法权利的保护和

① See Forrest, J. B.. Networks in the Policy Process: An International Perspective. International Journal of Public Administration, 2003, Vol. 26, No. 6: 591-607.

② Marsh, D., & Smith, M.. Understanding Policy Networks: Towards a Dialectical Approach. Political Studies, 2000, Vol. 48: 4-21.

对个体社会地位的认同。社会公平则更加具体和现实，它既可以是一种现实社会的引导机制，又是社会未来发展的一种理念。社会公平可以对社会现实进行评价，以理想来把握现实，通过对不完美现实的批判，来使现实以理想的形式存在于个体的观念中，这种观念反过来又统摄社会现实。具体而言，社会公平不仅是指社会制度及其规则的公正、平等，也包括人与人、人与社会之间利益的相称和平衡关系，以及对这种关系的反映或评价。社会公平的含义与公共行政的内涵不谋而合，弗雷德里克森认为公共行政中的“公共”是一个涵盖范围很广的前政府概念。它体现在许多方面，如邻里、志愿团体、教堂、俱乐部等人类活动的许多领域，并由此分解出许多的公共机构。政府是体现公共性的一个重要部门……要理解公共行政，必须重新发现公共性。① 对公共行政中“公共”一词的认识决定了公共行政必须是一种社会目标的合理调整和社会利益的权威性分配的组织体系，作为社会公共利益的代表者和维护者，公共行政必须把维护社会公平作为自身的伦理诉求。可见，一方面社会公平是公共行政的首要价值选择，这是由于政府的公共性所决定的；另一方面也只有政府才有能力维护社会公平，政府是维护和实现社会公平的主要依托。然而，回顾公共行政一百多年的理论发展过程，追求、维护社会公平并非是从公共行政诞生的那一刻起就成为了公共行政的合理价值理念，而是经过一个曲折的发展过程，在现代公共行政理论中逐渐为人们所认识的。

最早使用“行政”一词的是德国学者冯·史坦因，他于1865年发表了《行政学》一书，然而，公认的传统公共行政学的开端是以美国学者伍德罗·威尔逊发表的《行政学之研究》一文为标志的，他用“公共行政”一词描述一种古老的公共事务的处理，即公共事务的执行与实施。威尔逊认为，徒法不足以自行，而必须由人来执行，在现代公共行政极其复杂的情况下，有效地履行公共

① ［美］乔治·弗雷德里克森．公共行政的精神．北京：中国人民大学出版社，2003：4.

责任需要知识、技能和经验。① 另一位传统公共行政理论的奠基人德国学者马克斯·韦伯从工具理性的角度构建了官僚制，这是一种具有合理化分工、严格等级制度、合理人事行政制度等特征的理想组织形式，官僚制的理论构建为组织追求效率提供了实践的物质依托。传统的公共行政理论明显地表现出一种效率价值取向，导致政治与行政二分，行政学因而从传统的政治学领域中脱离出来成为一门独立的学科。传统的公共行政理论极为强调行政管理过程中的效率以及经验的积累，并认为公共行政主要研究的是：政府能够适当且成功地承担什么？政府怎样才能以尽可能少的人力、物力的消耗来完成这些工作。

基于公共行政的最初定义和价值追求，西方公共行政理论经历了一个较长时期的演进过程，通过对公共行政的效率追求和普适性的管理经验积累逐渐充实、完善起来。在这期间，西蒙、古利克、巴纳德、林德布罗姆、威尔达夫斯基等人所构建的有关决策、组织以及财政预算的各种理论，使得公共行政理论体系得以不断地扩大，但从总体上来看，都没有完全摆脱公共行政对效率追求的初衷。直到20世纪60—70年代，新公共行政理论的出现，社会公平的价值诉求才开始进入到公共行政的理论范畴之中。同时代的政治哲学大师约翰·罗尔斯从伦理视角对社会公平的关注，给公共行政的理论提供了有益的启迪，他指出："所有的社会的基本的善——自由和机会、收入和财富及自尊的基础——都应被平等地分配，除非对一些或所有社会基本善的不平等分配有利于最不利者。"② 实现社会正义是每一个社会制度的首要价值追求，而正义的首要要求正是社会公平。在吸收罗尔斯关于社会公平的理论的基础上，新公共行政理论开始重新审视传统公共行政中的价值诉求，以弗雷德里克森为代表的一批学者认为公共行政的核心价值不仅仅是经济或效率，还应该包括第三个核心价值追求——社会公平。弗雷德里克森

---

① ［美］乔治·弗雷德里克森．公共行政的精神．北京：中国人民大学出版社，2003：3.

② ［美］约翰·罗尔斯．正义论．上海：上海译文出版社，1991：202.

在《公共行政精神》中写道："公共管理者的工作还要接受一种深层次的道德取向的指导，要想充分体现公共行政的精神，我们必须真诚地关爱公民，并与公民一道工作；我们必须关爱和相信我们的宪法和法律；我们既要对良好的管理充满激情，也要对正义充满激情，我们称之为'乐善好施'，它意味着一种对公民广泛的和问心无愧的热爱。"① 新公共行政引入社会公平这一价值追求，实际上也是对传统公共行政理论价值追求的一种扬弃，否定了传统公共行政片面追求效率、经济，而忽视社会公平的理论体系，将为全社会尤其为社会的最少受惠者提供公平的公共服务，这个"社会公平"价值全面运用到当代公共行政的理论与实践中。诚如新公共行政学者哈特所说的那样，公平理论赋予现代公共行政以伦理的内容，它将有效指导行政官员的行为，既明确了官员及组织的行为应保障公民基本平等自由权的实现，更明确了他们有责任和义务为最少受惠者获得公共服务所进行的各种努力。② 新公共行政理论历经二十多年，在后期逐渐让位于新公共管理理论。但是，不能否认的是，新公共行政理论的支持者在理论和实践中的不懈努力，引起了公共行政在价值追求上的变革，社会公平逐渐取代传统的机械效率和社会效率的追求，成为公共行政价值体系中的核心内容。

20 世纪 80 年代后期，西方发达国家的新公共管理改革成为了公共行政中的主流理论。回顾新公共管理运动可以发现，这一松散的理论模式在公共行政的核心价值追求上出现过摇摆的现象。在早期的新公共管理改革运动中，以奥斯本的企业家政府理论最具代表性。针对行政国家扩大化、财政负担日趋沉重的社会现实，奥斯本将私营企业的管理经验引入到政府公共行政中来，主张公共部门应当采取私营部门的管理方式，引入竞争机制，更加关注产出和结果，有明确的绩效评估标准，对政府与社会关系进行重新定位：公

① [美] 乔治·弗雷德里克森．公共行政的精神．北京：中国人民大学出版社，2003：204.

② 丁煌．西方行政学理论概要．北京：中国人民大学出版社，2005：260-261.

众是“顾客”，公共行政必须实行顾客导向，提高服务的质量和效率。新公共管理的价值追求因而变成对“3E 原则”的追求，即对经济、效率与效益的追求。从实践上看，新公共管理改革运动在世界范围内产生了广泛的影响，为福利国家减轻财政负担、精简政府机构提供了积极的贡献。但是从公共行政的价值追求上来看，新公共管理改革在初期却是对传统公共行政价值追求的一种回归，即将价值中心重新放在了效率上面，在理论上可以视做公共行政理论向管理主义和经济理性主义的回归。这种回归不可避免地会遭到和传统公共行政理论一样的指责，正如企业家政府理论的批评者所言：企业家政府的做法让政府与私营部门的区别缩小，政府的责任正在逐渐丧失，被当做顾客的公民很容易产生不平等的对待，等等。在新公共管理改革运动取得实效又遭受指责的情况下，新公共管理的理论家们不得不又再次考虑公共行政中的核心价值追求。新公共管理理论的后期发展表明，学者和实践者们开始重拾社会公平这一价值追求：“3E”原则中再增加对公平原则（Equity）的追求，从而变成了“4E”原则。公平原则的加入，意味着新公共管理理论不仅仅是改革层面上的问题，其意义更重要的是具有在这个过程中导向并调整社会主流价值取向的作用。① 新公共管理向社会公平的回归，也进一步促成了公共行政在实践中如何使用具体的措施以保证公民权益得以平等实现，并且完成政府新一轮的角色和职能的转变。

上述公共行政理论的回溯，可以帮助我们认识到不同时期公共行政的主要价值追求，其中，社会公平这一价值追求在公共行政中经历了两次阶段性的转变。当前公共行政理论与实践发展表明，维护社会公平已经成为了公共行政中的核心价值。

2. 网络行政中的社会公平问题

回顾前文对网络行政的论述可以看到，网络行政的形成取决于

---

① 刘霞．公共管理学科前沿与发展趋势．公共管理学报，2004 年第 2 期：38-43.

技术网络和社会网络的组合，这也就决定了网络行政环境与传统公共行政环境中所面对的公平问题有所不同。传统公共行政中，社会公平问题是公民的合法权益如何得到平等的满足，取决于政府对于各种社会资源的合理分配。值得注意的是，这些社会资源大多是物质性的，比如货币、福利、公共设施等。在网络行政环境中，社会公平问题的本质并没有发生改变，仍然是如何在保证公民机会平等的前提下，追求结果的公平。但是，网络行政中的社会公平的载体发生了变化，即由物质性的资源变成了非物质性的资源——信息。信息化时代中，大多数社会公平问题的产生都与信息有着密不可分的联系，例如不同的公民掌握信息的多少决定了他们获取稀缺性社会资源机会的多少，不同组织获取信息量的大小也决定了组织获利的多少。可见，在网络行政中维护社会公平离不开对信息资源的分配的探讨。在分析信息资源分配的时候，必须注意信息的一个特性：物质承载性，也就是说信息要产生价值必须依托于某种物质基础。信息的这一特性表明，在信息化时代，社会公平取决于人们获取信息的各种技术工具，换言之，人们对技术工具掌握的熟练程度是影响社会公平的重要因素，这也就是本节将要讨论的数字鸿沟(Digital Divide) 问题。

数字鸿沟是指在不同的社会—经济层面上，就接触并获取信息与通信技术的机会、就在广泛的活动中使用互联网的频率而言，个体、家庭、商业组织、地区和国家之间存在的差距。简单说来，数字鸿沟就是不同主体在电信产品和服务上的差距。① 单从定义上看，数字鸿沟是一个纯粹的技术概念，它表明不同主体由于各种原因而导致对信息技术使用熟练程度的不同，即不同主体的信息技术差异，在这一技术差异的背后却蕴含着深刻的社会公平问题。从最简单的情况分析，由于数字鸿沟的存在，可以形成一种极端情况：

① 曹湘荣．解读数字鸿沟——技术殖民与社会分化．上海：上海三联出版社，2003：281.

信息的有者和信息的无者（Haves and Haves - nots）。① 信息的有者能够熟练使用信息工具，获取大量的信息资源从而在社会资源分配中取得主导性地位；相反，信息的无者由于信息工具的缺乏，或者由于信息技能的缺乏，无法在信息化环境中获取信息资源，从而在社会资源分配中处于明显的弱势地位。两者之间的极大反差显示出，数字鸿沟的存在将对人类社会公平问题提出严峻的挑战，信息分配的不公平将影响到不同个体在合法权利上的满足。

自从信息技术在人类社会中得到广泛应用之后，数字鸿沟的社会效应就逐渐显现出来，西方学者很早就开始关注这一问题，并对数字鸿沟的类型划分进行了深入地研究。目前学术界比较普遍的看法是，数字鸿沟有五种类型：

（1）国际鸿沟

这是讨论最多、最受人关注、也是最让人担忧的一种数字鸿沟，其突出的表现就是信息技术发达的国家与信息技术贫乏国家之间的差距，不仅是技术掌握的熟练程度还是信息拥有量都存在着巨大差异，这种鸿沟的存在表明，就推进经济增长和减少贫困而言，信息与通信技术能够对发展中国家造成重要的影响。有关国际数字鸿沟的数据直接显示出这一明显差距：在 1999 年全世界 2.4 亿互联网用户中，只有 500 万即 2% 的用户来自低收入国家。全世界 110489 个在互联网交易中使用加密技术的安全服务器中，只有 224 个即 0.2% 来自低收入国家。② 而以计算机和互联网技术最落后的非洲为例，2000 年，非洲处于联机状态的电脑只有 25000 台，每 250 个非洲人当中只有 1 个人是互联网用户，而世界的平均水平是

① Haves and Haves-nots 一词还有信息富有者和信息贫乏者的中文翻译，笔者认为富有和贫乏还不能体现出由于数字鸿沟所形成的极端情况，有和无的反义相对才能更好地描述数字鸿沟的极端结果。

② Kenny, Charles. Information and Communication Technologies for Direct Poverty Alleviation: Costs and Benefits. Development Policy Review, 2002, Vol. 20, Issue 2.

每 35 个人就有 1 个互联网用户。① 国际统计数据表明，发达国家与发展中国家的数字鸿沟是非常明显的，而且这种数字鸿沟具有明显的马太效应：越是上网人数基数越大的地区，增加的人数越多。这说明全球数字鸿沟不是在缩小，而是在进一步扩大。

（2）种族鸿沟

在发达国家中，尤其是多种族的发达国家中，数字鸿沟还可能在种族分化中表现出来。就美国而言，种族鸿沟就是不同种族的群体在使用电信产品和服务上的差别，具体就是美国白人和其他肤色人种之间在电信产品和服务使用上的鸿沟，尤其在白人和黑人之间最为明显。数字鸿沟专家托马斯·诺瓦克和唐纳·霍夫曼的研究表明：在家庭拥有电脑方面，白人比黑人具有明显的优势；就使用网络而言，有更多的白人已经使用过网络；白人和黑人在使用网络的场所上也有所不同，白人更多是在家中使用网络，而黑人则主要在学校使用网络。② 种族鸿沟的原因往往会和不同种族群体在经济、教育、文化等方面的传统差别联系起来。研究表明，传统差别中收入一定在其中起着作用，但只是对某一方面起作用。家庭收入可以解释拥有家庭电脑的种族差别。就综合的使用和支配而言，家庭收入与使用电脑的机会成正比，但这一点几乎不直接影响网络的使用。教育状况则不一样，总体而言，教育水平与支配计算机和使用网络的可能性成正比。由于美国的黑人受教育的总体水平较低，限制他们对计算机和网络的使用。③ 种族鸿沟在美国的突出表现引起美国政府的高度重视，克林顿政府任职期间的努力使得种族鸿沟有

---

① 参见［美］博萨·埃博．新瓶装旧酒——互联网与非洲的技术殖民化．载曹湘荣．解读数字鸿沟——技术殖民与社会分化．上海：上海三联出版社，2003：179-197.

② 参见［美］托马斯·诺瓦克，唐纳·霍夫曼．种族对计算机和网络使用的影响．载曹湘荣．解读数字鸿沟——技术殖民与社会分化．上海：上海三联出版社，2003：121-133.

③ 参见［美］托马斯·诺瓦克，唐纳·霍夫曼．种族对计算机和网络使用的影响．载曹湘荣．解读数字鸿沟——技术殖民与社会分化．上海：上海三联出版社，2003：121-133.

所缩小，2000 年 1 月的统计数据表明，在美国的高收入者中，白人在网络接入方面只排在第三位，只有 43%，而亚裔美国人是 69%，西班牙裔美国人是 47%，非洲裔美国人虽然只以 33% 排在第四位，但却是增长速度最快的一个群体。①

（3）语言鸿沟

尽管世界上的语言和文字有很多种，但语言鸿沟所凸显的是在网络上使用英语和使用其他语言之间的差距，以及由于这种差距带来的阅读、理解、交流等方面的障碍。实际上，现实的网络世界已经成为了一个英语使用者的电子平台，互联网中的参与者、裁判和游戏规则，都为英语和北美文化所统治。现在，根据各种语言的在线使用人数的统计数据，47.6% 的互联网用户使用的是英语。英语在互联网上的主导地位使得有些学者认为，语言鸿沟将是最大的数字鸿沟，因为它将世界人口一分为二，即懂得英语的人和不懂得英语的人……正如数字鸿沟剥夺了发展中国家人口的网络权利一样，语言鸿沟也可能使非英语使用者成为低人一等的网民。因此，任何关于普及使用互联网的严肃探讨，都应当正视网络中的语言鸿沟。②

（4）性别鸿沟

全球互联网女性用户平均只占 33% 的事实，说明了性别鸿沟的客观存在。美国的一些学者调查表明，1996 年的时候美国上网的妇女只有 18%，经过几年全美缩小数字鸿沟的努力，妇女上网的人数到 2000 年 3 月已经上升到 46%，和男性上网人数的比例相差无几。然而，男女在使用网络的模式方面还存在差别。男人大多数是查找产品和金融贸易信息，而妇女主要用网络来收发电子邮件、查找健康信息等。这显示出，虽然上网人数的比例是趋同了，

① 参见［美］托马斯·诺瓦克，唐纳·霍夫曼．种族对计算机和网络使用的影响．载曹湘荣．解读数字鸿沟——技术殖民与社会分化．上海：上海三联出版社，2003：121-133.

② 参见［韩］吴泽苏．数字空间里的语言鸿沟和知识差距．载曹湘荣．解读数字鸿沟——技术殖民与社会分化．上海：上海三联出版社，2003：133-153.

但是利用网络产生效益方面，性别鸿沟仍然存在。就世界范围内来看，性别鸿沟比美国的情况还要明显，亚洲妇女占该地区互联网总用户的22%，拉丁美洲的妇女占38%，中东的妇女占6%，在非洲没有可以利用的地区数据。① 许多学者非常关注性别鸿沟这一现实问题，南希·哈佛金和南希·塔格特就认为：发展中国家的绝大多数妇女，与那些同样忍受贫困的男性相比，更远离信息时代，处在这个鸿沟的最底层。如果支配和使用这些技术与社会经济的发展直接相联，那么就必须确保发展中国家的妇女能理解这些技术和使用这些技术的重要意义。否则，她们将更被排斥在国家与世界的主流之外。②

（5）代际鸿沟

代际鸿沟的产生，从网络接入的角度来看，很大程度上是由于信息技术的急速发展造成老一代人未能及时跟上造成的。显然，世界上任何一个国家中，老年人上网的人数远远低于年轻人。在美国，甚至许多老年的商人和博学的学者至今还是电脑盲。从网络使用的社会学角度看，这种代际鸿沟是一种正常的、严格说是不可消除的社会现象。年轻人使用网络，主要用来聊天、浏览新闻、找工作和娱乐，而老年人则主要用网络来收发电子邮件、查找信息等。这是一种集职业特征、社会角色、兴趣爱好甚至饮食起居等方面的差别为一体的鸿沟，因此可以视为一种正常的社会现象。但是，近些年的研究表明代际鸿沟还有另外一种表现，即当前许多信息技术和网页开发都是以正常成年人为基础设计的，很少考虑到老年人生理上的一些特征，因而在无形之中对老年人使用网络造成了较大的障碍，进一步加剧代际鸿沟。由于人体的自然老化，老年人使用网络获取公共服务与年轻人相比有着巨大的差异，老年人在使用电子

① 参见曹湘荣．解读数字鸿沟——技术殖民与社会分化．上海：上海三联出版社，2003：7.

② 南希·哈佛金，南希·塔格特．性别、信息技术与发展中国家：一种分析研究．载曹湘荣．解读数字鸿沟——技术殖民与社会分化．上海：上海三联出版社，2003：153-163.

政务的过程中会遇到许多阻碍。这些阻碍的产生在很大程度上源于网站开发中，尤其是网站建设中，没有充分考虑到老年人的生理特征，而仅仅采用了一般的通用性网站设计方式。美国政府就特别注意到了不同受益群体之间的数字鸿沟问题，例如针对残疾人的特殊需求所实施的无障碍网站设计，帮助残疾人获得与正常人一样接触电子政务的机会。老年人可视化网站是美国弥合代际鸿沟中一个重要举措，根据美国全国老年研究会（NIA）的调查，60 岁及 60 岁以上的老年人用户是在线获得政府资源的最大受益群体之一。由于人口老龄化的影响，美国老年上网人口正在迅速增加，2004 年老年新上网人口已占新上网总人口的 20%。① 此外，由于老年人行动不便，通过网络获取公共服务正在成为老年人的首选方式，并且老年人每周上网时间要多于其他年龄群。由此可见，越来越多的老年人正在通过网络获取各种提高生活质量、延年益寿的信息②，给美国政府弥合代际鸿沟提出了现实的要求。

从上述数字鸿沟的分类来看，数字鸿沟正在以不同的表现形式在全球范围内广泛分布。按照宏观、中观和微观的视角审视数字鸿沟问题，数字鸿沟就表现为国家之间的数字鸿沟、地区之间的数字鸿沟和不同群体之间的数字鸿沟。不管是哪一种分类或者表现形式，数字鸿沟背后所反映的都是一个不平等的社会现实，信息技术的排他效应会在社会的不同层面进行分化，加剧原有社会不公平的程度。从宏观和中观层面看，一个国家或者地区一旦在互联网的发展上有所超前，则会与其他国家或地区的差距越来越大，这是数字鸿沟马太效应造成的；同时，互联网技术及应用上的不平衡又会导致信息不对称，发展中国家就不得不承担不合理的网络互联费用，越是贫穷的国家由于发展的落后就越要承担昂贵的结算成本，越是

① BECKER. S. A., E-Government Visual Accessibility for Older Adult Users. Social Science Computer Review, 2004, Vol. 22, No. 1, Spring 2004-11-23.

② BECKER. S. A., E-Government Visual Accessibility for Older Adult Users. Social Science Computer Review, 2004, Vol. 22, No. 1, Spring 2004-11-23.

发达的国家越是可以无限制地剥削欠发达国家，获得自身的发展。从微观层面看，数字鸿沟表面上是网络接入问题或者是不同的群体在掌握和运用信息技术水平上的差异，实际上反映各个群体在信息化时代所面临的基本差别，是网络经济社会中个人、群体获取知识、掌握创新思想的能力以及创造财富的能力差距的表现。由此可见，数字鸿沟并非是一个简单的技术差异问题，而是一个社会问题，信息化时代中数字鸿沟会和历史差距、制度差距联系在一起，成为经济发展差距的同义词。进言之，数字鸿沟是信息化时代中影响社会公平的关键因素，数字鸿沟造成的机会不平等与传统社会种种不公平交织在一起，最终造成信息化时代的结果不公平。因此，信息化时代中维护社会公平，弥合数字鸿沟就成为公共行政不可推卸的责任。

3. 弥合数字鸿沟的政府责任

信息化时代中社会不公平的新形式——数字鸿沟的出现，给政府的责任增加了新的内容。传统公共行政中通过各种社会福利的供给以减少社会不公平的办法显然并不适合解决数字鸿沟问题，政府需要重新从制度和政策等方面对弥合数字鸿沟提供相应的支持。对于任何一个发展中国家而言，国家间、地区间和群体之间的数字鸿沟都会有不同程度的分布，弥合数字鸿沟将是一项非常艰巨的任务。具体来说，应该做到以下几个方面：

(1) 加大对信息产业的资金投资力度

随着电子计算机技术、通信技术的发展，可以预测将来在世界范围内会以信息化程度的高低形成两大阵营。信息基础设施建设迅猛发展的国家，信息资源开发利用得好的国家，其社会总产值将成倍增长，综合国力越来越强；而信息基础设施建设速度缓慢，信息资源开发利用不好的国家，其经济发展更加被动，甚至社会总产值会相应大幅度下降。可以说信息高速公路计划的实施，对经济发展的影响是不可估量的，“信息+经营=财富”已经成为各国政府和企业公认的一个经验公式。比如，美国的 Internet 产业是在政府长期不断的扶持资助下发展起来的，以非盈利方式运行 20 多年，从

1995年开始，政府的支持开始逐渐递减。直至1999年才创造利润，为美国增加了约5070亿美元的产值。因此许多专家建议以非盈利的政策促进互联网市场的发育。当然，建设一条高质量的电子信息网络需要巨额的资金投入，仅仅靠政府投资难奏全功，而政府不加大投资力度或者不进行投入更是不明智的行为。目前各国政府和地区在电子信息网络建设费用上的政策是不一样的，除少数国家和地区的基本建设费用主要靠政府投资外（如美国），大多数政府还在寻求企业和私人投资。对于中国而言，国家大量资金的投入本身就为国家今后更有力地进行网上管理奠定了基础。中国的性质与西方资本主义国家不同，国家应牢牢掌握那些决定国家经济命脉的支柱和基础产业。可以预言，信息产业将是21世纪执掌牛耳的产业，国家在其中的地位将直接影响国民经济比重中公有制的经济地位。而且作用不仅是经济方面的，也在于可以利用经济上的主导地位对网络资源进行合理公平的分配。① 政府加大对信息产业的投资力度，有助于弥合国家之间的数字鸿沟；同时信息产业的蓬勃发展还能帮助发展中国家减少因技术落后而必须付出的学习成本，间接地弥合本国国民与信息发达国家国民之间的数字鸿沟。可见，弥合数字鸿沟，政府首先应加大对本国信息产业的投资力度以消除信息技术发展程度的现实差异。

（2）树立危机意识和机遇意识

自数字鸿沟出现以来，人们就从不同的角度试图去认识数字鸿沟，因而产生了许多完全不同的看法和观点。有些人乐观地认为，数字鸿沟不过是一种技术差距，并不会加剧社会不公平的程度；另外一些人则认为，不同群体、地区和国家之间的数字鸿沟逐渐拉大，并和历史因素、制度因素交织在一起，加剧了社会不公平的程度。显然，信息化的发展现实印证了后者的言论，数字鸿沟正逐渐成为影响社会公平的重要因素，弥合数字鸿沟不仅要求政府做出相应的调整与行动，更要求政府在管理意识上进行转变，具体来说就是危机意识和机遇意识。危机意识对于发展中国家来说尤

① 金太军．论政府的网上责任．政治学研究，2001年第2期：47-56.

其重要，现实中各国是处于同样的信息化环境中，但是信息技术的发展程度却是完全不同的，造成发展中国家与发达国家之间数字鸿沟问题的关键正是技术发展程度的不同。以我国为例，与世界上其他信息技术发达国家相比，我国在信息技术的研发和应用上落后了几十年，而且这几十年的差距正随着数字鸿沟的马太效应逐渐增大。如果发展中国家在指导本国信息产业的发展过程中不能树立危机意识，盲目认为与信息技术发达国家处于同一起跑线，那么数字鸿沟的差距是无法弥合的。发展中国家必须牢固树立危机意识，时刻提醒自己处于技术落后状态，只有通过不懈的努力才能迎头赶上，避免因数字鸿沟而导致国家在全球化过程中遭受排斥。在树立危机意识的同时，还应当树立机遇意识。信息技术的快速发展和全球化过程的加剧，为后发展国家提供了有利的机遇。互联网将全球联系在了一起，虽然在不同的国家中实行了不同的信息管制，但是信息共享还是在一定程度上得以实现。有关信息技术最新发展动向的各种信息在互联网上可以轻松地查询到，这就为后发展国家在追赶信息技术发展速度上提供了机遇。后发展国家应当抓住这些有利的机遇，尽快缩小与信息技术发达国家之间的数字鸿沟。

（3）发挥政府信息化的示范效应

政府信息化是指包括政府上网、电子政务建设等内容在内的各种政府信息化措施。全面实现信息共享已成为世界各国政府的共识。美国所取得的成功给我们很大启示，由于实现政府信息化，政府员工得以精减，政府开支减少。全国税务管理系统、联邦政府采购系统和转账系统等网络的建立，节省了人财物，提高了政务透明度，在一定程度上堵住了徇私舞弊的渠道。除开政府信息化在公共行政系统完善过程中的积极作用，政府信息化还有着较强的示范效应。以政府为代表的公共部门与私营部门不同，它代表着公共利益，即一个国家所有公民的共同利益，而不是少数人的利益。因而，政府信息化能够在全社会范围内起到明确的示范效应。当政府开始使用各种信息技术来提供公共服务的时候，公民就不得不逐步适应这个社会过程，学习并利用各种信息技术与政府公共部门打交道，这样就可以推动全社会进入信息化社会。对于发展中国家而言，政府信息化还有着其他方面的重要作用。首先，政府信息化需要大量的人力、物力和财力的投入，是一个极其复杂的大型系统工程。政府信息化不可能靠政府单方面完成，在建设过程中，政府投入的是大量的财力和物力，但是技术却掌握在信息厂商手中。这就意味着，发展中国家实施政府信息化，实际上也是对本国信息产业的一种扶持，各个信息厂商如果能够将政府信息化当作机遇合理利用，那么政府信息化对于信息厂商自身的资金积累和技术更新有着极大的促进作用。当然，发展中国家的政府信息化在扶持本国的信息产业的时候，还必须注意避免出现对信息技术发达国家的技术依赖性。也就是说，发展中国家在扶持本国信息产业的时候，应该注重的是拥有独立知识产权的信息技术和产品的开发，而不能完全依赖于发达国家的先进技术。例如，我国在近些年就积极投资开发拥有自主知识产权的操作系统和硬件设施，其目的就是为了逐渐摆脱微软、英特尔等信息巨头对我国政府信息化的控制和垄断。其次，政府信息化可以使得信息资源的利用率得到极大提高。政府作为社会当中信息资源拥有量最多的一个主体，如果不能将信息资源拿出共享，仅在有限范围内使用，那么就无法发挥为经济发展服务的功能。政府信息化过程正是将政府拥有的大量信息在网络上形成分享，不仅能使得这些信息能够产生更大的社会经济效益，而且还能通过信息共享帮助政府完善其自身合法性基础。再次，政府信息化的推进，会使得政府部门中的信息技术人才出现短缺，从而推动高等教育对信息技术人才的培养。信息基础设施、信息技术如果离开人的操作，就无法产生积极的社会效应。政府信息化的推进让从事信息技术研发和应用的各类职业成为热门，必然会引导大量的人力资源积极寻求掌握信息技术应用技能的各种教育途经，而高等教育中开设计算机及其相关专业适时地填补了这一空白，为信息化社会提供了各类信息专门人才。可见，政府信息化不是一个简单的在政府部门中应用信息技术的过程，其产生的社会效应是广泛的，包括信息产业的资金和技术积累、信息技术人才的大量涌现和推动知识经济的发展等，这些无疑为发展中国家缩小与发达国家之间的数字鸿沟，弥合不同群体间的数字鸿沟提供有益的帮助。

（4）积极寻求国际合作

对发展中国家而言，按照国际惯例行事，全方位介入国际大市场，执行统一的国际标准游戏规则是应对全球化的必然举措。在消除数字鸿沟方面，国际通行政策主要是竞争政策和普遍服务政策。所谓竞争规则，就是在信息基础设施领域，通过允许更多的企业参与经营竞争来降低购买和使用信息产品的成本。美国在20世纪80年代为了提高电话普及率，就使用了竞争政策，目前美国的家庭电话普及率已经达到百分之百的极限。相比之下，我国目前的电信市场中，电话普及率不高，全国固定电话用户和手机用户的增长速度虽快，但是占总人口的比例只达到30%强。这其中还不排除有些家庭拥有多部电话和手机的情况，如果按家庭普及率来计算的话，普及比例还会降低。鉴于此，我国政府正在积极实施竞争政策，在电信和互联网领域中已经颁发了九张运营许可证。但是，目前的竞争主要集中在了长途网，本地接入仍然是一个瓶颈，如何在本地接入当中引入竞争，改善本地接入的成本和服务，提高电信和互联网的利用率是亟需解决的问题之一。实践表明，降低通信价格对扩大电信消费用户数量、刺激社会电信服务消费、促进电信市场繁荣、拉动相关产业的发展特别是电信设备制造业、互联网和电子商务的发展具有显著的促进作用。我国政府如何调整、降低通信价格将成为决定我国信息化进程的关键因素。所谓普遍服务政策，就是为了促进落后的、偏远的、贫困的或者欠发达的地区信息基础设施建设，设计一套合理的集资办法，在透明、公正的条件下，通过恰当的方式让企业为此承担一定的义务。这一政策最先得以实施并取得成功的是美国，自1996年以后，美国政府推行的普遍服务政策让越来越多的人能够使用互联网和各种电信服务。就我国现实国情来看，东部地区和西部地区之间的经济差距和数字鸿沟非常明显，实施普遍服务政策有着极为现实的意义。具体来说，我国政府应该在经济欠发达地区加大投入，完善信息基础设施建设，特别是在扩建完善现有以光缆为主体的基础信息传输网的同时，加速建设新一代的高速计算机网络，使之成为一个融语言、数据、图像为一体，超大容量、灵活高效、经济适用、安全可靠的高速宽带通信网，构筑满足经济与社会需要的信息化基础平台；同时在西部地区信息基础设施建设中，可以考虑在互联网市场中对学校、图书馆和一些社区的公共基础设施的使用进行适当的补贴。当然，上述的各种普遍服务化政策会加剧我国的财政负担，但是考虑到我国地区之间的数字鸿沟所产生的社会经济效应，以及信息化背后潜在的经济效益，增加对西部地区的信息基础投资是不无裨益的。

（5）参与制定国际信息秩序

前文对数字鸿沟类型的论述中，语言鸿沟的出现已经在世界范围内出现了新的分化，形成了全球化进程中不同国家因为信息产业、信息经济发展程度不同所造成的信息时代的南北问题。由于以英语为主导的北美文化在整个信息化时代的规则中占据了有利的位置，在增加发展中国家追赶信息技术发展速度的难度的同时，还形成了在全球化经济发展过程中的不平等待遇。为此，发展中国家积极参与制定国际信息秩序是非常必要的。同时，发展中国家也应该清楚地认识到，发达国家举起缩小数字鸿沟的旗帜，目的只是在南北经济差距日益拉大的今天，转移南方国家民众的视线，缓和发展中国家的不满，发展国际贸易并打开广大发展中国家的信息产品市场。在2000年西方八国首脑会议上通过的《关于全球信息社会的冲绳宪章》，呼吁消除国际性信息差距、知识差距，提出为解决发展中国家的需求而促进政策、法规和网络等环境的健全，降低费用、培养人才，鼓励参加世界性电子商务网络等。这些措施和政策对缩小南北之间数字鸿沟具有积极意义。就我国而言，我国应该积极利用国际组织倡议和宣言的有利部分，缩小数字鸿沟，参与建立国际信息新秩序。信息革命及信息化的高速发展，除了带来数字鸿沟之外，还引发了国际政治、军事科技、信息安全、经济秩序、社会意识、公共安全、法律制度、道德伦理等方面的问题，这些问题是全球各国共同面对的，需要世界各国的平等参与、深入探讨、协商处理和共同管理。在信息领域新游戏规则的制定方面，由少数几个信息大国或国家技术集团说了算的局面是不正常的，不符合国际关系民主化的潮流，也不符合信息技术的发展趋势。缩小和消除数字鸿沟的努力，是建立国际政治经济新秩序的重要组成部分。①

① 参见邵培仁，张健康．关于跨越中国数字鸿沟的思考与对策．浙江大学学报（人文社会科学版），2003 年第 1 期：125-133.

第六章

网络治理与网络民主

网络行政的出现，使得传统行政系统的组织结构和权力结构都发生巨大的转变，进而引起公共服务供给方式、公共政策制定模式和维护社会公平的内容也产生了相应的变化。从系统的角度来看，前文探讨的内容大多是网络行政中各个子系统的变化趋势及其内容，而没有从整体上分析公共行政系统在信息化时代的总体转型。换言之，在信息化时代中，如果以公共行政系统各子系统的适应变化替代公共行政的整体转型，那就有可能误解网络行政应有的含义。正确地认识和理解网络行政，就离不开对网络行政的整体性认识。本章将从宏观的视角审视公共行政在信息化时代中的变化，在整合前文探讨的各个行政子系统的基础上，分析网络治理和网络民主这两个新兴的公共行政议题。在公共行政的发展历程中，治理理论是继新公共管理理论之后逐渐兴起的理论解释模式，代表着公共行政理论的发展前沿。本章讨论的网络治理则是在治理理论的基础上，更加强调社会网络的一种治理形式。网络治理非常重视在公共行政中不同主体的参与活动，这种参与活动的背后暗含着民主的意蕴，进而促使学术界探讨民主在新的历史条件下会产生如何的变化。正如前文分析的那样，网络行政是由于技术网络和社会网络的叠加而形成的，网络治理强调的是社会网络对于公共行政的影响，网络民主则是分析技术网络为民主这个政治制度提供了怎样的历史契机，两者之间有着必然的联系。此外，对网络民主的分析还隐含着一个理论的预设，即行政和政治两者之间并不是简单的二分关系，脱离政治去分析行政，只会陷入管理主义的困境，无法对公共行政中的公共一词所包含的公共利益做出合理的解释。无论是新公共行政理论，还是治理理论都极为强调这一理论预设，本章对网络民主的探讨正是对这些理论的继承。

一、治理与当代治理理论

治理理论是随着全球化公共事务的增多而逐渐进入人们视野的，1989 年世界银行在概括非洲国家的公共管理情况时，使用了“危机治理”一词，并提出了“良好治理”的制度框架，治理理论开始为人们所熟识。治理（governance）并非是一个新造的词汇，最早见于 14 世纪末期英格兰国王亨利四世统治时期，用来表明上帝之法授予国王对国家的统治之权。① 显然，治理英文的原始含义与当前所探讨的治理含义是完全不同的。因此，可以这么说，正是历史的发展赋予了治理全新的含义，经过西方理论家的使用、阐释和发展，通过国际组织和西方国家的政治与行政实践对其的运用和检验，治理逐渐成为指导公共行政实践的一个完整的理论体系。

1. 治理的理论界定

在传统的意义上，治理（governance）与 governing、government 等概念的差别不大，都表明是君主或国家至上权力的统治、管辖、支配和控制。从 20 世纪 80 年代开始，随着全球化浪潮席卷全球，治理一词的含义开始发生重要的变化。当代治理概念及其治理理论被

① Weller, P.. In Search of Governance. In David, A., And M. Keating (Eds.). The Future of Governance, St. Leonards, 2000, NSW: Allen &Unwin.

当做是一种解释现代社会、政治秩序与结构变化，分析现代政治、行政权力结构，阐述公共政策体系特征的分析框架和思想体系，与传统的统治（governing）和政治控制（government）的思想形成了鲜明的对比，甚至对立起来。我国学者毛寿龙在谈到治理理论的时候就指出，“英文中的govern既不是指统治，也不是指行政和管理，而是指政府对公共事务进行治理，它掌舵而不划桨，不直接介入公共事务，只介于负责统治的政治与负责具体事务的管理之间。它是对于以韦伯的官僚制理论为基础的传统行政的替代，意味着新公共行政或者新公共管理的诞生，因此可译为治理。”① 治理理论在其发展过程中，还将治理的目标设置成为善治（good governance），用来表达对依靠自身的创造能力，运用有效的管理途径，驾驭瞬息万变的环境，实现人类可持续发展和提高公民的普遍福祉。由此可见，治理一词所包含的意思非常广泛，一方面，治理理论试图概括现代社会中纷繁复杂的各种现象，因而使得治理的概念界定变得非常复杂，难以形成定论；另一方面，不同的研究者在研究视野和研究对象上的不同，也会使得治理这一概念在具体解释社会现象时所采用的标准、得出的结论有所不同。例如，英国学者罗茨曾列举了理解治理的六种相对不同的视角：第一，作为最小国家的治理模式，即主张建立小而美政府的观念，尽量减少国家在社会经济生活中的作用，这倾向于新自由主义的观点；第二，作为公司管理模式的治理，强调服务提供中的公正性、开放性和全面解决问题的责任；第三，作为新公共管理的治理，倡导将私营部门的管理主义精神和市场的竞争机制引入公共部门和公共服务之中，提高公共管理的绩效；第四，作为善治的治理，立意于在一个民主授权的机制下，建立比政府组织更广泛的、更开放的公共事务管理与服务体系；第五，作为新的社会控制论系统的治理，认为社会政治体系或模式的形成是行为者互动参与的结果，在这种互动过程中，维持体系运行的不是来自于等级制自上而下的命令控制，而是平等的

① 毛寿龙，等. 西方政府的治道变革. 北京：中国人民大学出版社，1998：7.

行为主体之间的相互影响与妥协；第六，作为自组织网络的治理，强调建立以信任、合作、互惠为基础的社会资本资源交换和共享的自主性网络，形成社会自主的和公民自我的管理模式。① 从罗茨列举的不同视角来看，治理似乎成了一个大杂烩，包含了当代公共行政理论中各种理论内容，既有早期的“小政府、大社会”行政改革模式，也有新公共管理的实践模式，甚至网络行政的某些内容也被混合在了治理庞杂的理论体系之中。显然，这种混合的视角无益于人们对治理的概念形成正确的认识。

从学理意义上讲，治理应当是一种传统行政模式的替代模式，它应该是对各种传统公共行政理论的扬弃而不是简单的糅合。美国学者莱斯特·塞拉蒙对治理的界定就比较具有代表性，他认为：治理是实现公共服务效益、效率、公平的基本工具，是超越于“公”“私”二元结构的、实现社会网络体系化的策略创新。在公共政策的分析单位上，从局限于单一性公共机构或公共项目管理，向雨后春笋般发展起来的多样化治理工具转变；从注重纵向控制的科层制组织，向横向构建的社会网络体系转变；从公共部门与私营部门的对立，向公共部门与私营部门和其他社会组织建立新型关系转变；从科层制式的自上而下的命令体系，向以社会网络为依托的合作式的协商与说服转变；从适应公共行政的种种管理技能，向适应治理要求的授予权力的技能转变。② 塞拉蒙对治理的界定更符合当前的社会现实，揭示出世界各国公共行政在改革过程中实施的具有共性的调整内容，为治理成为一个完整的理论体系奠定了部分的概念基础。

综合地说，所谓治理是指各种公共的或私人的机构和个人管理其共同事务的诸多方式的总和。它是使相互冲突或不同的利益得以

① 参见俞可平．治理与善治．北京：社会科学文献出版社，2000：87-96. 英文原文可见：Rhodes, R.. The New Governance: Governing without Government, Political Studies, 1996, Vol. 44: 652-667.

② Salamon, L.. The Tools of Government: A Guide to the New Governance, New York: Oxford University Press, 2002: 9.

调和并且采取联合行动的持续过程，既包括有权迫使人民服从的正式制度和规则，也包括人们同意或认为符合其利益的各种非正式的制度安排。① 从公共行政的视野来看，治理强调的是一种多元的、民主的、合作的、非意识形态化的公共行政模式。具体而言，治理至少意味着：第一，政府组织不再是唯一的治理主体，治理承担者已经扩展到政府以外的公共机构和私营部门；第二，治理中的权力运行方向发生变化，从单向度的自上而下转向了上下互动、彼此合作、相互协商的多维向度；第三，强调管理对象的参与，模糊公私之间的界线，希望在管理系统内部形成一个自组织网络，加强系统内部的组织性和自主性；第四，政府治理策略和工具向适应治理模式要求的方向改变。

2. 治理理论的社会背景

公共行政是一门实践性很强的学科，从另外一个角度来看，任何一种公共行政理论的诞生都与行政实践有着密切的关系，治理理论也是如此。西方学者大多认为，用治理来替代统治，是一种历史的进步，也是民主发展的必然趋势，可见治理理论有着深刻的社会背景。

治理理论产生的最根本原因是国际经济一体化和全球化给社会带来的全面影响，这直接导致了公共行政在内容和方式上的转变。经济全球化使人们的活动跨越了国家领域的限制，从而产生了一些跨国经济、社会组织和世界性的活动，即全球性公共事务的出现。美国学者阿里·法拉兹曼认为："跨国公司的成长以及全球资本主义的扩张，已经使国家变得无足轻重，""全球资本主义导致了超国家管理机构的出现，它们即便没有取代疆域性的民族国家，也成为民族国家的重要补充。""国家权力和权威在质量和数量上都发生了退却性转移，在有些地区和国家，为了适应、塑造和控制不断增长的国际政治、经济渗透，正在逐渐体现出'从福利国家到竞争国

① 俞可平. 治理与善治引论. 马克思主义与现实，1999年第5期：37-41.

家’、‘空心国家’(hollow state)①、法人国家等过渡性特征。”“全球性公司将创造一个超越民族国家的世界秩序，即一个‘地球村’、一个实行全球性治理的世界政府。”② 面对全球化对传统的以国家统治为单位的国家管理形式提出的挑战，面对全球性公共事务在传统公共行政中应对的不足，面对新的公共管理领域，西方理论家们提出应该对传统的国家理论进行反思，对传统的官僚体制进行质疑，部分理论家甚至试图提出一个普遍适用的、全球性质的公共行政理论，也就是治理理论。

治理理论兴起的原因还在于学者们对管理主义和理性主义的反思。自20世纪中叶以来，随着科学技术和管理技术的发展，不仅是政府，而且还包括私营企业、公司等生产经营性组织和学校、社团及其他社会公共组织都经历了一个逐步分工细密、结构复杂、层级增多、制度规范的发展过程。韦伯所创立的官僚制不仅在政府部门中适用，在一些社会化程度较高的组织中也被大量采用，这可以当作是管理趋同化的一种表现。二战之后兴起的公共行政改革中，以企业家政府理论为标志，企业管理中的种种技术和方法逐渐渗透到政府及其公共部门之中，比如绩效管理、质量管理、目标管理、合同外包、服务市场化等的引入，也从实践的角度印证了管理趋同化。由于公共部门和私营部门在管理上的趋同，产生了一些共性的问题，这些问题应该说是官僚制组织自身原因所造成的，即官僚制中对机械管理和工具理性的强调会造成组织绩效的下降。在反思官僚制存在的弊端的过程中，学者们逐渐倾向于寻求一种替代模式来消除官僚制组织中的不足，这种替代模式不仅适用于公共部门，同样也适用于私营部门。因此，从管理趋同的角度来看，治理理论的产生与发展是与国际上管理科学和技术的发展、应用分不开的，也是人们在公共行政领域和经济管理领域中不断比较、学习和借鉴的

① Hollow state 也有中空国家，空心化国家等多种中文翻译，其含义都是指国家权力和权威的退却性转移。笔者注。

② 阿里·法拉兹曼. 曾峻，朱华，译. 全球化与公共行政. 北京行政学院学报，2000年第5期：71-75，2000年第6期：75-78.

结果。

治理理论的出现还是一种对政府形式和市场形式的批评的回应。在公共行政领域中，一直存在着保守主义和自由主义的争论，对于政府与市场的职能、定位、作用都有着不同的争议。20世纪初期，由于经济危机和世界战争，政府的地位和权力一度提高，政府的职能一度扩张到极限；但随着社会的发展，在20世纪中后期的时候，政府的地位和作用又重新受到质疑，基于市场进行资源分配的自由主义一度兴起，尤其是以公共选择理论和新公共管理理论为代表，推崇市场而遏制政府。在保守主义和自由主义两者的相互争论中，每一方都以己之长去批判对方之短，但同时又无法克服自身的弊端。这就是在公共行政中经常提及的政府失灵与市场失灵。正是鉴于政府失灵和市场失灵，"愈来愈多的人热衷于以治理机制来应付市场或国家协调的失败。"① 治理理论的出现，在某种程度上是对政府失灵和市场失灵的一种反应，它旨在弥补两者的缺陷，寻求两者之外的第三条道路。同时也应当注意到，作为第三条道路的治理理论也不是完美无缺的，它也有着自身的缺陷，会形成所谓治理失败，各国学者提出社会风险这一崭新概念来弥补治理理论的不足。

最后，世界各国的民主化进程的推进和市民社会的发展也推动了治理理论的产生。民主作为一种国家理想，是现代国家追求的政治目标。传统的国家理论中的社会分层，一直是以统治者与被统治者的对立为主线，围绕公共权力的使用在公共行政中实施管理者与被管理者的划分。这种不平等的划分，使得管理者与被管理者之间的关系不平等，并且两者的社会地位也是不平等的。重视民主，正是要求对人民主体地位的肯定和关注，要求人民参与到国家的统治和管理中来。当前各国公共行政中对于民主理念的追求，意味着国家与市民社会之间的良好合作，意味着国家权力的分散和公民权利的回归，并逐步追求公民对于部分涉及自身利益的公共事务实施自

① [英] 鲍勃·杰索普．治理的兴起及其失败的风险：以经济发展为例的论述．国际社会科学杂志（中文版），1999年第2期：13-18.

我治理。这些潜在的可能为治理理论的形成提供了现实的需要和动力。

3. 治理理论的主要特征

回顾治理理论的社会背景以及治理的包罗万象的理论界定，可以帮助我们认识到治理理论的大体轮廓和主要的价值追求。如果从严格的理论体系上来看，治理理论所追求的善治目标则包含以下主要特征：

合法性。政治学上的合法性指的是社会秩序和权威得到社会公众的认可和支持，而不仅仅是政府的统治和管理地位获得宪法和法律的确认。长久以来，合法性都被看作是有效统治和政治稳定的基础。很显然，只有当政府获得人民自愿的拥护时，其统治才更有效力，更能保持政局的稳定。相反，如果统治的合法性受到怀疑乃至否定，政府的动员和贯彻执行能力就会被削弱，最终导致政治动荡。从治理理论的目标——善治要求最大限度地协调各种利益矛盾，使公共管理活动获得社会大众最大限度的认同和服从。

参与。善治要求打破公共管理权力的封闭性，提供制度化的途径，开放各种渠道，让公民和各种社会组织合法地分享社会管理权力，鼓励他们参与到公共事务的治理中去，表达他们的利益诉求，并对公共权力的运行实行有效的监督。一个国家社会成员的参与程度，直接涉及社会成员意愿的体现程度、决策的正误以及监督的力度。可以说，没有公民的积极参与和合作，至多只有善政，而不会有善治。

法治。善治所要求的“法治”至少具有以下两层含义：一是拥有一个公正的法律框架，规定政治权力划分的基本规则以及政府活动的界限，公共管理部门的活动必须受到法律的严格约束，公共管理活动必须具有法律的依据；二是法律能够得到公正地执行，对公民的自由权利进行妥善的保护。换言之，善治中法治的特征，实际是要在公共部门的活动与个体的私人活动之间划分明确的界线，并通过法律的形式予以保护。

透明性。透明性意味着所有的决策及其执行都遵循既定规则进行，同时还意味着这些决策及其执行影响的群体可以自由地获得尽可能充分的相关信息。善治要求政府在实施公共管理过程中，除法律、法规规定不宜公开之外，与公民个人切身利益密切相关的事项应公开宣示。公开的内容主要包括操作程序和信息。此外，善治还要求公共权力机关为公民提供足够的信息，并且这些信息应该通过最容易理解的形式予以发布。

回应。回应意味着政府对公众的要求做出积极、及时的反应，而不是以追求公共组织自身需要满足为目的。另一方面，回应还意味着政府必须主动关注公众的利益需求和偏好，及时推出相应的政策，对公众的合理需求予以满足。

一致性导向。任何一个社会中都存在着各种各样的行为者和各种各样的利益诉求，善治要求对这些利益进行协调以达到一种广泛的一致性，即对社会的最大利益及其实现方式达成一致。同时，善治还要求对人类发展及其实现方式进行一个广泛和长期的观察和规划，而这些又来自于对社会的历史、文化和社会环境的了解。换言之，善治要求政府对社会当中零散的个体利益诉求加以整合形成公共利益。

公平和包容性。善治要求公共部门以公平、统一、无歧视的公共管理为基础，实行各种社会管理措施。一个善治的社会必须要兼容多方的利益诉求，让所有的成员都能享有一定的利益，而不会感到被社会主流所排斥。社会中的任何一个公民，都享有成为这样专职从事公共管理的公民资格的平等权利和均等机会；特别是那些弱势群体应该拥有、维持和改善他们生存环境的机会。

效力和效率。善治不仅仅是公共行政精神的一种追求，同时也是各种管理科学实践的经验总结，效力和效率就是指善治要求在满足社会需求的过程中实现社会资源的最优配置。同时，善治还包含着对自然资源进行合理利用、对环境进行有效保护的意义，即实现人类社会的可持续发展。

责任。善治作为治理的目标，不仅仅要求政府，而且还要求私营部门和公民社会组织，必须对公众及其利害人负责。也就是说，一个组织或者机构必须对将会受到决策或行动影响的群体负责。显然，承担责任的前提是政府透明化和回应性的达成：没有政府透明化，利害人就无法在利益受损的情况下寻找诉讼的对象，组织或机构也有可能逃脱对于责任的追究；没有回应性，社会成员的利益诉求就没有明确的指向，组织或机构的责任也就无从谈起了。①

治理的目标——善治所包含的几个重要特征，实际上在各国的公共行政实践中已经有部分地实现，例如在新公共行政理论的指导下，英国和美国就提出在公共行政中实现责任政府，要求对公民的利益诉求做出及时、迅速地回应并承担起应有的责任。上述对治理的特征的概括无疑为各国的公共行政实践提供了一个整体性的指导意见。

二、网络治理机制

如果说治理理论提供了一个值得人们期待的理论体系的话，那么在实践中还需要具体的操作机制及其具体治理目标的设定。网络治理的提出，是将视角从一般的理论探讨具体到某一个实践层面，以寻求现实的社会效应。具体而言，本节所说的网络治理是治理理论在一般组织网络化形态中的具体应用，即在社会网络的基础上分析治理目标的设计与实现目标的具体机制。琼斯等人（1997）扩展了交易费用经济学理论，引入任务复杂性这一维度，使网络治理建立在四重维度的交易环境中，即：（1）供给稳定状态下需求的不确定性，（2）人力资产强定制交易（customized exchange）的专用性，（3）时间紧迫下的任务复杂性，（4）网络团体间的交易频率。② 这是将治理理论应用到企业管理的一个典型模型，但是并不能有效地应用于公共行政视野下的治理机制，更不能以普适的社会

① 参见万俊人：现代公共管理伦理导论．北京：人民出版社，2005：74-75.

② Jones, C. Hesterly, S. W. & Borgatti, P. S. . A General Theory of Network Governance: Exchange Conditions and Social Mechanisms. Academy of Management Review, 1997, Vol. 22, No. 4: 911-945.

机制替代治理机制。参考企业治理机制，在公共行政领域中的治理机制包括：

1. 适应机制

网络治理本身受到复杂外界环境的影响，并且由于参与主体的多元化和网络化，使得治理环境变得更加复杂。在此情况下，适应性就成为每一个组织个体生存的前提要求。同时，良好的适应性也是一个组织与其他组织之间进行良好互动的前提。试想在信息化时代中，一个封闭的组织严格束缚组织内部信息的流动，拒绝适应社会环境的变化，那么要这样的组织与其他组织之间形成互动几乎是不可能的。同一般社会组织一样，政府代表的公共组织要与其他社会组织形成互动关系，首先就必须具备适应机制。一般认为，政府及其公共组织的适应性只能从政府与外界的互动和改革实践中得到强化和体现。奥斯本的企业家政府理论就提到，政府所扮演的核心角色就是掌舵，明确组织目标，剔除那些不再服务于核心目标的职能。奥斯本使用了灵活绩效框架作为实现政府公共组织核心战略的工具①，这一工具的提出实际是适应机制的具体表现，包含着角色定位、关系处理和流程再造三个方面的内容。在社会网络中，政府应该处于主导地位，是仲裁者和网络管理员。政府及其行政组织既要理顺行政系统内部网络的关系，也要正确处理与组织外部网络之间的关系，这种关系处理需要对管理方式和领导方式进行相应的调整，比如在网络治理中，行政组织中的领导就必须具备高超的谈判能力和外交式的斡旋能力。对于行政组织自身而言，网络治理的适应机制就表现为组织内部的流程再造，其核心是借助信息技术，以重组业务流程为突破口，将原来被分割的碎片化的业务流程合理地重新组装。流程再造的思想可以在彼得·盖伊斯的弹性化政府思想中找到具体的操作内容，例如岗位轮换、设立项目管理的临时性团

① ［美］戴维·奥斯本，等．政府改革手册：战略与工具．北京：中国人民大学出版社，2004：117.

队、虚拟性团队等。①

2. 信任机制

正如前文分析社会网络的各种要素时所提到的，社会网络的成型取决于社会资本，而社会资本中最重要的构成就是组织间的信任。就公共行政而言，要实现网络治理，必须重视信任机制的建设。具体而言，社会网络中的互动，其基础除了一系列正式的规则之外，更多的是依靠以感情为特征的弱纽带的作用，即信任是组织间互动的必要前提。在网络治理环境中，组织间的关系往往是竞争与合作并存的，竞争是为了进一步提高公共产品供给的质量和效率，合作则是为了更好地整合和利用各种社会稀缺资源，提高组织效益。在组织网络关系的互动中，对话和谈判是必要的沟通途径，信任则是形成合作的前提。网络组织的成功运作就是要保证合作各方有足够的动机不去利用组织间的信息不对称和不完整来谋取各自的私利，以使得合作成员能够同步互动且有序高效地合作。从行政组织的角度来看，信任机制的建立主要是通过完善公民社会，促进社会资本的积累，以及实施合作的组织文化战略来实现。公民社会的出现已经是大势所趋，政府及其行政组织必须改变传统的控制策略，通过权力下放促进公民社会的发展和完善。同时，政府还应该有意识地培育公民品德，因为社会资本的形成与积累有赖于公民良好的品德，相反，在一个道德败坏的社会里，社会资本的数量不可能丰富，所发挥的效应也极为有限。此外，政府在组织文化战略上的调整也是促进组织间合作的必要手段。组织文化不仅仅对政府自身而言非常重要，而且对于网络中的其他组织来说也是必要的。组织文化的改变是组织深层次的转变，涉及组织的自我形象和行为模式的改变。政府和其他社会组织如果能够形成共通的组织文化，那么这种文化不仅具有有效的激励功能，而且还具有强大的凝聚效应，加强社会网络中成员自觉强化网络的向心力，促进网络治理的

---

① 参见［美］彼得·盖伊斯．政府未来的治理模式．北京：中国人民大学出版社，2004：序言．

实现。

3. 协调机制

本质上说，社会网络只是一种形态，并不能自发地产生积极效应，它必须建立在有意识的协调努力基础之上，倘若没有这种努力，社会网络就趋向解体。因此，政府作为社会网络中的主导力量，必须建立网络协调机制，减少社会网络中不同利益主体之间的冲突。在社会网络中，组织间的伙伴关系取得成功的关键是资源的协同增效作用，或者说是由于伙伴共享资源而非个体独占资源得以增加的“价值”，但是伙伴之间不可避免存在着利益和期望的冲突，常常会有不和谐的声音出现，破坏网络的稳定。在网络治理中，协调能够使得参与者在组织间决策过程中进行协商，在信任与互惠的基础上共同确立决策方向与目标。协调机制的建立有助于实现资源、信息与知识的共享和流动，扩展组织自身的竞争优势和发展潜在的核心能力，并且协调还能够降低网络的运行成本和成员之间的交易费用。就行政组织而言，在网络治理时代中，行政组织内部网络的协调主要体现在结构的调整和授权，因此，管制和放松管制就成为协调机制中两个重要的治理工具，即行政权力的放松和集中的并存。此外，行政组织不同层级的政府有时候会面临资源短缺的问题，尤其是单个地方政府很难获取完成行政目标的所有资源和能力。这时，政府间的协调就可以为资源的整合，实现统一有序的行动、达成行政目标提供有益的帮助。就行政组织外部网络而言，行政组织在社会网络中的主导地位表现为，政府的公信力可以减少其他社会组织之间的防备心理，降低它们合作的交易成本。同时，政府作为社会网络中利益冲突的仲裁者和网络秩序的监督者，可以在社会网络的各个成员的合作过程中进行有益的协调，排除网络合作中的障碍，并实施相应的规制。由此可见，网络治理中政府协调机制从表面上看是对网络利益冲突的仲裁，其深层次的含义是在协调社会网络中各成员之间利益的过程中，建立社会网络中的良性、稳定的网络秩序。

4. 整合机制

琼斯所提出的企业治理的四维解释模型中，将企业的整合机制概括为水平和垂直两个方向的运动，这实际是指企业组织在资源上的不同维度的整合。就一般组织而言，整合机制的建设实际还包括权力整合和组织整合，与资源整合一起相互作用，产生共同的作用。换言之，在实施资源整合的过程中，组织还应当重视权力整合和组织整合。在公共行政中，为了解决处理公共事务的过程中社会资源不足的问题，公共行政的实践家采取各种资源整合措施，包括一系列管理工具的使用。例如奥斯本针对资源整合提出，在公共行政中应当采取企业化管理、有序竞争和绩效管理。① 而民营化的主要倡导者萨瓦斯则提供了更为多样化的改革工具，包括政府撤资、合同外包、特许经营、补助、凭单等。② 这些工具的提供为政府整合资源提供了有力的支持，但同时也给政府在权力整合和组织整合方面提出了新的要求。针对权力整合，政府的主要措施是授权。因为无论使用上述任何一种资源整合工具或策略，都会引起政府权力的结构变化，比如民营化措施中的合同外包，就是较为典型的政府的委托授权，通过合同的形式将政府的部分权力和职能转交给私营部门或者非营利组织完成。在这一委托过程中，政府下放了服务供给的权力和职能，同时仍然承担着在委托服务中体现公共利益的职责，这也是在网络治理中政府授权的真实含义。而组织整合是与权力整合、资源整合必然相联的结果。一旦政府拥有的权力和资源发生了转移和变化，政府的组织结构和边界必然要进行调整，如此才能适应权力整合和资源整合的要求。事实上，组织的网络化形态早已证明了组织与权力、资源的相适应的必然性。值得注意的是，在网络治理中，社会网络的互动是动态的，会涉及不同组织之间的分

① ［美］戴维·奥斯本，等．政府改革手册：战略与工具．北京：中国人民大学出版社，2004：140.

② ［美］E. S. 萨瓦斯．民营化与公私部门的伙伴关系．北京：中国人民大学出版社，2002：321.

分合合，因此，组织的整合也是动态的。也就是说，政府在寻求各种合作的过程中，所面对的组织是整个社会网络中的不同成员，可能是私营部门，也可能是各种非营利组织，政府有必要根据需要进行适当的组织调整和整合。

5. 维护机制

前面已经多次提到，在社会网络中的不同参与者，在某些领域可以相互协作、采取联合行动，但在另外一些领域则可能由于利益冲突而变成竞争对手，简言之，在社会网络中互惠和冲突是并存的。因此，从公共行政的视野来看，网络治理的一种重要机制就是要维护社会网络的整体功效、运作机能，以及参与者之间的交易与利益的均衡。网络治理的维护机制将治理的对象从组织转向了社会网络，即通过对社会资本的促进来确保社会网络的完善，在社会组织理论中，维护机制可以称为依赖社会关系在组织中嵌入式结构来维护网络的运行。进一步讲，网络治理维护机制的意义首先在于能通过达成集体的共识与许可，增加不正当竞争行为的成本，规范社会网络中各成员之间的交易。可见，网络治理的维护机制的主要目的是对已经形成的网络关系加以维护和规范，以便使得这种协作、互惠的网络可以长期存在下去。但是，由于社会网络开放式的结构，社会网络中可能每时每刻都会有成员进出，也就是说，不同的组织个体会依据自身的利益需求不断地对参与或不参与网络进行选择，这就使得社会网络具有极大的变动性，也为网络治理的维护机制增加了难度。就政府而言，对社会网络进行维护主要表现在两个方面：一是相应法律规范的制定与实施，即为社会网络提供制度保障；二是利用技术网络的支持，对社会网络实施有效的监督。制度保障可以从市场失灵的理论结论中推导出来：政府以外的组织基于自身利益的考虑而放弃对公共利益的追求，因而无暇顾及市场中规则的制定。同样，在网络治理中也是如此，维护网络稳定的制度只能是由政府提供，因为制度本身是一种典型的公共物品。值得注意的是，制度是处在不断调整和完善的过程中的，因为网络治理的动态性随时可能会给现行的制度提出新的要求，这就要求政府在设置相应的制度时，充分考虑到社会网络的特性以及网络成员的行为特征，在征求社会网络中各个成员意见的情况下，出台针对性的法律法规。利用技术网络实施有效的监督则是充分利用了技术网络在信息传递等方面的优势。技术网络在为社会提供了现实的物质基础的同时，也为政府实施有效的监督提供有利的技术支持。此外，技术网络在信息传递、处理上的优势有利于政府实施监督的同时，还能与社会网络中的不同成员形成良好的沟通，为制定维护社会网络的各种法律法规奠定了充分的信息基础。由此可见，如何利用技术为网络治理中的维护机制服务是实践中必须考虑的问题，同时也印证了前文中“信息技术是被选择的技术”这一论断。

总之，从上述对治理理论和网络治理机制的分析中，不难看出网络治理是一个正处于发展过程中的理论与实践模式，虽然各国的行政学家都对网络治理推崇备至，但是正如社会网络存在极大的风险一样，基于社会网络的网络治理也有不成熟的地方。全球化的发展将网络治理引入到了各国的公共行政当中，如何有效地使用这一治理模式，乃至形成严密的理论体系将是摆在公共行政学者们面前的一道现实课题。

三、民主的理想及其限度

治理理论以及网络治理极为强调网络成员在协作过程中的参与，甚至在政府对网络的治理过程中也需要网络成员的参与，这些参与的背后隐含着民主的价值理念。毋宁说是民主化的进程导致了网络治理的出现，不如说是网络治理的实施使得民主理念的实现获得了一个有利的契机。在现有的网络治理的理论著述中，大部分学者探讨网络治理的同时，还指出治理具有促进民主化进程、深化民主的作用，并且还会导致新的民主形式的出现。这一新的民主形式被称为网络民主，其中网络是指的技术网络。这也就是说，网络治理是基于社会网络的管理方式的转变，网络民主则是指利用技术网络来实现民主形式的突破。当前，人们普遍对网络民主持一种乐观态度，认为民主在网络行政过程中可以得到实现。这样的观点实际存在着一定的误识，即将民主当作人类社会的理想。实际上，回顾民主的理论发展，我们不难发现民主并非自诞生之刻起就成为了人类社会的理想，而是经历了一个现实、曲折的历史发展过程。简要回顾民主理论的来龙去脉，有助于我们认识当前网络民主的现实可能性。

1. 民主的概念及其实现的基本途径

民主一词由希腊语 Demos（人民）和 Kratos（统治）复合而成，最初的含义是人民的统治（the rule of people）。古希腊思想家最早使用民主是用来概括城邦中的政治实践：即城邦事务是由公民所参加的公民大会通过直接讨论和投票表决的方式来做出最终决定的。这种方式既不同于某一君主的独裁统治，也不同于少数贵族的寡头统治。因此，民主从一开始就是一个政治概念，它是许多可能的政府形式之一，在这种政府形式中，权力不是属于某一个人，或者某一部分人，而是属于每一个人，或者更确切地说，属于大多数人。换句话说，民主是一种政治制度，在这种制度中，全体公民有权并且能够直接或间接地，积极或消极地参与公共事务的决策过程。作为一种政治制度，民主以公民的意志作为其政治合法性的基础：政治决策以公民的意见为最终依据，政治领袖以公民的认可为唯一前提，公民不仅有权否决某项公共政策，而且有权解雇他们的老板。① 从民主这一原始的含义上看，这实际是指的直接民主形式，即在城邦中通过全体的公民大会讨论和投票的形式来决定如何管理城邦中的公共事务。有西方学者把这种直接民主形象地比喻为噪音，即嗓门的大小决定了民主最终的结论。② 虽然这一比喻有些夸张，但是从另外一个角度也指出了民主的原始含义中协商与成本过高的实质。

① 参见燕继荣．民主及其限度．社会科学战线，1996 年第 4 期：105-110.

② 参见马克·波斯特．信息方式——后结构主义与社会语境．北京：商务印书馆，2000：93.

民主自诞生之后的两千多年中，并没有像今天这样享有盛誉。在古希腊时期，亚里士多德就认为民主是暴民政治或愚民政治。在英国内战期间，虽有平等派（Leveller）高举民主大旗，但终因势单力薄而没有形成太大影响，以至于"光荣革命"以后，英国人从来没有把自己的制度看成民主制度，而是称为代议制的责任政治。美国独立战争前后，美国的建国者们对民主制度也不看好，他们把自己的代议制度称做共和国，以示与民主制度的区别。即使是法国大革命的领袖们，似乎也在尽量避免用民主制来标榜自己的政治理想，只有罗伯斯庇尔才为民主说过几句好话，因为对权力的限制有赖于民主的实施。可见，民主在其诞生后并不是直接进入到政治实践层面，不同时期的政治领袖都会对民主怀有戒心，这时如果说民主是人类社会的理想未免言过其实。

民主真正得到好评应该是18世纪之后，因为此时，市民社会的兴起和神权政治、王权政治的衰落，其后市场经济的发展、教育的普及、社会等级观念的淡化以及公民选举权的扩大，为民主注入了新的理念，民主逐渐成为人类社会的政治理想。在这一过程中，被称为现代民主理论之父的卢梭对民主的促进做出了非常重要的贡献。卢梭写了三本关于道德哲学和政治学的著作。在第一本著作《论科学和艺术》中，卢梭对社会和科学进步提出质疑，认为它们导致道德失落并带来罪恶、异化、嫉妒和虚荣。卢梭的第二本著作《论人类不平等的起源和基础》分析了不平等的起源，认为不平等是所有人类堕落的根源，他认为不平等有两种形式。第一种是自然不平等，例如才能、外表、体力等方面的不同；第二种不平等是道德不平等，例如财富和社会地位的差异。不平等有一个从自然不平等向道德不平等演化的过程。在卢梭看来，人类社会有三个发展阶段。在第一阶段，人类尚未无语言，并生活在一个与动物无异的状态中。到了第二阶段，简单的语言和家庭生活开始出现，小族群之间的"独立交往"也有所发展。现代社会出现在第三阶段。卢梭认为，在这三个阶段中第二阶段是最好的。在第二阶段，家庭和小型社区已经出现，人们生活简单、独立、单纯而快乐，但永远停留在第二阶段是不可能的。人们之间的嫉妒、虚荣、相互竞争导致第二阶段的崩溃和第三阶段——堕落阶段的到来。体力、才能和外表的自然不平等最终导致在财富、社会地位和政治权力方面的道德不平等。卢梭写道，在第三阶段中人们是不快乐的：人不再是真实的自我，人被异化了。在第三阶段，人们虚荣、嫉妒，并被自己的低级欲望和他人的观点所左右。卢梭为第三阶段的问题提供了两个解决方案。第一个方案由个人心理治疗入手，即依靠家庭教育和培养。然而，正如批评者指出的那样，家庭力量毕竟有限。于是卢梭提出了第二个方案，即政治的方案。这一方案依靠社会契约，也就是依靠集体力量，来解决异化问题。这一政治解决方案就是卢梭第三本著作——《社会契约论》的主题。在《社会契约论》中，卢梭认为社会契约不仅具有自愿的一面，而且也有非自愿的、塑造性的一面。在他看来，人们应被社会契约所改造，这样他们才能认识和理解“公意”——它代表一种理想社会应力争的、更高层次的追求。换言之，人们应被社会契约“强迫至自由”。社会契约的强制性层面取决于这样一个事实：人普遍是短视的、易被激情所控制、易于嫉妒和虚荣。因此，普通人很难认识和理解公意。这样，立法者有重大的责任去教育普通民众，而且社会契约和这一契约下的国家和法律制度需要根治人的弱点，昭示社会公意，并塑造一种新型公民，这就是社会契约强制性的一面。这种带有强制性的社会契约能够解决人类社会发展第三阶段中的问题。卢梭是这样论证的，由于人天生易于互相攀比和羡慕，自然不平等会带来嫉妒、虚荣和异化。从自然不平等到道德不平等的发展过程是一个道德堕落的过程，在其间“独立”和“真实”这两种自由都失落了，第三阶段中人们的苦痛正是丧失自由的表现。卢梭写道，要重获自由，一个政治解决方案是必不可少的，“正是因为自然的力量总趋向于破坏平等，立法的力量才要去维持它。”① 在这个政治解决方案中，强制性社会契约被用来改造人民，以使其看到社会公意并按照社会公意行动。卢梭特别强调国民大会作为国家最高权力机构在实现自由过程中的积极作用，这与古典自由主义对国家机器的不信任和限

① 卢梭．社会契约论．北京：商务印书馆，1997：171.

制形成了鲜明对比。由此可见，正是由于卢梭的理论贡献，将政治目的与人类的不平等相联系，并且通过社会契约使得权力得以集中，进而有可能消除人类社会中的种种不平等。民主作为一种消除人类不平等的政治制度逐渐得到了人们的承认，民主理论的发展也逐渐走向繁荣，比如达尔的《民主理论的前言》，萨托利的《民主新论》等都是西方民主理论发展过程中的经典著作。

当前民主理论中，一般认为民主有两条途径。一种是理想主义途径，即直接民主。另一种是经验主义途径，即间接民主。所谓直接民主，是指统治者与被统治者的身份的重合，公民作为国家的主人直接管理自己的事务，而不通过中介和代表。直接参与、直接选举和全民公决都具有直接民主的因素。但是如果从体制的角度来看，直接民主有着两种不同的含义，一种是在具体问题上以直接民主的方式来做出决定，但是整个国家的主导制度仍然可能是间接民主；另一种是整个国家在体制上的直接民主，即古希腊时期雅典城邦民主形式。① 从当前的现实来看，世界上没有任何一个国家重现雅典民主，即严格意义上直接民主体制在当今是不存在的。所谓间接民主指的是公民通过由自己的同意所选举出来的代表来负责制定法律和管理公共事务，也就是人们所熟识的代议制民主。在间接民主下，主人与主事是分离的，用约翰·密尔的话说，人民应该是主人，但他们必须聘用比他们更能干的仆人。由于人民并不亲自主事，所以间接民主要求由一整套的监督机构来对人民的代表及由此产生的政府进行监督和防范，以免仆人滥用权力变成主人。② 当前，世界上凡是被公认实现了民主的国家，都是间接民主的国家。这里需要指出的是，还有一个人们经常提及的概念：精英民主。通常认为，精英民主是与直接民主相对的一种民主形式，那么精英民主是否是间接民主呢？严格地说，精英民主并不一定是间接民主，

① 参见刘军宁．直接民主与间接民主：近义，还是反义？．载刘军宁．直接民主与间接民主．上海：三联书店，1998：37-38.

② 参见刘军宁．直接民主与间接民主：近义，还是反义？．载刘军宁．直接民主与间接民主．上海：三联书店，1998：37-38.

因为精英未必是通过自由公平的选举产生，他们的权力也未必受到人民的监督。通过对民主途径的划分，我们可以清楚地认识到，当人们把民主当做一种理想来看待的时候，实际是指狭隘的直接民主，即雅典民主；而当人们把民主当做一种现实政治制度来对待的时候，则是指在世界范围内广泛实行的间接民主。

2. 民主的缺陷及其限度

民主作为一种与专制相对应的政治制度在近代人类社会发展过程中得到了广泛实施，但是，世界上没有任何一种制度是完美无缺的，民主也是一样，民主的本质决定了民主有着必然的缺陷。

(1) 轻视个人权利，容易制造“温和专制”。民主制度以公意为重，以公意优先，限制了私欲的膨胀。但是，对公共事务的过分热衷以及公共事务的无限扩展，又容易使个性淹没在一种“整体化的社会”之中。当参与公共事务成为社会成员全部，或者至少是第一位的活动，就会在无形中使多数人在公共事务中的意见成为个体的生活准则和个人形象的标准。个人的独立意志显得微不足道，甚至失去存在的根据。人们不断地自觉地克服私欲，抑制自我创造活动来融入社会整体之中，极有可能造就一种个人意志脆弱、缺乏独立批判精神的民众。民主制度对个体的抑制，实际是另一种形式的专制。与以往的专制形式不同，民主制度所形成的专制，一种不以强制力为基础的专制，民主制度是一种隐性的、人们自愿接受的温和专制。由于这种专制是民主制度合法性基础的构成，所以在民主制度中，个人难以逃脱这种温和专制。

(2) 趋附时尚，可能降低政策水平。如果一个社会把民主的观念和民主的价值当做社会与文化生活的主导力量，这个社会便易于被大众化所主宰，那是一种肤浅的、趋附时尚的社会。即民主的平庸化。民主以大多数人的意志为政治活动的基础，这是最为优越的依据。但是，大多数人的意志并不一定与最大理性成正比。在公共政策中，有些时候，某些政策的制定必须依据专业知识，专家、精英的观点可能较之于公民更加正确。如果仍然以民主制度作为决策的方法，只会将某些真知灼见淹没；为了规避精英统治的风险，民主制度则以降低政策水平为代价，将政策制定建立在普通民众现有的知识水平上，使得政策平庸、肤浅。

（3）争执不已，可能造成效率损耗。民主制度以参与人数的多少来决定其优劣，参与的人越多，则越民主。但是，参与人数增加的同时，也意味着产生分歧可能性的增加，决策的效率也会随之降低。从民主原有的含义来看，民主并不以效率原则作为首要原则。民主制度希望在政策制定过程中，更多地反映民意以便进行调试和修改，更好地反映民众的利益；同时民意的多变性又容易增加政策的不稳定性。民主制度可能出现的反复争执，不利于最终政策的出台，这对于有紧迫时效性的政策而言，无疑是一种灾难。此外，孟德斯鸠曾经说过，民主制度的运行取决于公民的品德。当社会的大多数人具有良好品德、理性的思考、冷静的头脑的时候，民主制度的缺陷可以得到克服而运转良好。一旦社会大多数人失去这种优良品德的时候，民众的行为就会失去控制，民主的缺陷将变本加厉。

民主制度与生俱来的缺陷并没有妨碍人们追求民主的热情，相反，人们形成了这样一种共识：民主是人类历史中最好的政治制度，它有缺陷，但是只要限制它的缺陷，就能够使得民主发挥出积极的效应。换言之，民主要发挥其应有的效应，就必须限定其适用范围。

（1）民主以不侵入“私人领域”为限度

民主的悖论就在于政府虽然是个人的工具，但是由个人组成的社会却对个人的权利构成威胁。① 解决这一悖论的方法就是划分公域和私域，将民主的范围限定在公域，即政治领域之内。现代社会生活的一个重要标志在于，个人拥有的私人生活空间和公共生活空间同等重要，私人空间和公共空间在外延上存在着此消彼长的关系：公共生活的民主范围的最大化，就意味着私人生活和个人自由范围的最小化。民主的理想模式不是在公域和私域中二者择一，而

① 布莱克维尔政治学百科全书．北京：中国政法大学出版社，1992：199.

是要合理划分两者之间的界限。从现实来看，确定由民主来决定的公共事务并非易事，因为公众的理解力并不是一个定数，公共利益也很难精确界定。相反，无需民主介入的私域划分要容易一些。密尔的观点可以为我们提供有益的启示，密尔将个人的行为划分为“涉己行为”和“涉他行为”。在涉及他人利害的时候，个人行为应当受到法律和公共权力的限制；在只涉及自己的行为中，个人享有绝对的自由，他人、社会和公共权力都无权干预。① 显然，民主应该排除在私域之外，任何人或任何公共权力都不能以民主的名义、方式侵入私域。公共权力踏入私域的唯一理由只能是履行仲裁者的职责和功能。

(2) 民主以不干涉社会自主为限度

在社会学中，社会是与国家相对而存在的概念，是家庭、学校、教会、工会等各种组织和团体的总称。民主对于国家而言是最好的形式，但对于社会而言却未必如此。社会是人们赖以生存的方式，也是公共利益凝聚和表达的基本途径。国家以民主的形式干预社会的内部事务，实际上就侵犯了社会组织成员个体的自由。因此，除了私域之外，民主也不能随意侵入社会的自主事务。

(3) 民主以不产生多数人对少数人的暴政为限度

民主政治是多数人的统治，极端的民主主义者认为，既然权力掌握在大多数人手中，那么就不应该对这种权力作任何限制，多数人拥有的权力越多越好。这种观点是错误的，如果多数人的权力不受限制，民主这种理想就会成为一种新的专制权力的依据。多数的无限权威就意味着多数暴政，即任何持有与多数人不同意见的个人或少数人，就很难得到尊重和保护，还可能受到不公正的待遇而无处申冤。并且多数人的暴政还会为不断反复的、冤冤相报的暴行埋下祸根。因为，今天的多数人中的成员，很有可能成为明天的少数人。民主必须以不产生多数人对少数人的暴政为限度，即“多数统治”的最大边际不能超越少数人作为政治共同体成员所应享有的一切权利。民主必须以法律为原则，以不剥夺少数人的个人人权

① ［英］约翰·密尔．论自由．北京：商务印书馆，1979：1-2.

为最低限度才不失其合理性和正当性。

四、网络民主的可行性分析

治理理论中强调参与的结果使得民主在信息化时代成为关注的焦点。一般而言，网络民主也可以称为电子民主、赛博民主、虚拟民主等，这些不同的称谓共同揭示了信息化时代中民主的本质特征：民主将有可能在技术网络的推动下，得到进一步的发展。此处谨慎的用词表明，网络民主作为一个新兴的议题得到了许多学者的关注，不少人认为网络民主能够实现雅典民主的理想，同时也有不少人质疑网络民主的可行性，因为目前为止还没有一个国家实现过所谓的网络民主。但是不管怎样，网络民主潜在的某些特性，寄托了人们对于民主实施的种种希望。从严格的意义上讲，网络民主实际包含着两层意思，一是既有民主的数字化，在民主运作中运用信息技术手段；二是信息技术基础上的新型民主，即新的民主形态。前者实际是指在当前的代议民主制度中使用各种信息化手段，包括在线竞选、在线选举、在线民意调查、候选人和选民在线交流、在线听政和在线立法等。后者则是指民主在技术网络的支持下，有可能实现雅典民主并发展出新的民主形态。显然，对民主的期望使得人们更加关注后者的发展，而在代议制中运用信息技术并不会对现行民主制度带来多大改观。那么，现在值得探讨的就是，网络民主如果真的是一种新的民主形态，它是否具备现实的可行性？如果不具备可行性，网络民主无异于痴人说梦；如果具有可行性，网络民主如何才能得以实现？

1. 信息技术对民主制度的影响

网络民主的实现，关键在于信息技术的应用，反言之，正是信息技术对于民主制度的实施具有积极的影响，才使得网络民主成为学者和实践家讨论的焦点话题之一。分析信息技术对民主制度的影响，实际也是对网络民主可行性的分析，离开信息技术的支持，网络民主也就不称为网络民主了。

（1）信息技术有利于促进直接民主的复兴。如前所述，民主的原始含义，实际是公民就公共事务进行集体商议，通过投票进行表决，即直接民主。应当说直接民主适用于城邦事务的管理，即在人数不多、公共事务有限的情况下实施。随着国家的扩张和职能复杂化，直接民主实施的成本过大而被逐渐放弃，转而让位于代议制民主，这也是当今世界广泛应用的民主形式。代议制民主最好的形式就是间接地反映民意，但实际情况有可能是曲解民意甚至是歪曲民意。信息技术的诞生与应用，使得人们又重提直接民主的理想形式。互联网为人们提供了一个超越地域界限的虚拟的网络社区，在网络社区里，网民们可以摆脱基于地域疆界和社会行政区划的政治控制，自由地表达自己的意见和利益要求、兴趣，和政见相投者进行跨越时空的交流和组织活动。在这种情况下，网民不再需要由别人来代表自己，个人可以通过电脑就能够与政府及其官员形成沟通，向政府提出某些要求和建议，或者参与政府的某项选举和决策，甚至在互联网上实施全民公决都成为可能。在极为理想的情况下，当社会中的每一个成员都可以熟练使用信息技术，获取各种政治信息的时候，公民参与的程度将会得到极大地提高，在信息化社会中实现直接民主的理想。

（2）信息技术可以改善公民与政府之间的关系。民主得以实施的前提是，公民对政府的管理过程有着清楚的认识，如果政府管理活动对于公民是处于不可见的状态，那么公民的民主参与是无法实现的。在信息技术得到广泛应用之前，政府对各种信息资源的垄断，造成了政府与公民之间的紧张关系。由于大多数政府行为是在公民不为所知的情况进行的，公民可能怀疑政府及其官员的自利性而形成对政府行为的抵制心理。网络民主中对信息技术的应用可以有效改善二者之间的关系。首先，政府信息公开。信息技术为信息公开提供了崭新的沟通途径，信息网络的高速、互动、及时的特点，为公民获取信息提供了方便；同时也促进了政府将手中的资源进一步的公开，从而改变了政府与公民之间的信息不对称状态。其次，信息技术增加了公民民主参与的机会。按照公共选择理论的解释，公民的消极参与是理性分析成本与收益的结果。公民消极参与的原因在于获取信息的成本过大，而收益却很小。信息技术的应用可以有效地改变这一状况：极大地降低民主参与的成本，提高了参与便捷性。随着公民利用技术网络参与各种公共事务管理的频率增加，政府与公民之间的关系将得到极大的改善。

（3）信息技术提供了重构公共领域的机会。民主的过程实际是一种协商的过程，也就是说民主必须是通过协商来得出最终结论的。萨托利曾指出："恰当地理解，参与的含义是亲自参与，是自发自愿的参与。"① 他认为，公民孤立地独自采取行动，是一种没有辩论式的参与，公民的决定因而没有通过形成深思熟虑的对话，这将会使得民主制度陷入混乱之中。可见，协商对于民主来说非常重要。但是，有效的协商又取决于公共领域的成熟程度，这是哈贝马斯在公共领域结构转型中的重要观点。他认为，19 世纪末由于福利国家和大型企业的出现，使得公私领域之间界限模糊，公共领域被弱化，理性辩论往往被策略性操纵所取代。因此，民主制度的运行出现了环境危机，为了解决这一问题，必须重建公共领域。②网络民主是建立在技术网络基础之上的，信息技术的诞生与发展，在其理想状态下提供了重构公共领域的机会。在信息网络中，不同的个体可以就不同的利益、不同的信仰和理想，通过对话来解决问题或做出决策。网络空间的多元性、平等性和开放性，有助于公共空间的开放，实现公共领域的重构。信息网络中的异质性、冲突性和多元主体，反映了现实社会中的多元复杂性。虚拟空间反映的不仅仅是一种虚拟状态，更是一种真实而多元的讨论社群，它打破了协商的地理限制，可以发展出多元协商的公共领域。可见，网络民主中的信息技术基础，提供了重构公共领域的机会，为民主的实施奠定了坚实的社会基础。

（4）信息技术有助于提升社会资本。社会资本是指公民之间的信任、依赖和合作关系，对于民主协商的最后结果有着非常重要

① ［美］乔·萨托利．民主新论．北京：东方出版社，1993：121.

② ［德］于尔根·哈贝马斯．公共领域的结构转型．上海：学林出版社，2000：32.

的支撑作用。托克维尔在《论美国的民主》一书中认为，大量的公民结社是美国能够进行史无前例的民主实践的主要原因，公民结社将零散的个体集结在一起，其凝聚的基础就是彼此之间信任、依赖和合作。① 从这一论述来看，社会资本的成熟有赖于公民之间面对面的直接交流。信息技术，尤其是技术网络与社会资本有着内在的联系。网络技术的优势在于交流的广泛性，而非交流的深度。网络技术虽然是在虚拟环境中的交流，但是网络可以增加既有联系的强度，同时还可以扩展交流的范围。从前文的论述中可以看到，社会网络的一种重要特征是平面的交流结构，公民可以自由进出；反之，垂直的交流结构会导致严格的束缚，无法形成有效的交流。而技术网络中的参与恰好属于平面的交流结构，人们可以根据自己的立场，选择自己关心、喜欢的领域投入交流，同时也可以随时加入和退出。可以说，技术网络是人们增加自身社会资本的一种新的重要手段。

（5）信息技术可以完善和改进现有的民主程序。民主运作是一个复杂的过程，比如投票程序的复杂和高额成本，是民主运作效率低下的主要原因，这导致民主受到批评，并且成为推行民主的障碍，以及不实行民主的借口。信息技术可以改进投票方式，提高效率，吸引更多的公民参与投票。比如在现有机制下，选民的投票是否被准确计票，选民是无法得知的；而如果是电子投票，公民就不仅能确认自己的投票，而且可以迅速地知道自己投票的结果。运用信息技术，通过对数据处理、信息传输、信息沟通等诸多环节的改进，可以从整体上提高民主的运作效率，实现民主运作的效能。

2. 网络民主的现实困境

从信息技术对民主制度的影响中可以看到，网络民主的实现必须依赖于信息技术在民主制度中的应用，离开了信息技术，网络民主也就失去了实现的可能。但是，在我们认识到网络民主的优势所在时，也不能忽视网络民主的现实困境，毕竟网络民主还得在调整

① ［法］托克维尔．论美国的民主．北京：商务印书馆，2004：153.

现行民主制度的基础上才能逐步实现，现行的民主制度和信息技术的各种弊端，会直接影响到网络民主的实现。

（1）网络主体的缺失。民主制度的出现与发展都暗含着这样一个前提：处在一个社会中的人之所以参与政府公共行政，维护个人合法权益，是因为个体在社会生活中遇到了各种现实的问题。换言之，个人所生活的环境决定了个人在民主参与中的意图。但是，网络民主中却会碰到与现实民主制度完全不同的情况，技术网络所创造的虚拟世界使得民主参与中的主体缺失。美国学者马克·波斯特在《信息方式》中就提出了这样的疑问："如果我不必走出家门就能目睹全球各地发生的政治文化事件；如果在遥远的某地有一个数据库，包含着我的个人资料，并在我毫不知情的情况下，向政府提供了这些资料，使它们做出了有损我生活的决定；如果我通过电脑，就可以在家里购物；那么我在哪里？我又是谁呢？"① 可见，技术网络创造的虚拟空间对现实的解构，让人们感觉到自己不再占据理性的自律的主体性的中心，也不再被一个界定清晰的自我所限定着，个人分裂于现实社会和虚拟世界中。这就抹杀了现实世界对伦理、道德等一切社会文化价值规范的界定，形成对社会责任的逃避和否定，即人的主体意识的缺失。进言之，网络主体的缺失，似乎意味着基于技术网络的网络民主中所协商的议题就失去了现实的意义，一切都可能是一纸空谈。试想这样的民主制度是否就是人类社会所追求的民主理想？

（2）网络民主可能成为特殊集团谋取利益的工具。现代信息技术既是公众民主参与的物质技术手段，也同样是一些形态各异的政客和利益集团影响和控制政治的便利工具。政客们可以借助于互联网来打击自己的政敌，可以自由利用网络空间美化和宣传自己，甚至可以欺骗和愚弄民众，达到自己的政治目的。1980 年美国总统竞选期间，里根从防务体系的漏洞推出了极其可怕的结论，引起了许多民众的恐慌，利用这一点，里根大肆鼓吹扩军备战，提出了

① ［美］马克·波斯特．信息方式——后结构主义与社会语境．北京：商务印书馆，2000：122.

"星球大战"理论。这一理论的出笼就是借助了互联网上的一个一拨即通的虚拟会议网站，利益集团也成为了信息技术革命的最大受益者之一，他们的游说活动由于电话、传真、电脑资料库、互联网的出现而变得十分方便。英国1995年6月17日《经济学家》杂志上的一篇文章指出：游说集团的"效率也由于传真、电脑以及市场信息库等其他装置而得到了极大的提高。移动电脑使得坐在国会旁听席上的走廊议员能及时给游说集团办公室头头通风报信；按一下电钮，传真机就能向成千上万的同情者发送广播式传真，这一技术在乌拉圭回合和北美自由贸易区的谈判中已被用来向政治家发动突袭；或者，用电话说服潜在的支持者，与他们的议员直接对话，以壮声势。"①

（3）网络民主可能演变成一种非理性的"情绪性民主"。借助于现代信息手段，公民直接的民主参与非常容易进行，这也是近年来兴起网络民主热的原因之一。然而，如果政府过多地依赖网络民主，在一切问题上都向民众个人作电子民意测验的话，也会带来消极的后果：一是民众的利益和国家的利益并不总是一致的，当两者发生矛盾时，民众一般会倾向考虑自己的利益，"即时的和过度的民意测验可能导致政府官员的决策仅仅根据可能对老百姓造成的影响进行"②，从而可能损坏国家的整体利益。二是过多的民意测验可能造成政府官员过多地依赖他人的判断，削弱自己制定、思考、分析和执行计划的能力。"诉诸即时的民意测验，就等于我们取消船长和高级船员，把一切船上的决策让乘客去做。这实质上等于暴民统治。"③ 三是与民选代表相比，一般的公众缺乏理性，遇到事情易情绪化，不如代表冷静、慎重。国家的决策受大众的情绪左右是十分危险的，有人甚至担心会出现"电子法西斯主义"。

① 郑曙村．互联网给民主带来的机遇与挑战．政治学研究，2001年第2期：57-66.

② ［德］迈克尔·德图佐斯．未来的社会．上海：上海译文出版社，1998：260.

③ ［德］迈克尔·德图佐斯．未来的社会．上海：上海译文出版社，1998：260.

因此，新的电子投票是一种为选民作决策时提供更多消息的好帮手，但决不是表达选民决断的最佳方式。实行网络民主时，如何提防"情绪性民主"的不良倾向，是一个需要进一步探索答案的问题。

（4）技术精英可能操纵网络民主的结果。信息技术的诞生与发展取决于技术精英的不懈努力，信息技术在为人们提供了便利的参与工具的同时，也存在着技术精英对参与结果控制的可能。技术精英的存在本身就意味着，在信息化时代中，必然有一部分人精通各种信息技术并能够促进信息技术的发展，同时大多数人都只是在使用技术精英所提供的各种工具。卡斯特就指出：精英是从实践中学习，并因此修正了技术的应用，而大多数的人是从使用中学习，因而受限于套装的技术成品。① 由此可见，技术精英对网络民主结果进行操纵的可能性是必然存在的。试想，当一个国家或政府实行在线投票的时候，人们可以享受到足不出户的便捷的投票过程并且相信投票结果的精确性。此时一个技术精英或者一个技术精英团体出于某种目的，对整个投票结果进行操纵，致使原来预期的投票结果被颠覆，或者是使得整个投票陷入僵局。由于大多数公民对信息技术仅仅停留在应用的水平而无法知道技术精英在投票过程中所做的手脚，公民被蒙在了鼓里的同时，还一厢情愿地相信错误的民主运行结果。显然，不管是公民还是政府，谁都不愿意看到这种极端情况的出现。但是，现实中的实例却告诉我们，技术精英的控制是确实存在的。例如，信息科学家发现微软的操作系统中普遍安装有间谍密钥，并且将这一密钥命名为 NSA 密钥（美国国家安全局密钥）。这个密钥的存在，意味着在特定情况下美国国家安全局可以入侵互联网中的每一台使用微软操作系统的电脑。② 可见，基于技术网络的民主制度并非是完美无缺的。

---

① ［美］曼纽尔·卡斯特．网络社会的崛起．北京：社会科学文献出版社，2003：42.

② 参见 http：//board. verycd. com/t72215. html，2006. 12. 11.

3. 反思网络民主

信息技术使得网络民主具备了实施的现实基础，然而网络民主自身也存在着许多潜在的风险。在不少学者呼吁实施网络民主，声称其具备现行民主制度所不具备的“强势民主”优势的同时，我们也不得不反思网络民主为何没有在任何一个国家内得以真正的实现。回顾民主理论的发展过程可以发现，在人类社会不同历史时期，民主有着不同的表现形式。如果将这些不同的民主形式看做一个光谱的话，那么这个光谱的两个顶端就分别是间接民主和直接民主。任何一个时期实行的民主制度都不可能与理论描述的民主制度完全吻合，换言之，只有适宜的民主制度，在静态上，它介于间接民主和直接民主之间，在动态上则反映着由间接民主向直接民主发展的趋势。民主制度反映出的是一种参与的渐进立场，在参与的基础上进行协商、达成一致。信息化时代的到来，使得民主中的参与具有了多样的选择性。在地域上，公民除了传统的社区和基层参与之外，也有可能运用信息技术超越地域限制，进行更大范围的参与。从参与的主体来看，应当承认，人类社会中的个体会因为民主诉求的差别而在民主的参与过程中形成较大的差异，有些人愿意或者有能力从事更多的政治活动，也有些人不愿意经常性的卷入政治事务，民主诉求的不同可以让参与主体自愿选择参与的强度和水平。因此，比较现实地说，信息技术的确对于民主的进步起到了推助作用，但是不能将民主发展的全部希望寄托于技术网络，而应该更多地从社会政治生活本身去寻找民主发展的动因。萨托利在分析民主的时候就指出，“从自由出发，我们可以自由地走向平等；从平等出发却无法自由地取回自由”①，民主理想的实现不在于某种技术对于民主制度的促进程度，其根本还在于处于现实社会中的具体的个人。对网络民主的期待不能简单地归结于对信息技术应用的期待，而应当把信息技术视作一种民主技术，正如美国学者凯斯·桑斯坦在《网络共和国》一书中所做出的中肯的评价：“从民主的

① ［美］乔·萨托利．民主新论．北京：东方出版社，1993：440.

立场来看，因特网是利大于弊。在大多数方面，情况会变得更好而不是更坏。怀旧和悲观确实是没有意义的。但提出这一点却是有意义的，即在考虑新的传播技术时，我们应保持应有的民主观念。”①

① ［美］凯斯·桑斯坦．网络共和国——网络社会中的民主问题．上海：上海人民出版社，2003：154.

第七章
信息化时代的公共行政范式

20世纪80年代以来，西方发达国家掀起了一场轰轰烈烈的新公共管理运动，并迅速漫及全球。这场运动是与当时公共行政所面临的困境密不可分的：政府财政负担过重，行政国家空前膨胀，如此等等都限制了公共行政在社会公共事务管理中的有效性，同时也受到了人们普遍的指责，发达国家政府的合法性危机由此而生。此外，知识经济的兴起和全球化时代的到来，进一步加快了公共行政环境的变化，预示着理性官僚制度这一人类曾经引以为豪的制度设计思想和行政实践在面对日益复杂的经济社会环境时的困顿和迷茫，行政改革在所难免。然而，新公共管理运动是随着保守派政治家上台而推行的一种较为激进的行政改革，其自身的不完备使得各国的行政改革在取得一定效益后又出现了新的问题，这直接导致了治理理论的提出和推行。从理论上来说，自威尔逊提出行政学一词开始，公共行政范式在面对外部环境的急剧变化过程中，不断地通过自我调整和自我完善进行范式的转换。公共行政范式的转换一方面扩充了公共行政理论的内涵与外延，另一方面也为公共行政实践提供了各种崭新的制度设计思想。因此，依据前文中所探讨的网络行政内容，可以尝试设计信息化时代中公共行政范式——网络行政范式。这一范式的提出是以技术网络和社会网络相结合为前提，对当前公共行政的制度变迁有着极为重要的理论指导意义。

一、公共行政范式的变迁

自托马斯·库恩提出范式一词以来，大多数人文社会科学普遍引用这一概念来解释自身理论的发展过程，公共行政理论也是如此。由于公共行政与实践密切相联，在其不长的理论发展过程中，出现了几次较为明显的范式转换。但是，不同学者基于不同的视角，对公共行政范式的认识也不相同。本节将从“范式”原始含义的认识开始，梳理公共行政范式，并分析当前公共行政范式再次转换的现实原因。

1. 范式的含义与构成

科学史学家托马斯·库恩于 1962 年出版的《科学革命的结构》一书里，首次提出了范式（paradigm）和范式转换（paradigm shift）等重要概念，并逐渐成为学术界所共识的界定。库恩根据范式概念提出他的科学发展模式理论。在科学发展观上，库恩既反对逻辑实证主义的科学发展的“逐渐积累”观，也反对波普的批判理性主义关于科学发展是“不断推翻的增长”的观点。他相信科学发展的实际过程是一个进化与革命、积累与飞跃、连续和中断的不断交替的过程，而且科学发展的历史明显地体现了这个过程。科学发展一般经历四个时期：前科学时期；常规科学时期；反常和危机时期；科学革命时期。在科学史上，科学革命的典型例子，如天文学中的哥白尼革命，化学中的拉瓦锡革命，物理学中先有牛顿革命而后有爱因斯坦革命。新范式最终战胜并取代了旧范式，这就标志着科学革命时期的结束，而进入了新的常规科学时期。在新的常规科学时期中，新的范式成了该学科的科学共同体的共同信念。科学研究在新范式的指引下继续积累地前进，但是到了后来，又出现了许多反常现象，陷入新的科学危机，而引起新的科学革命，并实现从新的范式到更新的范式的转变，而进入更新的常规科学时期。科学发展就是通过这几个环节的不断循环往复而不断前进的。库恩的科学发展动态模式可以简单表示为：前科学时期→常规科学时期→反常和危机→科学革命→新的常规科学时期……。库恩认为，一切科学的发展都是按照这个科学革命的规律发展的。不仅如此，库恩还认为，任何一个学科的发展也都会遵循范式发展的规则。简言之，一个科学的范式就是一套关于现实的假设，这套假设比其他的假设能更好地说明当今世界。人们在认识社会现实时，这套规则即预定的假设总是成为整理感性材料的指导。① 库恩利用范式对科学的解释，不但引起哲学家和科学家的热烈讨论，也引起社会科学家的积极响应。社会学家、经济学家、政治学家和心理学家等都纷纷运用范式论来分析和说明各自学科的历史发展过程。亨廷顿在《文明的冲突与世界秩序的重建》中就写道："寻找穿过所不熟悉的领域的道路，一般需要某种地图，而任何地图都是对现实世界的简化，即它省略了许多事物，歪曲了一些事物，模糊了其他事物。一个范式就如同一幅地图，它既描绘出了现实，又把现实简化到能够很好服务于我们的目的。""范式的认识功能包括：（1）理顺和总结现实；（2）理解现象之间的因果关系；（3）预测未来的发展；（4）从不重要的东西中区分出重要的东西；（5）弄清我们应当选择哪条道路来实现我们的目标。"②

如果对亨廷顿的论述加以总结，就可以得到一般理论研究中范式的含义。范式是指某一科学共同体在某一专业或学科所具有的共同信念，这种共同信念规定了他们共同的基本观点、基本理论和基本方法，从而形成了该学科的一种共同传统，并为该学科的发展规定了共同方向。例如，在计算机科学中，关系数据库的构造就必须遵循一定的规则，这种规则就是范式。关系数据库中的关系必须满

---

① ［美］T. S. 库恩．科学革命的结构．上海：上海科技出版社，1980：8-11.

② ［美］塞缪尔·P. 亨廷顿．文明的冲突与世界秩序的重建．北京：新华出版社，1996：9-11.

足一定的要求，即满足不同的范式。目前关系数据库有六种范式：第一范式（1NF）、第二范式（2NF）、第三范式（3NF）、第四范式（4NF）、第五范式（5NF）和第六范式（6NF）。满足最低要求的范式是第一范式（1NF）。在第一范式的基础上进一步满足更多要求的称为第二范式（2NF），其余范式依次类推。一般说来，数据库只需满足第三范式（3NF）就行了。

与范式这一概念密切联系的是范式的转换，范式的转换描述了科学发展的过程。库恩指出："科学共同体在范式指导下的研究活动，常常会出现违反范式预期的反常现象，随着科学研究范围的扩大，认识的深入，反常越来越多，特别是当一些重大反常直接否定范式的核心理论时，科学共同体不会再有效的调整范式来消化反常，而是重建新范式。"① 这种"范式"的转化，就是科学革命。一种范式经过革命向另一种范式逐步过渡，正是成熟科学的通常发展模式。需要指出的是，反常现象是科学发展的一种不断增长的危机状态，它要求放弃传统范式的某些标准、信念和方法，吸收新的观点以及对常规科学的问题和技巧进行重大的变革并用新的范式来代替。在范式转换过程中，抛弃一个范式是与接受另一个范式同时发生的，否则，抛弃一个范式而不创立新的范式，就是抛弃了科学本身。换言之，科学的发展必须是在新旧范式的不断替代过程中完成的，没有新范式的出现，科学的发展就会陷入停滞。范式转换对科学发展的解释得到不同学科学者的响应，各自形成本学科发展过程中的范式转换。

2. 公共行政范式的历史透视

公共行政是由多门学科交叉形成的，在其不长的历史发展过程中，不同的学者基于不同理论基础，对公共行政的范式及其范式转换形成了不同的结论。比较有代表性的是美国学者尼古拉斯·亨利的公共行政五种范式时期理论。尼古拉斯·亨利在其著作《公共

① ［美］T. S. 库恩. 科学革命的结构. 上海：上海科技出版社，1980：35.

行政与公共事务》一书中认为，公共行政先后发展的五种范式：范式一：政治/行政两分法（1900—1926）。弗兰克·古德诺和伦纳德·D. 怀特著作的出版是这个时期的标志性日期，这一时期的要点是位置，根据古德诺及其追随者的观点，公共行政应以政府官僚制度为中心。这一时期对公共行政的总体看法可以归结如下：政治不应该侵入行政，管理本身就是一种研究对象，公共行政应该成为超越价值的科学，行政学的目的是追求经济和效率；范式二：行政学的原则（1927—1937）。这个时期行政学的焦点是以行政原理体现的专业知识。威洛比（W. F. Willoughby）的《公共行政原理》、福利特（Mary Parker Follet）的《创造性经验》、法约尔（Henri Fayol）的《工业管理及一般管理》等是这个时期的重要著述。这个时期的行政学认为，公共行政领域存在某些普适性的科学管理原则，行政学研究的任务就是去发现这些原则，而且，任何行政领域的问题都可以作为技术问题来进行研究；范式三：作为政治学的公共行政学（1950—1970）。在这一时期，行政学逐渐回到了政治学温暖的怀抱之中，其结果是行政学研究丧失了焦点，即对行政专业知识的研究。这一时期行政学领域的一些文章认为，公共行政学实质上是个“侧重点”或“关注区”，甚至也可是说是政治学的“同义词”；范式四：作为管理学的公共行政学（1956—1970）。这个时期的行政学侧重的是焦点而不是位置，它为行政学提供了复杂的、高度专业化和专门化的技术。这一时期的行政学认为，把行政分为公共、工商和制度三种类型是错误的，行政学就是行政学，行政学研究的重点应是组织理论，应该用普通管理学的研究取代工商行政和公共行政的研究。这个时期许多研究组织理论的著作诸如马奇（James G. March）和西蒙的《组织》、西尔特（Richard Cyert）和马奇的《公司的行为理论》和詹姆士·D. 汤普森（James D. Thompson）的《行动中的组织》等，以管理学为公共行政的范式提供了坚实的理论支持；范式五：作为公共行政学的公共行政学（1970—　）。这一时期是公共行政学界和公共行政实践者自我意识增强的时期，公共行政学开始从政治学和管理学中分离出来，成为一个独立的学科。① 笔者认为，亨利的论断大体反映出了公共行政一百多年发展过程中，不同时期的研究侧重点，但是也有划分过细之嫌，并且最后一个范式很容易引起误解。

随着新公共管理运动在西方发达国家的兴起，不少学者开始积极探讨一个新的范式，即新公共管理范式。例如我国学者陈振明在《公共管理学》中指出，西方公共行政理论大体上可以划分为三个研究范式：传统行政学、新公共行政学和新公共管理。其中最后一个新公共管理是对传统公共行政学的一次严峻挑战，它几乎改变了传统公共行政学的范围、主题、方法、学科结构和管理方式。新公共管理范式已经成为政府管理研究领域的主流范式。② 还有的学者以信息化社会为考察对象，结合治理理论的部分内容认为，信息化社会中应该包含服务行政范式、民主行政范式、虚拟行政范式和大众行政范式。③ 这些提法虽然新颖，但是严格地从范式的理论界定出发，新公共管理、服务行政范式、虚拟行政范式等，都不能称为范式。以新公共管理为例，不能称其为范式的原因在于：

首先，新公共管理并不具备范式所必须的基本要素。按照库恩对范式的解释可以看出，范式至少应该包括基本理论框架、共同的信念和具体指导实践的方法、假设、论证等三个方面。从基本理论框架来看，新公共管理至今没有形成一个被普遍接受的，可以用来进行比较各国公共行政改革、程度和结果的理论框架。实际上，被归纳到新公共管理中的各国公共行政改革差异很大，既有比较激进的改革，也有较为保守的改革。因此，在西方公共行政学术界中讨论较多的是比较行政学，很少有比较公共管理学，可见新公共管理尚不足以成为一个成熟的理论。从共同信念来看，新公共管理似乎也不具备资格。公共行政百年发展过程中，有许多理论流派，但是

---

① 参见［美］尼古拉斯·亨利．公共行政与公共事务．北京：华夏出版社，2002：23-46.

② 参见陈振明．公共管理学——一种不同于传统行政学的研究途径．北京：中国人民大学出版社，2003：8-14.

③ 参见顾丽梅．信息社会的政府治理．天津：天津人民出版社，2003：265-271.

构成公共行政学研究背景的文化、社会和心理因素并没有发生较大变化，只是在进行小范围内的调整。新公共管理运动中，许多实践家所坚持的某些理念实际是对原有传统公共行政理论的继承，或者说是一种回归，新公共管理并没提出某种替代性的、能为各国学者所认同的共同信念。最后，从具体的操作层面来看，新公共管理运动也不具备普适性。最先发起新公共管理运动的是英国和美国，并引起了世界各国的关注与效仿。当前公认实施新公共管理改革最成功的却是澳大利亚和新西兰，这些国家成功之处在其他国家却并不一定能够成为有效的改革措施。可见，将新公共管理作为一种公共行政范式来看待，未免有些牵强。公共行政范式的构建必须在基本理论框架、共同信念和操作方法的三者统一关联的前提下才能形成。

其次，探讨公共行政范式就必然会涉及到公共行政范式的转换。新公共管理到底是否具备范式转换的功能呢？库恩所界定的范式转换是指新范式对旧范式的替代，并且这个转换过程是以旧范式抛弃和新范式启用同时发生为前提的。应当承认的是，新公共管理是在公共行政理论的发展过程中出现的一种新的理论集合，具备了范式转换中新老交替同时发生的条件。但是新公共管理支持者的言论却陷入自相矛盾的境地：他们一方面强调新公共管理的出现是对传统公共行政的替代；另一方面又强调新公共管理与传统公共行政的分庭抗礼。如果说前者是承认新公共管理作为一种替代范式出现的话，后者则是否认新公共管理的范式转换。此外，库恩认为，在一个学科内部是不可能同时存在多个并列的范式，就是在常规科学出现反常和危机的情况下，出现了许多新的思辨性的、模糊的理论，这些理论也只是具备了成为新范式的可能，但并不能将其中某一种理论直接称之为一种新的范式。由此可见，新公共管理只是一种尚不成熟的管理方法，将其称之为公共行政的新范式是不太妥当的，甚至可以说是一种误识，而那些认为新的历史环境下存在多种范式并列的言论更是割裂了范式的原始构成，无法真正地促进公共行政范式的转换。

综上所述，新公共管理的出现确实为公共行政范式的划分提出了新的要求，但是作为一种替代性的范式尚不成熟。本文认为，在公共行政范式的划分上可以采取一种比较笼统的划分，即划分为传统公共行政范式和现代公共行政范式。所谓传统公共行政范式是指以官僚制和政治—行政二分法为基础的行政学范式，所谓现代公共行政范式则是指包括新公共行政、新公共管理、治理理论在内的各种尚不成熟的理论集合，它们具备成为新范式的可能。形成这样的划分是基于这样的一种认识，传统公共行政范式中的弊端已经为人们所共识，学者们创建的各种公共行政理论都是在寻求消除传统公共行政弊端的药方，正如本尼斯对公共行政的预测中指出的："从20世纪60年代算起的二十到五十年里，人们将目睹并亲自加入官僚制的送葬队伍。"① 显然，对传统公共行政范式的理论基础的质疑，是现代公共行政范式形成的必然原因，本文试图构建的网络行政范式理应是现代公共行政范式中一种，其理论意义和实践意义只有通过历史才能够得以证明。

3. 网络行政范式兴起的社会背景

如前所述，现代公共行政范式的社会背景是全球化和知识经济的来临，即信息化时代的到来，网络行政范式的出现自然也离不开这个宏观的社会背景。全球化和知识经济的来临，从根本上改变了人类社会历史发展的传统路径和性质。如果说传统社会历史发展是基于时间的线性运动，那么现代社会所展现出的则是一种时间缩短和空间延展的特殊状态，这种特殊状态可以称之为"共时性挤压"。在"共时性挤压"下，世界范围内的不同状况、不同事件、不同发展阶段同时处于某一特定环境中，各种不同发展水平和不同制度的社会形成了一个日益敏感的共振系统，社会历史发展表现出一种强烈的共时性特征。②"共时性挤压"使得传统公共行政范式

① Jay M. Shafritz, Albet C. Hyde: Classics of Public Administration，英文影印版. 北京：中国人民大学出版社，2004：325.

② 张健. 从管理走向治理：当代中国行政范式转换问题研究. 浙江社会科学，2006：24-29.

的弊端显露无遗，公共行政在新的历史环境中必然出现一些新的变化。

首先，政府在历史发展的共时性挤压下，压力增加，不得不退出市场领域，市场经济逐渐成为社会配置的主导，市民社会也开始发育。在信息化时代中，一个国家的公民可以通过共时性这一特殊的历史视角，了解到世界范围内不同国家的历史进程，通过横向和纵向的综合对比，对国家和政府的认识更加务实、更加明确，对提高社会福利水平的要求也会更高。公民开始像挑选商品一样，将政府置于批判的视野中，在切身感受政府提供的各种公共产品中接受或否认政府的存在。简言之，公民对公共产品的定制化需求，对政府的合法性提出了挑战。显然，传统公共行政中以政府为主导的公共产品提供形式，是无法满足上述需求的。政府对市场的控制只会让市场的功能无法得到发挥，因此现代政府逐渐让出社会资源配置的主导地位，转而对市场进行宏观调控，指引市场进行资源配置。从性质上讲，政府让位于市场，同时也意味着政府自身制度的创新，两者的结合带有强烈的卸重减负色彩。

其次，共时性挤压也使得政府逐渐退出了一些社会领域，公共领域开始逐渐成为人类社会中的一个重要组成。传统公共行政中政府承担职能过多，在信息化时代中无法满足效率性要求，因此，政府开始积极放弃一些原有的社会管理职能，转交给社会来承担。具体而言，政府放弃原有职能的过程大体分为两个阶段，第一阶段是政府把和经济具有紧密联系的部分职能市场化，积极促进市场的成熟；第二阶段是政府将部分社会管理职能和社会服务职能释放出来，寻求承担的主体。政府在第二阶段的做法，会产生两个结果：一是大量介于社会和政府之间的，或者说是半民间半官方的组织产生，并在实践中获得生存的空间；二是这些中间组织的出现和发展，会使得其承担的社会管理职能逐渐丰富起来。如果说第一种结果是国家社会化的大势所趋，那么第二种结果则意味着现代社会中公共领域的生成。

可见，由于共时性挤压的影响，传统公共行政已经不能满足现实的需要，公共行政的转型与发展将是一个必然的趋势。造成共时性挤压的核心因素——社会网络和技术网络在人类社会中的广泛运用，为网络行政范式的构建提供了有利的前提和基础。

二、网络行政范式的构建

本节将尝试构建网络行政范式，实际也是对前文主要内容的总结和概括。范式的构建无法脱离已有的各种理论成果而进行全面地创新，网络行政范式中的许多内容实际来自于已有的公共行政文献，范式的提出只是对其中合理内容进行有机地整合。按照库恩提出的范式概念，笔者将从网络行政理论、网络行政理念和网络行政制度选择三个方面与库恩创立的范式中的理论、共同信念和具体操作方法形成对照。

1. 网络行政理论

范式的形成必须拥有一个较为成熟的理论体系，该理论体系能够对现实的社会现象进行有力地解释。网络行政理论实际来源于不同理论的交叉与综合，具体而言，网络行政理论是由技术执行理论、社会网络理论与治理理论综合而成。

(1) 技术执行理论

技术执行理论提供了对技术的认识和应用。技术执行理论并不等同于技术决定论，它在强调技术客观存在的同时，更强调技术使用主体对技术的选择和应用。当前学术界中广泛探讨的电子政务建设没有取得应有的现实效果，很大程度上在于人们对于信息技术期望过高，在技术决定论的引导下认为信息技术能够弥补传统公共行政中种种缺陷。实际情况并非如此，从极端的利用信息技术加强专制到一般官僚对信息技术的抵制在当前的电子政务建设中随处可见，其中的原因是多方面的。

首先，如果效率增长为公共行政系统带来资源方面的损失，那么公共行政系统有可能抵制大幅度效率增长的诱惑。其中，以财政预算资源最为明显，一个行政部门如果要使用信息技术，就必须承担应用信息技术的前期财力的投入。在财政预算有限的情况下，即使是信息技术具有极大提高效率的潜力，行政部门也会放弃对信息技术的使用。另外一个方面，信息技术一旦投入使用之后，还需要大量的升级、维护以及人力资源培训费用，这意味着一个行政部门必须从长计议，仔细核算使用信息技术所需要的资金投入。而新公共管理运动在全球范围内的影响告诉我们，政府削减成本将是大势所趋，对信息技术的选择性应用也就不可避免了。

其次，行政部门往往将信息技术当作花费而不是投资，这使得行政部门在开展试点工作和研发新的信息系统变得极为困难。由于将信息技术当做行政部门的花费或开销，行政部门希望信息技术或者信息系统一旦投入使用后就能够获得立竿见影的效果，并能够节省成本。然而，前文对信息技术的分析中可以看到，信息技术的潜在效应要得到发挥，不但需要相应的载体，而且还需要一定的延时。显然，期待信息技术大幅提高行政效率只是行政部门一厢情愿的想法。从另外一个角度来看，行政部门在节省成本、提高效率过程中必须付出的学习成本必然是非常陡峭的，也可以说政府创新的成本必然是很高的。所以，行政部门对信息技术的应用理应当做是一种投资而不是花费，投资意味着信息技术具备提高行政效率的潜质，这种潜质的显现必须依赖政府在信息技术支出的财政预算上的长期支持，但凡电子政务取得一定成绩的国家，都是在财政支出上预留了大量的资金。

再次，组织文化决定了一个组织在应用信息技术上的选择。个行政组织在职能范围内的长期实践，必然会形成一定的习惯或传统，也就是学者们理论探讨中的组织文化。组织文化对于组织中成员的影响是长期的，因为组织成员必须接受组织文化的熏陶并且依照组织文化的指导开展工作，才能获得在组织内部的认同。对于某些封闭的行政组织来说，信息的独占和权力的垄断一旦形成传统，在面对信息技术的冲击时，这些组织将会进一步封闭自身，对信息技术采取抵制态度，因为它们担心信息技术的侵入会对原有的独占信息和垄断权力造成消极的影响。况且，信息技术在商业领域的应用先于在行政组织中的应用，信息技术在消除组织中间层级、分散权力等方面的效应已经显现，以科层制为基础的行政组织长久以来形成的保守的组织文化，必然限制了信息技术在行政组织中的广泛应用。即使在那些使用了信息技术的行政组织中，也会极力改变信息技术本身所特有的潜质，使其为保守的组织文化服务。

上述对现实的解释让我们不得不接受这样的观点：信息技术具有改造组织的潜力，但是这种潜力的发挥取决于组织对信息技术的选择。技术执行理论对现代公共行政中信息技术的应用做出了较好的解释，并且将人们追求行政效率提高的视野由对工具的选择转向了组织的自我调整和自我完善。公共行政如果要适应信息化社会环境，仅仅在技术工具上进行调整是不够的，必须寻求自身的变革。

（2）社会网络理论

社会网络理论是社会学中的一个分支，它为网络行政范式提供了微观的组织理论基础。从性质上来看，社会网络理论实际是对组织结构的分析，社会学家最早使用网络对个人关系进行分析，后来逐渐扩展到了人类社会中一般组织形式的分析。社会网络理论本身具备构成范式的特征：①用对行动的结构强制来解释行为，而不是用单位内部的内在力量（如规范的社会化）来解释行为。在后一种解释中，行为受意志论的、有时是目的论的驱动，而被推向一种预期的目标。②社会网络理论分析的焦点是单位之间的关系，而不是试图将单位简化为由其内在属性（或本质）规定的范畴。试图简化单位的作法最终倾向于一种一元化观点。③社会网络理论主要考虑的是，处于多样性的变化中的模式化关系如何共同影响了网络成员的行为。因此，社会网络理论并不假定：网络成员仅仅参与具有独立于他人的多对关系。④把结构当做网络，意味着网络可能会、也可能不会被分割成为分离的群体。换言之，社会网络分析并没有作受严格限制的群体在本质上是结构的建筑板块这样的预设。⑤为了补充、有时为了代替主流的分析方法，这种直接处理社会结构模式化的相关本质的分析方法需要独立的分析单位，网络因而取代独立组织及其组织内部的分析而成为社会现象分析的基本单位。① 社

① 参见苏国勋，刘小枫．社会理论的诸理论．上海：上海三联书店，2005：467-469.

会学家最早使用网络这一分析单位，对人类自然村落的社会现象进行解释，后来又逐渐发展到对城市社区以及城市的分析，经过组织理论家的进一步发展，社会网络理论逐渐成为分析社会一般组织的特殊视角，人们开始关注组织网络形成过程中社会资本的实际作用。例如，有些学者就认为，运用董事会成员关系描述各个大型公司之间的联系，其中，网络的焦点是大公司本身，一个公司的成员对另一个公司的董事会行使职权被视为这两个公司之间的联系轨迹：可以利用图形描述占统治地位的公司的整体联系性以及它们之间存在着利益群体的联合。这样的分析最终的结论便是，各大公司的密切联系势必会产生高额利润。① 显然，社会资本以及组织间网络已经成为人们解释一个组织行为模式的有利工具。

在当前的社会学理论中，社会网络理论已经形成了一些基本原则，指导着不同学科的学者使用社会网络来分析各自学科领域中的独特现象。一般而言，社会网络理论的基本原则包括：其一，有结构的社会关系是比体系成员的个人态度更有力的社会学解释素材。传统的人文社会科学研究中，社会结构和过程往往被视为个体行动者个人态度的总和，比如个体的自然属性：年龄、性别；个体的社会属性：经济条件、政治态度、受教育程度等。每一种属性都当做一个独立单位，与其他属性结合在一起对社会结构和过程进行分析。这样的分析方法显然没有考虑到这些个体所隐藏的某些结构关系——群体内部内在的和群体之间外在的关系，而只是把个人归入具有类似属性的范畴群体，比如基于经济占有多少划分的阶级就是这样的概念，独立的一元化分析单位不可避免地得出下述结论：社会行为是个人具有共同属性而非它们卷入了有结构的社会关系这一事实的结果。可见，社会网络理论较之传统社会理论更能够提供一种不同群体行为模式的分析视角。其二，规范是从有结构的社会关系系统中产生的。规范是人类社会秩序形成的关键因素，虽然传统的社会理论中，学者倾向于运用人的结构位置解释人们获得规范和

---

① 苏国勋，刘小枫．社会理论的诸理论．上海：上海三联书店，2005：471.

价值，但是他们是将人看作其内在化规范做出反应行动的个体。当具有类似的个体属性的人以类似的方式对共同规范做出反应时，社会学家就把这些共同的反应当做人类社会中的一般规律。相反，社会网络理论中对结构要素的强调改变了上述分析方法，它运用结构对活动的强制来解释行为，而不是用假定的内驱力驱使行动者做出意志论的、有时是目的论的行为以达到预期目标来解释行为。因此，在社会网络理论中，规范是结构的结果而不是原因。事实上，这一原则在构建网络行政范式时至关重要，规范也好，制度也好，都必须是在弹性的、变动中的组织间关系的基础上才能形成，前验式的制度设计很难与社会现实相符。其三，世界是由网络而非群体构成的。这也就是说，对人类社会的分析并不一定非得在几个单独范畴（例如无产阶级和资产阶级，或者不同群体）的基础上进行，有严格界限的群体也并非是大规模社会体系中的基本构件。社会网络分析提醒人们注意，当多种社会圈子中网络成员的交叉成员资格一起结成社会系统时，基于对有边界群体的描述使复杂的社会结构过于简化，而应当把有边界的群体当做有组织的丛林。从网络而不是群体出发，分析这些能够研究并不构成分离群体和网络的两种联系，事实上，有严格边界和紧密结合的网络才能被称为“群体”。将社会当做网络来看待，人们可以发现复杂的权力等级制并不仅仅是单个的分层，网络分析指明了一种来自不可避免的争论的方式，即通过提供理解内部和外部关系如何彼此相交和相互修正的机制，解决到底是外部的联系抑或内部的关系造成了社会中的不平等。①

公共行政对社会网络理论的借用，增加了组织间网络的研究内容，这为解释公共行政活动提供新的视角。例如罗伯特·阿格罗夫和米歇尔·麦克格雷就基于网络的行政活动提出了七个问题：①在网络管理中是否同样存在着与管理类似的 POSDCORB 程序问题？②网络管理中的集体物品是通过科层制产生，还是完全与发源于人际关系研究的应用科学的方法不同？③网络如何在急剧变迁和程序

① 参见苏国勋，刘小枫．社会理论的诸理论．上海：上海三联书店，2005：471-475.

调节上提供灵活性？④网络通过什么方法建立相互的自我负责，这是对公共机构责任丧失的代替吗？⑤网络中与组织中法理型权威相类似的凝聚力是什么？当来自不同组织的人们没有受到法理型权威约束时，他们为什么会决定坐到一起、共同解决问题、达成协议和履行诺言？⑥网络运行中权力如何产生、对集体问题的解决有什么影响？⑦公共管理网络的起源问题，如网络生产的解决之道和结果不能通过单一的科层制组织而生产吗？当公众要求在某种公共问题上采取行动时，是多个行为者一起策划而实现这一要求吗？如果这一要求被满足，它只能通过网络吗？① 对上述问题的回答意味着社会网络理论是否能够取代传统公共行政理论的解释模式，如果能，那么公共行政理论就必须做出全面的创新。

(3) 治理理论

治理理论是随着全球化时代的到来而逐渐进入公共行政视野的。全球性公共事务的不断增多，高效公共行政的方法在全球范围内的推行，使得不同国家认识到仅仅管理好本国的公共事务在全球化时代是远远不够的，世界各国的公共事务是彼此相联系的。如果说社会网络理论是从微观层面强调在一个国家内部，不同组织的协调与合作的话，那么治理理论则更强调超国家机构和不同国家公共行政的合作在全球性公共事务处理中的重要性。可以这么说，治理理论是一种更加宏观的网络解释模式，它把零散的各个国家的网络联结成为一个更大的网络。在这个网络中，需要各个国家就全球性公共事务进行广泛的合作，并且在合作过程中形成共同的公共行政理念。总体而言，治理理论强调以下几个方面的内容：

首先，当代治理的组织载体发生了根本变化，它既包含政府组织，但又绝不局限在唯一的、单中心的政府组织。组织载体的变化表明，治理理论所关注的对象是与传统公共行政完全不同的：第一，传统统治及公共行政强调以行政组织为本位构建的单一化的权

① Robert Agranoff, Michael McGuire. Big Question in Public Network: Understanding State Enterprise Zone Partnerships. Journal of Public Administration Research and Theory, 2002, Vol. 12: 2.

威统治中心，公共管理和公共服务依托于权威部门自上而下的强制、控制和命令来实施。而治理理论则强调政府组织、社会组织和公民在共同的目标下共享资源，相互作用，参与公共政策的制定和提供公共服务。第二，传统统治将行政组织视为中心和主体，而治理理论则认为现代公共管理中，政府不再是唯一的主体，公民个人、私营部门、非政府组织等同样也是公共管理的主体，他们共同承担着公共事务治理的责任。第三，传统统治依赖的组织基础是整齐划一的科层制组织，而治理依赖的则是平行发展的、互动的多样化社会网络组织。

其次，治理理论的重要评价标准是参与、公开、透明、回应、公平、责任、合法性等原则。联合国在 1997 年所做的题为《分权的治理：强化以人民为中心的发展能力》的报告中，概括了 20 世纪 90 年代治理运动所追求善治的 15 项核心理念，指明了人们为当代治理运动设立的目标和预期，也勾勒出评价一国治理发展水平和绩效成果的标准。这 15 项核心理念是：公民参与、依法治国、政府透明性、回应性、合意导向、公平、效益和效率、责任、战略的视野、合法性、深谋远虑的资源使用、生态环境的考虑、授权、合作伙伴、以社区为基础。当代治理理论便是在上述相互联系的价值中寻找以人民为中心，增进人民普遍福祉的发展道路的行动过程。

最后，不同利益关系人参与公共事务的管理是当前必然的趋势，这促使公共行政的功能及其领导者行为导向与工作重点发生了深刻的变化。在当代治理结构中，多个利益关系人参与公共政策制定与执行过程，他们通过对话、讨论和协商，形成合意的行动基础，以此来影响公共行政的实施。显然，多元主体的参与使得政策过程中的权力明显分割化和分散化。与传统的多元主义不同的是，治理理论在承认多元主体参与以及集体行动中的讨价还价的同时，始终认为多元的利益关系主体，在长期发展过程和社群共同体中能够形成利益互惠和彼此合作的关系。也就是说，不同的利益关系人在有利于他们共同发展的公共政策面前，有着可以谋求的共同利益以及发展彼此共识的动力机制。因此，治理理论中的权力分散，是在建立共同愿景和资源共享基础上的分散，是依据共同认可的目标、为提高组织的弹性和适应性而采取的分散，同时也为各国公共行政的全球范围内寻求合作提供了有利的依据。①

综上所述，治理理论并不同于传统公共行政的分析模式，它将管理公共事务的重心放在了重新调整了的公民与政府的关系之上，并且强调不同主体之间广泛的合作。

2. 网络行政理念

网络行政范式中的理念是公共行政实践过程中的价值追求，它是在传统公共行政理念的基础上，面对当前行政环境变化而做出的调整。没有网络行政理念的支持，网络行政范式就会失去追求的目标。应当指出的是，网络行政理念与当前许多得到学者认同的公共行政理念是重合的，在此只是特别强调以下三种理念。

首先，网络行政中强调参与理念。尼古拉斯·亨利指出，“所谓参与是指将公共部门与私有部门区分开来的开放程度。”② 换言之，严格意义上的参与，只能发生在公共事务当中，而参与程度的高低实际取决于公共部门的开放程度。网络行政中提倡的参与理念正是基于这一解释的，参与可以是个体的参与，也可以是以组织的形式参与，还可以是国家在全球事务中的参与，但是参与的领域必须是公共事务领域。同时，网络行政中的参与还是以网络为基础的参与，网络将不同的利益关系人联系在一起，在承认不同利益关系人之间利益冲突的同时，网络行政更加强调在参与过程中，不同利益关系人可以就利益问题进行协商，并且通过合作来达到互惠的目的。网络行政中的参与理念的形成，必然意味着公共部门需要进一步提高管理公共事务的开放程度，包括增加政务透明性、及时响应公民利益诉求等具体的措施，这就与传统公共行政中所倡导的统治观念形成了明确的对比，显然，网络行政更符合当前行政环境的

① 参见孙柏瑛．当代地方治理——面向21世纪的挑战．北京：中国人民大学出版社，2004：23-28.

② ［美］尼古拉斯·亨利．公共行政与公共事务．北京：华夏出版社，2002：23-46.

需求。

其次，网络行政中强调责任理念。责任理念是与参与理念相对应的，网络行政中一方面强调参与的重要性，另一方面也对责任理念提出了新的要求。责任本身是一个广泛而复杂的概念，公共生活领域的许多讨论涉及的是一个人应该或不应该做什么，而不是必须怎么做或不得怎么做的问题。① 也就是说，责任实际是一个规范性问题，人们往往倾向于用各种法律制度来规范个人行为。在网络行政中，责任因主体的不同而有不同的内涵。在网络参与过程中，个人的参与必须承担其参与行为的个人责任，组织的参与必须承担其组织行为的组织责任，而政府必须对所有的参与行为负责。换言之，个体和组织由于参与所承担起的责任，必须由政府给予明确的界定，否则，网络行政中的参与就有可能陷入一种混乱的状态。同时，由于当前公共行政中，多元化主体的参与使得政府必须承担起一些新的、传统公共行政中所没有的责任，从而使得政府承担的责任体系逐渐扩充。其中最为关键的政府责任是：政府维护社会网络的责任。虽然社会网络的形成是基于不同组织之间的信任和长期的合作关系构成的，但是社会网络的脆弱性使其在管理公共事务中发挥的效用有可能受到限制，为了使得社会网络在管理公共事务中发挥长期、稳定的效用，政府就必须承担起维护社会网络的责任。

最后，网络行政中强调公平理念。前文探讨的数字鸿沟已经说明，不同主体之间的技术差异上升到一定层次的时候，就会极大地影响到不同主体在经济、政治等方面的不平等。虽然说社会公平是人类社会始终追求的理想，但是人类社会任何一个历史时期都没有实现过社会公平，相反不同历史时期都会表现出不同的不公平的现象。在信息化时代，社会不公平中新增加了数字鸿沟这一新事物，为人类社会追求公平再次增加了新的难度。网络行政对公平理念的强调，一方面是对人类社会理想的继承，同时也是基于现实数字鸿沟问题而做出的反应。网络行政要求政府在行政活动中，遵循公平

① ［美］菲利普·J. 库珀，等. 二十一世纪的公共行政：挑战与改革. 北京：中国人民大学出版社，2006：70.

的理念，不仅要维护一个国家内部不同个人、不同组织之间的公平，同时还要在国际竞争与合作中追求全球范围内的国家间的公平。简言之，信息化时代中的政府所追求的各种公平，都会与信息资源、信息技术之间有着密不可分的关系。

3. 网络行政的制度选择

一个范式的提出不能仅仅是纯理论探讨，还必须对实践活动给出具体的指导，否则范式的提出就没有实际应用的价值。对于网络行政范式来说，明确了其理论基础和基本理念之后，网络行政范式必然得有相应的制度选择，用以指导当前公共行政的制度发展方向。制度的重要性在于它是各种规则的集合，人们的理性选择决定了制度变迁的速度和方向。一般认为，科技是第一生产力，但是这一论断却不能回答为什么科技的重大进步是发生在市场建立之后，而不是在市场形成之前。诺斯在《西方世界的兴起》中指出，对经济增长起决定性作用的是制度性因素而非技术性因素，有效率的组织是经济增长的关键；一个有效率的经济组织在西欧的发展正是西方兴起的原因所在。通常人们一直认为，技术创新、规模经济、教育和资本积累等都是经济增长的源泉，实际上，它们本身就是经济增长，产业革命不是现代经济增长的原因，而恰恰是结果。① 诺思的研究向为我们指明了制度在人类社会发展中的重要性，不仅在经济领域当中制度相当重要，对于公共行政关注的公共事务来说，制度同样也是至关重要的。在本文构建的网络行政范式中，制度的选择是网络行政实践意义之所在，具体来说包括协调制度、控制制度和学习制度。

协调制度。网络行政是建立在技术网络和社会网络基础之上的，这意味着在网络行政中组织层级的扁平化和权力结构的分散化，网络行政的多元主体的共同参与与合作就成为了常态。但是，不能否认的是，不同主体之间的利益不可能完全一致，必然存在差

① 参见［美］道格拉斯·诺斯，罗伯特·托马斯．西方世界的兴起．北京：华夏出版社，1989：7-8.

异和冲突。政府及其公共部门作为网络行政中重要的活动主体，在促成公共利益形成的过程中，不能无视网络中不同节点的利益差异与冲突。这也就是说，在网络行政成为公共行政发展趋势的情况下，政府必须积极构建有效的协调制度。具体而言，协调制度首先应当包含公平的利益分配机制。在充分发挥市场对社会资源配置的前提下，政府应当强化其再分配功能。这是因为市场自身的发展并不能得到公平的结果，即市场失灵是不可避免的，政府作为利益仲裁者必须在社会资源分配过程中发挥积极的协调作用，公平的利益分配机制就是政府促进社会公平的制度保障。其次，协调制度还应该包括通畅的利益表达机制。对于社会当中的弱势群体，其利益得不到有效地保障最大的原因就在于弱势群体的利益诉求无法顺畅地反映给政府，政府在不知情的情况下就不可能对弱势群体的利益给予充分保护。通畅的利益表达机制有利于弱势群体的利益诉求向上传递，同时也有利于政府与社会当中各个不同群体之间进行有效地沟通，政府在信息充分的情况下才能制定出促进社会公平的公共政策。再次，协调制度还应该包括合理的利益补偿机制。网络行政的发展会产生一定的排斥效应，那些无法融入网络当中的个人和群体势必会因为处在网络之外而成为利益受损者，这时政府就应该充当起补偿利益的角色，对那些利益受损者进行合理的利益补偿。值得注意的是，利益补偿机制的建立并非是要重走平均主义的路线，而是要在适当补偿的基础上，让网络中的成员同时拥有公平的发展机会。

控制制度。前文对网络行政权力的分析中，已经指出网络行政权力会出现分散与集中并存的趋势，这就意味着，在网络行政中必须构建强有力的控制制度。原因很简单，技术网络具有的去中心化特征可能造成互联网上的无政府主义，而社会网络中核心构成要素——不同成员之间的信任又不具有稳定性，两者都可能会使得整个社会处于一种不稳定的状态。政府作为维护社会秩序的主体，理应建立起控制制度，防止网络的分散化特征对社会稳定带来的负面影响。需要指出的是，在网络行政中，控制制度的形成与实施会和信息技术联系在一起。这是因为信息技术在人类社会中的广泛应用，已经成为了实施控制的工具，而且这种基于信息技术的控制比以往任何一种控制都来得更为直接。但是，政府运用信息技术对网络行政中的个人和主体进行控制，又必须经过法律的认可，政府只能在具有明显法律限制以外的领域实施控制。劳伦斯·莱斯格就认为，“一个无视地理界限的电子媒介的出现带来了崭新的现象，从而使法律陷入混乱。这一现象需要清晰的法律规则来调整，但依靠任何当前基于地域的主权，是无法进行令人满意的规制的”①。事实上，当信息技术逐渐成为人们生活中不可或缺的组成部分时，通过法律对某些技术关键性的代码进行限制，政府就可以实现有效的社会控制。简言之，在信息化时代中，政府的控制制度可以称为基于代码的控制制度，但这并不意味着政府能够利用代码实现专制。这也就是说，网络行政中的控制制度必须在有效的控制和网络成员的自由之间寻找一个均衡点：“对政府意味着成本的事情，对我们就意味着自由。……自由来自于使规制保持昂贵。当进行规制变得简单或廉价时，自由就面临危险。”②

学习制度。网络行政中的学习制度，实际是对学习这一行为模式的制度化。卡斯特就指出：“精英是从实践中学习，并因此修正了技术的应用，而大多数的人是从使用中学习，因而受限于套装的技术成品。”③ 虽然普通大众因为学习的方式不同而与精英之间形成了较大的差异，而且也不是每一个人都能够从普通人变成精英，但是学习的重要性在信息化时代却是至关重要的。网络行政中学习制度的建立，要求在组织中形成学习氛围，促进组织学习，构建信息化时代的学习型组织。美国学者托宾很早就提出了建立学习型组织的五项基本原则：①每一个人都是学习者。在学习型组织中，从上而下，每一个人都要学习，并从实际中学习，无人能例外。②彼

① ［美］劳伦斯·莱斯格．代码：塑造网络空间的法律．北京：中信出版社，2004：31.

② ［美］劳伦斯·莱斯格．代码：塑造网络空间的法律．北京：中信出版社，2004：7.

③ ［美］曼纽尔·卡斯特．网络社会的崛起．北京：社会科学文献出版社，2003：42.

此相互学习。在学习型组织中，学习不仅仅限于有结构的教育与训练方案，人人相互学习。学习是相互增强的，在学习型组织中，学习与知识的总效用大于组织中个人的学习与知识的总和。③学习促进变革。学习可以使人认识到变革的需要，当人们学习时，将会发现将事做得更好的方法，以及增加个人与组织生产力进步的方法，这比管理层强迫推动变革，更容易使人接受。④学习是持续的。持续的学习与终身学习也是学习型组织的标志之一。组织要促进与建立持续性学习的组织气氛，鼓励并促使员工接受新的观念、新的思想。⑤学习是一项制度，而非消费。学习型组织视教育活动为组织未来的一项投资，而不是可以避免的消费，学习活动也是人力资本的投资。组织的实体资产要保存；同样，组织对知识的存储也是非常必要的。① 可见，学习制度的建立涉及人力资源管理和组织变革两方面的调整，学习的制度化也就意味着网络中不同成员之间在知识和方法上差距的缩小，为网络行政所追求的社会公平理想提供了现实的基础。

三、网络行政范式中未解的命题

网络行政范式的构建可以较好地解释当前公共行政已经出现和潜在的某些趋势，但是形成网络行政的基础却具有极大的变动性：不管是技术网络的高速发展，还是社会网络的频繁组合都说明了这一点。这似乎预示着网络行政范式会比以往传统公共行政范式更具有变动的可能，网络行政将处于一个频繁变动的过程之中。未来的变动只能在未来才能解决，这也就是说网络行政范式的构建带有强烈的后验控制原则。后验控制要求公共行政在面对日益复杂的公共事务时，应当具备回应性，对社会发展中出现的各种新鲜事物、新情况及时做出调整，而不是在新事物出现之前设置各种预想的制度，即前验控制原则。前验控制原则往往会使得预想制度在实际情

① 转引自张成福，等．公共管理学．北京：中国人民大学出版社，2002：146.

况面前无能为力。显然，后验控制比前验控制更具有灵活性、变通性和更强的容纳变迁的能力。可见，网络行政所包含的内容会随着时间的推移而产生新的变化，各种新的问题也会随之产生。

本文在大部分内容中描述了网络行政的当前内容，概括了网络行政中一些重要的组成，但是并不意味着已经解决了网络行政中所有的问题。在笔者看来，网络行政中尚有一些问题是值得思考的，以下将重点引出两个问题，并简单罗列值得研究的网络行政问题。

1. 网络人格分析

一个完整的理论形成都有相应的前提假设，经济学、政治学都有各自对人的假设，以此来形成自己的理论体系。公共行政学也是如此，在其不长的发展过程中，也开始逐渐强调对人的假设，比如X理论和Y理论等；当前公共行政学中比较倾向于适用经济人假设或者社会人假设来解释现实社会公共事务的管理。本文对网络行政的构建，可以引入一个新的前提假设：网络人。网络人的出现更多源自于技术网络而不是社会网络，因为技术网络所创造的虚拟世界可以让个人从现实世界中隔离出来，变成一个“网络人”。更确切一点说，网络人与现实中的经济人、社会人最大的不同在于，网络人格的独特性。人格，是指人的性格、气质、能力等特征的总和，代表着一个人在现实中的形象，通过行为表现出其内在的精神状态。进言之，人格作为一种内在的精神状态，决定了个人的行为模式。一个人格健全的人，会倾向于各种理性的行为模式。但是，当然人们进入到技术网络世界以后，人格问题就变得复杂起来了。简单地说，网络人格是连接现实的个体与技术网络空间的桥梁，个体在其网络人格的影响下参与技术网络中的各种活动。网络人格的形成大体上经过这样一个过程：首先是现实中人格的形成，表现为自我意识的逐渐成熟。其次是个体接入技术网络，接入的地点、时间的不同，都会使得这一物理接入过程对现实人格产生不同的影响。最后是网络人格的形成，特指个体已经习惯于技术网络中的各种活动，并且在技术网络世界中形成一种新的、稳定的人格特征。显然，网络人格是基于现实人格形成的，但是虚拟世界中的活动会使得网络人格与现实人格产生较大的偏移，甚至有可能是完全相反的结果。一个人格健全的人，在虚拟的技术网络世界中可能会陷入一种完全有悖于常理的心理状态之中，这种例子在当前的现实生活中已经颇为常见。网络人格的出现会对网络行政造成什么影响呢？本文所讨论的网络行政概念包含了技术网络因素，而且承认技术网络将会在未来的公共行政活动中起到基础支撑作用：技术网络将逐渐成为个体利益诉求表达的最方便的工具。那么，个体的利益表达行为过程不是在现实人格影响之下的，而是在网络人格的指引下实现的。可以想象到的是，如果在一些病态的网络人格影响之下产生的利益表达行为，很可能会让公共行政系统形成误解或误识，那么随后实施的公共行政活动将不可避免地陷入到错误之中。

当前学术界对技术网络中的个人行为的探讨，大多是持健全的、正常的网络人格影响的个人行为，很少关注到病态网络个人对公共行政的负面影响。“网络人”前提假设的提出以及对网络人格负面影响的初步认识，使得网络行政活动更为复杂化了，这需要通过心理学知识的分析才能给出较好的解释。本书只是将网络人格分析作为一个命题提出，有待于以后的理论研究来解决。

2. 基于道德因素的考虑

当前，公共部门和私营部门在管理上的共识，使得许多管理方法和技术在两个不同领域内可以不做任何调整就能得到应用，这使得许多传统公共行政没有考虑到的问题开始进入人们的视野，此处所提及的道德因素就是这样一个问题。福柯在 1979 年的著作里指出管理学是体现“道德技术”(moral technology) 或权力技术 (technology of power) 的最佳例子。管理学是全景敞视塔 (Panopticon) 的现代版本。全景敞视塔乃一个监控百姓的一般化模式，在日常生活中执行监控任务，确定各种权力关系。现代的管理学和古代的全景敞视塔发挥同样的监控功能，它是一门控制组织日常运作的学问，包括了一套主管级人员学习及内化的理论，亦包括主管与下层同样奉行的一系列实践。管理学采用理性与效率等语言以达到操控的目的。它是一种“审裁”(jurisdiction) 与“剖白”

(verification)的罗网(regime)。既为一种论述，一个可以知识介入的系统，管理学对被论述的“臣属主体”(the subject)——那些被管理的人——往往没有多大兴趣。“臣属主体”所面对的问题、忧虑、困难等都不被正视。换句话说，这些“臣属主体”其实只是由组织、权力和职责界定出来的被客体化了的产物。在一个管理结构里面，行为与意义建构“臣属及经种种实践构造出来的身体”(subjected and practicised bodies)。“管理学既希望加强这些身体的经济效用，又要削弱这些身体的政治力量，好使他们变得服从。”一句话，管理学企图“千方百计地将人类操纵成一组顺从的行为模式”。管理学要求完善组织运作和标榜效益，因此与“不完美”的下属关系紧张。管理学将被管理的人看成意志不够坚定、过分感性、有非理性倾向及因循成性。他们当中有任何反对监控、抗拒变革和提高效益的举动，都会被理解为雇员个人的问题，是典型的个人需求未获满足的一种表现。管理层很多时候甚至诉诸精神分析或心理学以打击反抗声音。管理学未必全面排斥异见及漠视矛盾，而是根据其论述的逻辑，将异见或矛盾说成是“不正常”，甚至是“病态”行为。这样，当权派对任何在组织内出现的反对声音都会扣上非理性的帽子。管理学论述中的“臣属主体”——工人或实务工作者——被构建成同一性及个别性的客体。根据这种建构，问题总是出在个别人士身上，而非因为制度不全；而除了“组织”的利益外，其他集体利益全被否认。集体性对抗行为更被系统地扭曲误解。所谓解决矛盾的方法，不外乎是个人辅导或对制度作一次性的小修小补。另一种处理方法是将对抗者说成是异类，必须通过强迫或给予治疗等手段将之纳入正规。这样管理学既能处理个别反对声音，亦能通过组织架构对反对者分而治之，务使组织内每个个体都受到牵制。① 显然，本文所探讨的网络行政也是管理学的分支，特别是前面提及的使用信息技术控制似乎可以使得福柯的结论得到加强。简言之，组织在追求效率的目标下对社会和个人的不道德的监控，

① 参见［美］华勒斯坦．学科·知识·权力．上海：生活·读书·新知三联书店，1999：130-153.

会让网络行政有悖于道德的约束。一方面是有效的控制，一方面是道德的约束，网络行政似乎有可能陷入一种两难的境地。

3. 其他有待研究的命题

除了上述两个稍加展开的命题之外，网络行政中还有一些其他值得研究的问题：

如何评价网络行政的绩效？网络行政的行为模式不同于传统的公共行政，对网络行政的绩效评价显然不能采取原有基于某个组织的评价机制，评价的焦点将转向网络这一单位。正如前文中分析的那样，社会网络中网络一词是组织形态的一种比喻，组织形态很难用确定的计量方法予以衡量，这就为网络行政的绩效评价带来了很大的难度。如果说当前绩效评价正在向定性与定量相结合的方向努力，那么，网络行政绩效评价的规范与实证又该如何表现出来？

如何抑制网络民主中各种技术欺骗手段？如果人们把网络民主当做未来民主制度的发展方向以及网络行政中民主理念的主要载体，那么民主选举过程中的各种技术欺骗手段就应该引起理论家和实践家的高度注意。因为，在传统的民主选举中，就存在着各种欺骗手段，诸如操纵选票箱等欺骗手段将选民蒙在鼓里，人为地改变民主选举的结果。在信息化时代中，网络民主中的欺骗手段具有更高的隐蔽性，人们很容易被技术手段所欺骗，民主也无法真正得出正常的程序结果。

如何在网络视野下形成比较行政？高绩效组织的建立和维护需要因地制宜，因为在专业化程度高、资源丰富、结构严密的政府中建立高效的组织机器是一回事，在不具备建立高绩效组织机器所需条件的发展中国家实现这一目标则是另外一回事。虽然本文认为网络行政能够成为当代公共行政发展的趋势，但是不同国家的现实国情决定了各国网络行政发展必然会存在差异，这种差异正是比较行政的意义所在。

总之，网络行政所包含的问题非常多，在此无法一一列举。随着学者对网络行政中不同问题认识的加深，网络行政必将成为摆在公共行政学者面前一道亟待解决的重大课题。

参考文献

(一)中文文献

著作类

[1][美]约翰·希利·布朗，保罗·杜奎德．信息的社会层面．商务印书馆，2003．
[2][美]G. 戴维·加森等．公共部门信息技术：政策与管理．清华大学出版社，2005．
[3][美]马克·波斯特．信息方式．商务印书馆，2000．
[4][爱尔兰]利亚姆·班农，厄休拉·巴里，奥拉夫·霍尔斯特．信息社会．上海译文出版社，1991．
[5][英]威·约·马丁．信息社会．武汉大学出版社，1992．
[6][英]布赖恩·麦克奈尔．政治传播学引论．新华出版社，2005．
[7][德]尤尔根·哈贝马斯．作为“意识形态”的技术与科学．学

林出版社，2002.
[8][美]米歇尔·福柯. 规训与惩罚. 生活·读书·新知三联书店，2003.
[9][德]哈贝马斯. 公共领域的结构转型. 学林出版社，1999.
[10][德]哈贝马斯. 在事实与规范之间. 生活·读书·新知三联书店，2003.
[11][美]罗伯特·达尔. 论民主. 商务印书馆，1999.
[12][美]罗伯特·达尔. 多头政体. 商务印书馆，2004.
[13][法]克罗齐埃. 被封锁的社会. 商务印书馆，1989.
[14][美]V. 奥斯特罗姆等. 制度分析与发展的反思——问题与抉择. 商务印书馆，1992.
[15][英]赫伯特·斯宾塞. 社会静力学. 商务印书馆，1996.
[16][美]曼库尔·奥尔森. 国家兴衰探源——经济增长 . 滞胀与社会僵化. 商务印书馆，1993.
[17][美]康芒斯. 制度经济学. 商务印书馆，1962.
[18][英]阿瑟·刘易斯. 经济增长理论. 商务印书馆，1983.
[19][美]道格拉斯·C. 诺斯. 经济史上的结构和变革. 商务印书馆，1992.
[20][美]塞缪尔·鲍尔斯等. 民主和资本主义. 商务印书馆，2003.
[21][英]阿克顿. 自由与权力. 商务印书馆，2001.
[22][美]乔治·索罗斯. 开放社会. 商务印书馆，2001.
[23][德]柯武刚，史漫飞. 制度经济学——社会秩序与公共政策. 商务印书馆，2000.
[24][美]詹姆斯·M. 布坎南. 民主财政论. 商务印书馆，1993.
[25][美]塞缪尔·亨廷顿. 第三波——二十世纪末的民主化浪潮. 上海三联书店，1998.
[26][法]夏尔·德巴什. 行政科学. 上海译文出版社，2000.
[27][美]乔·萨托利. 民主新论. 东方出版社，1998.
[28][美]加布里埃尔·A. 阿尔蒙德等. 比较政治学：体系、过程与政策. 上海译文出版社，1987.

[29][美]罗伯特·达尔. 民主理论的前言. 生活·读书·新知三联书店，1999.
[30][美]约瑟夫·S. 奈. 硬权力与软权力. 北京大学出版社，2005.
[31][英]约翰·基恩. 媒体与民主. 社会科学文献出版社，2003.
[32][美]约翰·奈斯比特. 大趋势——改变我们生活的十个方向. 中国社会科学出版社，1984.
[33][英]达仁道夫. 现代社会冲突. 中国社会科学出版社，2000.
[34][美]丹尼尔·贝尔. 后工业社会的来临——对社会预测的一项探索. 新华出版社，1997.
[35][英]戴维·毕瑟姆. 官僚制. 吉林人民出版社，2005.
[36][澳]布伦南，[美]布坎南. 宪政经济学. 中国社会科学出版社，2004.
[37][德]威廉·冯·洪堡. 国家的作用. 中国社会科学出版社，1998.
[38][澳]欧文·E. 休斯. 公共管理导论. 中国人民大学出版社，2001.
[39][法]皮埃尔·卡蓝默. 破碎的民主——试论治理的革命. 生活·读书·新知三联书店，2005.
[40][加]A. 布来顿等. 理解民主——经济的与政治的视角. 学林出版社，2000.
[41][美]史蒂文·科恩，威廉·埃米克. 新有效公共管理者. 中国人民大学出版社，2001.
[42][美]曼瑟尔·奥尔森. 集体行动的逻辑. 上海三联书店，上海人民出版社，1995.
[43][美]麦克尔·巴泽雷. 突破官僚制：政府管理的新愿景. 中国人民大学出版社，2002.
[44][美]戴维·奥斯本，彼德·普拉斯特里克. 摒弃官僚制：政府再造的五项战略. 中国人民大学出版社，2002.
[45][美]盖伊·彼得斯. 政府未来的治理模式. 中国人民大学出版社，2001.

[46][美]珍妮特·V. 登哈特，罗伯特·B. 登哈特. 新公共服务：服务，而不是掌舵. 中国人民大学出版社，2004.
[47][印度]阿马蒂亚·森. 以自由看待发展. 中国人民大学出版社，2002.
[48][美]乔治·弗雷德里克森. 公共行政的精神. 中国人民大学出版社，2003.
[49][美]皮帕·诺里斯. 新政府沟通——后工业社会的政治沟通. 上海交通大学出版社，2005.
[50][美]D. F. 凯特. 有效政府——全球公共管理革命. 上海交通大学出版社，2005.
[51][美]威廉姆·A. 尼斯坎南. 官僚制与公共经济学. 中国青年出版社，2004.
[52][英]简·莱恩. 新公共管理. 中国青年出版社，2004.
[53][英]诺曼·弗林. 公共部门管理. 中国青年出版社，2004.
[54][美]迈克尔·罗斯金等. 政治科学. 华夏出版社，2001.
[55][美]拉塞尔·M. 林登. 无缝隙政府——公共部门再造指南. 中国人民大学出版社，2002.
[56][美]奥斯特罗姆等. 公共服务的制度建构. 上海三联书店，2000.
[57][美]阿尔温·托夫勒. 第三次浪潮. 生活·读书·新知三联书店，1983.
[58][美]戴维·奥斯本. 改革政府. 上海译文出版社，1996.
[59][英]丹尼斯·麦奎尔. 大众传播式论. 上海译文出版社，1997.
[60][波兰]彼得·什托姆普卡. 信任——一种社会学理论. 中华书局，2005.
[61][德]尼克拉斯·卢曼. 信任——一个社会复杂性的简化机制. 上海世纪出版集团，上海人民出版社，2005.
[62][美]罗伯特·D. 帕特南. 使民主运转起来——现代意大利的公民传统. 江西人民出版社，2001.
[63][德]施路赫特. 理性化与官僚化：对韦伯之研究与诠释. 广

西师范大学出版社，2004.
[64][美]尼古拉·尼葛洛庞帝. 数字化生存. 海南出版社，1996.
[65][美]塞缪尔·P. 亨廷顿. 变化社会中的政治秩序. 生活·读书·新知三联书店，1989.
[66][美]凯斯·桑斯坦. 网络共和国：网络社会中的民主问题. 上海人民出版社，2003.
[67][美]林南. 社会资本——关于社会结构与行动的理论. 世纪出版集团，上海人民出版社，2005.
[68][美]安东尼·唐斯. 民主的经济理论. 世纪出版集团，上海人民出版社，2005.
[69][日]白井均. 电子政府. 上海人民出版社，2004.
[70]曼纽尔·卡斯特. 千年终结. 社会科学文献出版社，2003.
[71]曼纽尔·卡斯特. 认同的力量. 社会科学文献出版社，2003.
[72]曼纽尔·卡斯特. 网络社会的崛起. 社会科学文献出版社，2003.
[73]胡象明. 经济政策与公共秩序. 湖北人民出版社，2002.
[74]胡象明. 地方政策分析. 武汉大学出版社，1994.
[75]胡象明. 权力之用. 湖北人民出版社，1999.
[76]丁煌. 西方行政学说史. 武汉大学出版社，1999.
[77]丁煌. 政策执行阻滞机制及其防治对策. 人民出版社，2002.
[78]丁煌. 西方行政学理论概要. 中国人民大学出版社，2005.
[79]李和中. 比较公务员制度. 中共中央党校出版社，2003.
[80]李和中. 西方国家行政机构与人事制度改革. 社会科学文献出版社，2005.
[81]李步云主编. 信息公开制度研究. 湖南大学出版社，2002.
[82]张明杰. 开放的政府：政府信息公开法律制度研究. 中国政法大学出版社，2003.
[83]刘飞宇，王丛虎. 多维视角下的行政信息公开研究. 中国人民大学出版社，2005.
[84]张新华. 信息安全：威胁与战略. 上海人民出版社，2003.
[85]司有和主编. 行政信息管理学. 重庆大学出版社，2003.

[86]周晓英，王英玮主编．政务信息管理．中国人民大学出版社，2004.
[87]钟义信．现代信息技术．人民邮电出版社，1986.
[88]秦铁辉，王延飞等编著．信息分析与决策．北京大学出版社，2001.
[89]高纯德．信息化与政府信息资源管理．中国计划出版社，2002.
[90]彭伟步．信息时代政府形象传播．社会科学文献出版社，2005.
[91]陶文昭．电子政府研究．商务印书馆，2005.
[92]刘文富．网络政治——网络社会与国家治理．商务印书馆，2002.
[93]张锐昕．政府上网与行政管理．中国大百科全书出版社，2003.
[94]全国政务公开领导小组办公室编．推行政务公开，建设法治政府——全国政务公开经验交流会议文件汇编．中国方正出版社，2005.
[95]中共中央纪委办公厅编．政务公开．中国方正出版社，2004.
[96]彭澎．政府角色论．中国社会科学出版社，2002.
[97]任晓．中国行政改革．浙江人民出版社，1998.
[98]顾丽梅．信息社会的政府治理．天津人民出版社，2003.
[99]王众托．企业信息化与管理变革．中国人民大学出版社，2001.
[100]刘靖华．政府创新．中国社会科学出版社，2002.
[101]宋世明．美国行政改革研究．国家行政学院出版社，1999.
[102]袁振华．电子政务．中国致公党出版社，2001.
[103]毛寿龙等．西方政府的治道变革．中国人民大学出版社，1998.
[104]张良等．公共管理导论．上海三联书店，1998.
[105]赵廷超，张浩．电子政务干部培训读本．中共中央党校出版社，2002.

[106]陈振明. 政府再造. 中国人民大学出版社，2003.
[107]夏立容. 信息时代与信息科学. 湖北教育出版社，1998.
[108]汪玉凯. 电子政务基础知识读本. 电子工业出版社，2002.
[109]蓝志勇. 行政官僚与现代社会. 中山大学出版社，2003.
[110]芮明杰. 管理创新. 上海译文出版社，1997.
[111]姜奇平. 数字财富. 海洋出版社，1999.
[112]陆江兵. 技术·理性·制度与社会发展. 南京大学出版社，2000.
[113]谢泽明. 网络社会学. 中国时代经济出版社，2002.
[114]金吾来. 塑造未来——网络通向新社会. 武汉出版社，2001.
[115]李正男. 信息高速公路. 电子工业出版社，1995.
[116]胡泳，范海燕. 网络为王. 海南出版社，1997.
[117]北京市信息化工作办公室，北京市人事局组编. 信息技术与电子政务. 清华大学出版社，2001.
[118]李志敏. 无网不胜——21世纪网络经济与电子政务. 中国言实出版社，2001.
[119]郭良. 网络创世纪——从阿帕网到互联网. 中国人民大学出版社，1998.
[120]郁义鸿. 知识管理与组织创新. 复旦大学出版社，2001.
[121]孙正兴，戚鲁. 电子政务原理与技术. 人民邮电出版社，2003.
[122]周宏仁，唐铁汉. 电子政务的理论与实践. 国家行政学院出版社，2002.
[123]苏新宁，孔敏等. 电子政务理论. 国防工业大学出版社，2003.
[124]王浣尘. 信息技术与电子政务. 北方交通大学出版社，2003.
[125]姚国章. 电子政务基础与应用. 北京大学出版社，2002.
[126]赵立波. 政府行政改革——走向21世纪的中国视点. 山东人民出版社，1998.

[127]冷德熙．关注中国数字鸿沟．科学出版社，2002．
[128]吴爱明．公务员电子政务教程．中国人事出版社，2003．
[129]张梦中，马克·霍哲．探索中的中国公共管理．中山大学出版社，2002．
[130]金太军等．政府职能梳理与重构．广东人民出版社，2002．
[131]冯鹏志．伸延的世界：网络化及其限制．北京出版社，1999．
[132]徐晓林，杨兰蓉．电子政务导论．武汉出版社，2002．

论文类

[1]王志萍．网络伦理——虚拟与现实．人文杂志，2000(3)：27-32．
[2]刘文富，顾丽梅．网络政治学解读．探索与争鸣，1999(11)：35-36．
[3]潘伟杰，余波．信息革命的政治挑战和理论困境．世界经济与政治，1999(3)：44-48．
[4]蒋达峰，李立明．从公共管理角度看电子政务和政府创新．城市管理与科技，2002(4)：21-23．
[5]刘列励．信息时代的电子政务与电子政府．瞭望，2001(14)：16-24．
[6]王天星．试论电子政府的推进与行政法面临的新挑战．中国公务员，2002(9)．
[7]苏徐红．论电子政府治理及制度创新．探索，2001(3)：85-88．
[8]方爱乡．日本政府信息化的现状与政策．当代亚太，2003(9)：63-67．
[9]邹凤岭．网络经济与信息化管理创新．中国机电工业，2003(4)：42-43．
[10]游祥斌，阎树全．“电子化政府”的误区与服务型政府的创建．行政论坛，2003(3)：35-36．
[11]刘军梅．经济全球化与转型国家的制度变迁．世界经济导刊，2002(5)：12-16．

[12]王颖．电子政府——中国政府改革的新取向．南京社会科学，1999(9)：30-32.
[13]李习彬，李亚．政务规范化研究与电子政务建设．中国行政管理，2004(10)：15-18.
[14]彭忠益，罗辉．电子政务：21世纪中国现代行政管理体系再造．高校理论战线，2003(2)：57-59.
[15]季明明．当代公共行政的改革实践与公共管理学的崛起．北京行政学院学报，1999(3).
[16][韩]河贤凤．电子政府在韩国：发展历史及其经验．中国行政管理，2002(3)：48-49.
[17]党秀云，张晓．电子政务的发展阶段研究．中国行政管理，2003(1)：21-23.
[18]李大珊．电子政务与政府管理变革．技术经济与管理研究，2003(2)：101-102.
[19]孙学玉．当代西方行政改革的动因与模式选择．江海学刊，1999(2).
[20]沈友军．我国发展电子政务的资金投入与技术需求．中国行政管理，2004(2)：30-33.
[21]杨学山．透析美国政府信息资源管理．中国计算机报，1999(27).
[22]武树帜，李美清．推行电子政务　改进管理方式．中国行政管理，2003(3)：37-39.
[23]王吕．电子政府与政府管理创新．行政与法，2003(2)：27-28.
[24]陈伟．信息化与中国政府管理变革．青海社会科学，2003(5)：30-32.
[25]米平治．试论我国电子政务的价值取向．中国行政管理，2004(2)：27-29.
[26]曹凌，耿鹏．电子政务管理模式探析．西安电子科技大学学报(社会科学版)，2001(3)：59-62.
[27]王近夏．浅议“政府上网”与行政现代化．管理现代化，1999

(5)：30.
[28]教军章．政府信息化对行政组织变革的6大影响．中国行政管理，2003(3)：40-43.
[29]陈水树，王沈扬．政府信息化及其他．天水行政学院学报，2003(2)：57-60.
[30]郭少友．美国政府信息化建设及对中国的启示．情报海外，2003(5)：20-21.
[31]王志伟，赵冬姝．电子政府的战略与实施模型研究．未来与发展，2002(5)：12.
[32]薛晓东，黄瑞丽．信息化中中国电子政务的发展特征及存在问题探析．电子科技大学学报社科版，2001(4)：70-73.
[33]董相志．论我国电子政府与学习型政府的一体化推进．中国行政管理，2005(2)：51-55.
[34]赵晖．电子政府——廉洁、高效与民主相统一的政府组织形态．行政与法，2000(2)：20.
[35]杜钢建．新世纪政府管理改革的新课题．北京行政学院学报，2000(1)：19-23.
[36]郑曙村．互联网给民主带来的机遇与挑战．政治学研究，2001(2)：57-66.
[37]尹艳华．网络经济将如何改变政府的管理．政治学研究，2000(1)：54-60.
[38]孙国峰，苏峻．电子政府——政府的深刻变革．科学学与科学技术，2000(9)：6-7.
[39]莫勇波，韦吉锋．关于管理创新的本质及特性的思考．桂林电子工业学院学报，2003(1)：38-41.
[40]徐绍史．加速政务信息化建设 规范和创新政府管理方式．中国行政管理，2002(5)：3-5.
[41]王谦等．政府再造与电子政府的非技术分析．经济体制改革，2002(1)：85-87.
[42]王林焕．浅议信息革命对政府管理的影响．河南社会科学，2001(4)：154-156.

[43]韩承鹏．信息社会的政府管理．新疆社科论坛，2001(1)：47-49.
[44]宋敏．西方国家治理变革及对中国行政改革的启示．行政论坛，2003(58)：89-91.
[45]楼培敏．整合与互动：电子政务发展前瞻，社会科学，2003(2)：45-51.
[46]顾丽梅．网络经济与政府治理．公共行政与人力资源，2002(7)：11-15.
[47]黄文菊．政府信息化对传统科层制组织的冲击．行政论坛，2003(57)：28-29.
[48]何精华，徐晓林．信息化与公共管理的变革与创新．中国行政管理，2002(10)：7-9.
[49]刘文富．国外学者对网络政治的研究．政治学研究，2001(2)：67-73.
[50]丁先存，王辉，段华治．论电子政务中信息安全及法律保护．中国行政管理，2002(10)：10-12.
[51]顾平安．电子政务对公务员行政能力的影响．中国行政管理，2003(10)：36-38.
[52]张希等．网络技术对政府管理的双重影响．中国行政管理，2002(9)：19-21.
[53]王满船．国外电子政务相关立法及其对我国的启示．中国行政管理，2004(9)：66-69.
[54]李红，张丰超．各国电子政府的发展与实践．未来与发展，2002(5)：16-17.
[55]毛寿龙．公共行政的范式选择．行政论坛，1999(2)：12-18.
[56]孙柏瑛．当代政府治理变革中的制度设计与选择．中国行政管理，2002(2)：19-22.
[57]詹扬扬．论网络化对政府管理职能的影响．广东行政学院学报，2001(3)：45-48.
[58]赛希雅拉图．浅谈网络化对政府行政工作之影响．理论研究，2001：141.

[59]陈立辉．互联网与社会组织模式重塑：一场正在进行的深刻社会变迁．社会科学研究，1998(6)．
[60]段然堂．政府职能网络化研究．南京化工大学学报(哲学社会科学版)，2001(1)：59-64．
[61]杨晓光，施新洲．政府决策面临的网络化挑战及对策．决策探索，2001(10)：10-11．
[62]乌云娜，郝海霞．政府网络化管理——中国行政改革的新视角．内蒙古社会科学(汉文版)，2001(4)：26-28．
[63]朱水成．论政府信息网络化对中国公共政策的影响．湖北行政学院学报，2002(2)：92-95．
[64]李正华．信息网络化对政府行政管理的挑战及对策．江西行政学院学报，2002(1)：11-13．
[65]张锋．积极推进中国政府机构网络化建设．理论前沿，2002(8)：44-45．
[66]郑逸．从企业看政府管理创新．科技广场，2003(8)：22-23．
[67]孙宏丽．电子政务环境下的政府管理创新．行政与法，2003(10)：3-5．
[68]王洛忠．构建电子政府若干问题刍议．中国行政管理，2002(12)：16-18．
[69]陈辉．加强公务员创新能力建设 应对 WTO 挑战．中国行政管理，2002(8)．
[70]林治海．试论加入 WTO 后中国政府的应对战略．东岳论丛，2002(4)．
[71]段毅军．加入 WTO 与政府职能转变．东岳论丛，2002(4)．
[72]陈莉菲．经济全球化及其对公共行政的挑战．公共行政与人力资源，2002(7)．
[73]王浦劬，杨凤春．电子治理：电子政务发展的新趋向．中国行政管理，2005(1)：75-77．
[74]楼培敏．电子政府：网络时代的政府重塑．改革，2003(2)：78-92．
[75]蒋达峰，李立明．从公共管理角度看电子政务和政府创新．

城市管理与科技，2002(4)：21-23.
[76]陈洁．电子政务与行政范式的转换．档案学通讯，2002(6)：29-31.
[77]宁骚．行政改革与行政范式．新视野，1998(3)：13.
[78]金太军．西方公共行政价值取向的历史演变．江海学刊，2000(6).
[79]张红艳．转型期中国公共行政范式选择——官僚制的建构与超越．甘肃行政学院学报，2003(1)：61-63.
[80]汪玉凯．中国政府信息化与电子政务．新视野，2002(2)：54-56.
[81]周志忍．政府行为规范化与公共政策．国家行政学院学报，2001(4)：32-35.
[82]郑志龙．政府信息化的功能分析．中国行政管理，2003(10)：39-41.
[83]李正华．信息网络化对政府行政管理的挑战及对策．江西行政学院学报，2002(1)：11-13.
[84]曾继军，张志红．信息时代呼唤新的管理思想．地方政府管理，2001(8)：37-38.
[85]蔺丰奇．"入世"与政府行为规范化建设．经济与管理，2002(3)：12-13.
[86]丁先存，王辉．电子政务中行政行为形式合法性探析．中国行政管理，2004(12)：21-25.
[87]竹立家．美国公共行政理论的基本要点．中国行政管理，2003(10)：57-58.
[88]李有发．略论中国管理创新问题．发展，2003(7)：41-42.
[89]朱晓煜．经济全球化与中国政府管理创新空间探寻．现代经济探讨，2003(10)：9-11.
[90]徐湘林．政府体制改革与政府职能转变理论探讨的新方向．政治学研究，1998(2).
[91]中国行政管理学会政府信息化建设课题组：中国电子政务发展研究报告，中国行政管理，2002(3).

[92]刘庆龙，孙志强，侯跃英．电子政务与政府职能转变．中国行政管理，2004(8)：55-58.

[93]王元珑．电子政务需要公共管理与社会服务创新．中国行政管理，2005(4)：105.

[94]冯惠玲，王健．电子政务建设中的文件管理风险探析．中国行政管理，2005(4)：62-66.

[95]于凤荣，王丽．电子政府与现代政府之比较．中国行政管理，2001(11)：17-18.

(二)英文文献

著作类

[1]Hammer M.. Champy Reengineering The Corporation, Harper Collins Pub,1993.

[2]William H. Dutton. Society on the Line: Information Politics in the Digital Age, Oxford University. Press, 1999.

[3]Marini, Frank. Toward a New Public Administration. Thousand Oaks, CA: Sage Publications, 1971.

[4]Bellamy. C and Taylor, J. A.. Governing in the Information Age, Open University Press, Buckingham, 1998.

[5]Kevin A. Hill, John E. Hughes. Cyberpolitics: Citizen Activism in the Age of the Internet, Rowman & Littlefield, 1998.

[6]David Holmes. Virtual Politics: Identify and Community in Cyberspace, SAGE publication, London, 1998.

[7]Cynthia J. Alexander and Leslie A. Pal, Digital Democracy: Policy and Politics in the Wired World, Oxford University Press,1998.

[8]Patricia B. Wood: People, Politics, and Technology, Public Service in the 21st century, http://www.npr.gov/ library/speeches/062600.html.

[9]Means, Grady, and Schneider, David, Meta-capitalism: The e-

Business Revolution and the Design of 21st Century Companies and Markets. N. Y. : John Wiley and Sons, Inc, 2000.

[10] G. David Garson, Public Information Technology: Policy and Management Issues, Idea Group Publishing, Hershey, London, 2003.

[11] Richard Davis, The Web of Politics: The Internet's Impact on the American Political System, Oxford University Press, New York, London, 1999.

[12] Greg R. Notess, Government Information on the Internet, Bernan Press, Lanham, Maryland, 2000.

[13] Brian Kahin and Charles Nesson, Borders in Cyberspace: Information Policy and the Global Information Infrastructure, The MIT Press, Cambridge, Massachusetts, and London, England, 1997.

[14] Bruce R. Guile, Information Technologies and Social Transformation, National Academy Press, Washington, D. C., 1985.

[15] Manfred Berg, Martin H. Geyer, Two Cultures of Rights: the quest for inclusion and participation in modern American and Germany. Cambridge University Press, Cambridge, 2002.

[16] Richard E. Bopp, Linda C. Smith, Reference and Information Services: An Introduction, Libraries Unlimited, Englewood, 2001.

[17] Herbert N. Foerstel, Freedom of Information and the Right to Know, Greenwood Press, 1999.

[18] Craig Calhoun, Habermas and the Public Sphere, Massachusetts Institute of Technology, Massachusetts, London, 1992.

[19] Barry N. Hague and Brian D. Loader, Digital Democracy: Discourse and Decision Making in the Information Age, Routledge, London and New York, 1999.

[20] René von Schomberg and Kenneth Baynes, Discourse and Democracy: Essays on Habermas's Between Facts and Norms, State University of New York Press, Albany, 2002.

[21] Robert A Dahl and Charles E Lindblom, Politics, Economics and Welfare, Transaction Publishers, New Brunswick, 1992.
[22] Bill McSweeney, Security, Identity and Interests, Cambridge University Press, London, 1999.
[23] Richard Heeks, Reinventing Government in the Information Age, Routledge, London and New York, 1999.
[24] Helen Margetts, Information Technology in Government, Routledge, London and New York, 1999.
[25] Martin Eifert, National Electronic Government, Routledge, London and New York, 2004.
[26] Alistair S. Duff, Information Society Studies, Routledge, London and New York, 2004.
[27] Helmut Druke, Local Electronic Government, Routledge, London and New York, 2002.

论文类

[1] Nigel Hickson, Government Support for Secure Electronic Commerce, Network Security, 2000(4):7-10.
[2] Bellamy, C., Implementing Information Age Government: Principles, Progress and Paradox, Public Policy and Administration, 2000, 15(1):29-42.
[3] Gord Jenkins, Observations from the Trenches of Electronic Government, Ubiquity: an ACM IT magazine and forum, 2001, 2(44):44.
[4] Sunil Misra, GOVERNMENT TECHNOLOGY/Federal law allows electronic signatures, American City & County, 2000, 2(M12):16.
[5] Thurman L. Whitson and Lynn Davis, Best practices in electronic government: Comprehensive electronic information dissemination for science and technology, government information quarterly, 2001, 18(2):79-91.

[6] Policy Developments in the USA, Singapore, and Australia, Designing Electronic Government Around the World, electronic communication law review, 2000, 7(4): 199-216.

[7] Mary Schneider Laskowski, The impact of electronic access to government information: what users and documents specialists think, Journal of Government Information, 2000, 27(2): 173-185.

[8] Sung-Don Hwang and Younghoon Choi, Electronic Government in South Korea: Conceptual Problems, Government Information Quarterly, 1999, 16(3): 277-285.

[9] C. Bouras, N. Katris and V. Triantafillou, An electronic voting service to support decision-making in local government, Telematics and Informatics, 2003, 20(2): 255-274.

[10] Takashi Koga, Access to government information in Japan: a long way toward electronic government? Government Information Quarterly, 2003, 20(1): 47-62.

[11] Muir A., Oppenheim C., National Information Policy developments worldwide I: electronic government, Journal of Information Science, 2002, 28(3): 173-186.

[12] George Barnum, Availability, access, authenticity, and persistence: Creating the environment for permanent public access to electronic government information, Government Information Quarterly, 2002, 19(1): 37-43.

[13] John Boye Ejobowah, Constitutional Design and Conflict Management in Nigeria. Journal of Third World Studies, Spring 2001, Vol. 18, Iss. 1.

[14] Kenneth Poole, the Origins of the Local Government Service, Historian, Winter2001. Iss. 72.

[15] Stowers, Genie NL., Moving Governments on-line: Implementation and Policy Issues, Public Administration Review, Jan/Feb. 1996, Vol. 56, Iss. 1.

[16] Alex N Pattakos, The Search for Meaning in Government service,

Public Administration Review, Jan/Feb2004, Vol. 64, Iss. 1.
[17] McDonough, Francis A., Buckholtz, Thomas J., Providing Better Service to Citizens with Information Tech, Journal of Systems Management. Apr 1992, Vol. 43, Iss. 4.
[18] Sunny Marche, James D McNiven, E-government and e-governance: The future isn't what it used to be, Canadian Journal of Administrative Sciences, Mar 2003. Vol. 20, Iss. 1.
[19] Paul Corrigan, Paul Joyce, Reconnecting to the public, Urban Studies, Sep 2000, Vol. 37, Iss. 10.
[20] Eliot Christian, Experiences with Information Locator Services, Journal of Government Information, 1999, Vol. 26, No. 3.
[21] Pan Suk Kim, Toward Participatory and Transparent Governance: Report on the Sixth Global Forum on Reinventing Government, Public Administration Review, November/December 2005, Vol. 65, No. 6:646-654.
[22] Donald P. Moynihan, Building Secure Elections: E-Voting, Security, and Systems Theory, Public Administration Review, September/October 2004, Vol. 64, No. 5:515-528.
[23] Darrell M. West, E-Government and the Transformation of Service Delivery and Citizen Attitudes, Public Administration Review, January/February 2004, Vol. 64, No. 1:15-27.
[24] Donald F. Norris, Advancing E-Government at the Grassroots: Tortoise or Hare? Public Administration Review, January/February 2005, Vol. 65, No. 1:64-75.
[25] Andrew Kakabadse, Reinventing the Democratic Governance Project through Information Technology? A Growing Agenda for Debate, Public Administration Review, January/February 2003, Vol. 63, No. 1:44-60.
[26] Stuart Bretschneider, Information Technology, E-Government, and Institutional Change, Public Administration Review, November/December 2003, Vol. 63, No. 6:738-741.

[27] Jeffrey L. Brudney, Revisiting Administrative Reform in the American States: The Status of Reinventing Government During the 1990s, Public Administration Review, May/June 2002, Vol. 62, No. 3:353-361.

[28] Alfred Ho, Reinventing Local Governments and the E-Government Initiative, Public Administration Review, July/August 2002, Vol. 62, No. 4:434-443.

[29] M. Jae Moon, The Evolution of E-Government among Municipalities: Rhetoric or Reality? Public Administration Review, 2002 July/August, Vol. 62, No. 4:424-433.

后　记

本书是在我的博士论文的基础上修改而成。记得五年前，我曾在博士论文的后记中写道：

后记，是所有努力写作论文的人最想写的文字，因为后记意味着艰苦的历程即将结束。回想自己的写作过程，大抵是：孤灯清影对愁眠，紫壶茶暖苦自留。读书人的苦莫过于此。记得当年在武大校报上写了一篇散文，题名就是《苦中作乐》，现在读起来感触颇多。研究什么，须讲缘分的。至今我仍记得恩师胡象明教授在我硕士入学后对我的叮嘱：希望我在信息技术和行政学之间寻找某种碰撞，不要抛弃自己理工科的知识背景。但当我真正开始朝着这一方向努力的时候，我曾一度感到迷茫，自己选择的网络行政这一主题充满着太多不确定的因素：狄更斯在《双城记》中写道“那是最昌明的时代，那是最衰微的时代；那是理智开化的岁月，那是混沌蒙昧的岁月；那是信仰笃诚的年代，那是疑云重重的年代；那是阳光灿烂的季节，那是长夜晦暗的季节；那是欣欣向荣的春天，那是死气沉沉的冬天；我们眼前无所不有，我们眼前一无所有，我们都径直奔向天堂，我们都径直奔向另一条路，”这些似乎在我面前成为了现实。而今，论文初成，自己仍然诚惶诚恐。因为，每个人都能从河流的漩涡中打起一桶水，但是将水桶放进多深的水位取水，其意义不尽相同；更何况每个人都用自己的声音讲话，但总是用别人的文字写作，文本的形成未必意味着写作意图的实现。用理性的文字表达理性的意识，是任何学者都想实现的目标，但是这一难以企及的目标总让人们对自己的文字感到遗憾，也许“天堂可待，而我们只能仰望星空”。看来自己只能在遗憾之余，暂时了却四年的学术愿望。

遗憾归遗憾，只依靠自己的努力也许连遗憾都难感触得到，因此，我要感谢。感谢胡象明教授以严谨的治学态度和渊博的学术知识，指引着我完成了博士学业。恩师虽然人在北京，但仍时常关注我的论文选题和写作进度，感激之情，难以言表。感谢李和中教授、丁煌教授、刘家真教授，他们的高情雅意与宽容大度，让我在工作之余能够顺利完成论文的写作，心感莫名，不敢有忘。感谢我的父母，他们的照顾与支持是我论文写作过程中最大的精神动力，谨以这本论文报答父母的养育之恩。

作为一个初涉学术道路的年轻人来说，学海无涯苦作舟。苦，将是一生相伴的。我无暇顾及窗外季节的交替和花草的绚丽，因为我时常扪心自问：自己所过的生活是否值得？其实，上帝给了我书籍，同时又给了我黑夜，这岂非是一个令人叫绝的嘲弄？看来问题不在于自己生活的现状，而应该是：自己怀着清醒意识所过的生活是否值得？学术道路上，幸福永远和痛苦相伴，排除了痛苦的幸福将是人生中最大的不幸。我将沿着学术道路继续前行！

如今五年的时光飞逝而过，在自己博士论文即将付梓之际，回顾以前的文字感触良多：一是庆幸，当初不经意间引入的社会网络视角，在近些年已经成为了公共行政理论研究中的重要理论工具，显示出极强的扩展性；二是幸运，自己的博士论文先后得到了人民出版社、科学出版社等多家出版社的关注，最后我还是选择了武汉大学出版社，算作是自己在武大读书十余载一个回忆；三是感谢，感谢中南财经政法大学公共管理学院的全体同仁多年来对我的支持，感谢我的博士后合作导师武汉大学信息管理学院王新才教授对我的启发与指点，感谢武汉大学出版社舒刚编辑和刘阳编辑对论文出版所付出的辛勤努力。

博士论文的出版意味着自己前期的学术研究暂时终结，也意味着新的学术规划即将展开，不论前方路途多么崎岖坎坷，我都将力争留下自己的印迹。

是为记！

田　进

2012年11月，于珞珈山麓